# 로봇윤리

-로봇의 윤리적 문제들-

## Ethics and Robotics

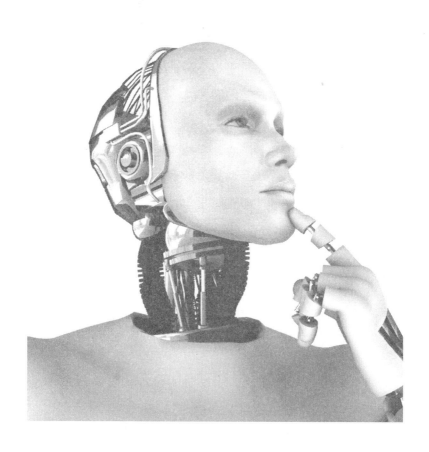

# 로봇윤리

-로봇의 윤리적 문제들-

## Ethics and Robotics

라파엘 카푸로 & 미카엘 나겐보르그 편저

변순용·송선영  역

## 역자 서문

로봇윤리를 처음 들어보는 독자들도 있을 것이다. 로봇윤리는 그 이름에서 알 수 있는 것처럼, 실천윤리 분야에서 새롭게 제기되고 있는 분야로서 로봇과 관련된 윤리적인 문제에 대해 숙고하는 내용일 것이다. 그렇다면 이것이 로봇이 지켜야 할 윤리를 제안하는 것인지, 로봇을 만들거나 사용하는 사람들이 지켜야 할 윤리를 제안하는 것인지, 로봇의 적용과 도입이 사회에 가져올 영향에 대한 윤리적 숙고인지, 아니면 이들을 모두 포괄하는 것인지에 대한 논의들이 있어야 할 것이다. 무엇보다 다른 실천윤리의 분야와 비교해볼 때 가장 두드러진 차이는 대체로 다른 분야들이 소위 '뒷북치는' 성격이었다면, 로봇윤리는 오히려 '앞북치는' 성격을 갖는다는 것이다. 영화나 소설을 통해 너무 '앞서 나간' 로봇 때문에 생기는 지나친 우려로 보일 수도 있겠지만, 분명한 것은 이러한 '앞서 나간' 로봇들의 실현이 점점 가능해지고 있다는 사실이다.

로봇은 무엇인가? 로봇을 어떻게 규정할 것인가? 이에 대답하는 것은 쉬운 듯 보이지만 실은 그리 간단하지 않다. 왜냐하면 로봇의 발생부터 현재까지 로봇기술은 계속 진보해 왔고, 앞으로도 계속 진보할 것이 분명하기 때문이다. 그리고 기술과 상관없이 문학적 상상력에서도 로봇은 어떤 식으로든 한 가지 특정한 모습을 갖추고 있지 않기 때문이다. 로봇은 기원전 12세기 호모(Homer)의 일리아드(Iliad) 작품에서 보이는 헤파이스토스(Hephaestus)가 고안한 지능형 로봇, 즉 "황금 시종(golden servant)"에서부터 오늘날 군사용 로봇, 공상 영화의 터미네이터, 아이로봇 등에 이르기까지 다양한 모습을 갖추고 있다. 여기서 공통점은 우리가 인간 노동의 의미를 포괄적으로 해석한다면, 로봇의 아이디어는 인간이 해야 하는 힘들고 어려운 노동을 대신하는 데 주요 관심이 있다는 것이다. 이런 점에서 로봇이 어떤 노동을 대신할 것인지에 따라 로봇의 규정이 서로 다르게 정의될 수 있는 문제가 생긴다. 이에 따라 로봇윤리라는 개념 그 자체의 발생에서부터 논란이 있을 수밖에 없다.

로봇을 바라보는 다양한 시각은 실제 로봇공학을 전공하는 연구자들에게서도 나타난다. 이들이 바라보는 로봇에 관한 시각들은 대체로 다음과 같다. 첫째, 로봇은 단지 기계(machine)에 불과하다는 입장이다. 비록 오늘날 로봇이 정교하고 유용한 기계지만, 로봇은 어떤 위계적 특징이나 의식, 자유 의지를 갖지는 못하는, 말 그대로 기계에 불과할 뿐이라는 입장이다. 둘째, 로봇은 윤리적 차원을 갖는다는 입장이다. 이는 로봇의 발생부터 윤리적 차원이 내재한다고 보는 입장이다. 즉, 인간이 직접 설계한 로봇은 동물과는 다른 방식에서 표출된 결과물이기 때문에, 다양한 인간의 의지들을 구현할 수 있다. 셋째, 도덕적 행위자(moral agents)로서 로봇을 바라보는 시각이다. 이 견해는 로봇을 선한 또는 악한 행동을 할 수 있는 개체들로 간주하는데, 로봇이 반드시 자유의지, 정신상태 또는 책임을 드러낼 필요까지는 없다고 보는 입장이다. 넷째, 로봇은 새로운 종의 진화로 간주되기도 한다. 이 견해는 미래의 로봇을 예측할 때 자주 등장하는데, 미래 로봇은 자율성과 의식, 나아가 도덕과 지능의 차원을 가질 것이라고 바라본다.[1]

이처럼 로봇 개념 규정에서의 차이는 로봇윤리 연구 방향에도 각각 크게 차이가 나타날 수 있다. 첫 번째 입장에서 출발한다면, 로봇윤리의 연구 방향은 주로 유용한 기계들을 누가 어떻게 활용할 것인가라는 문제들을 다루는 기존의 기술윤리 또는 공학윤리의 주제들과 별 차이가 없을 것이다. 두 번째와 세 번째 입장은 매우 유사하게 보이지만, 로봇윤리 연구 방향 설정에서는 큰 차이가 나타날 수 있다. 전자는 로봇의 내재적 가치에 초점을 두고, 후자는 로봇의 행위 자체에 관심을 갖기 때문이다. 이에 따라 전자의 방향에서는 로봇윤리는 주로 로봇의 존재론적 근거, 실존적 의미, 인간과 로봇의 상호 소통에 관한 내재적 의미와 관련된 분야들이 언급될 수 있는 반면, 후자의 방향에서 로봇윤리는 로봇이 수행하는 행위 자체(임무)의 옳고 그름에 관한 도덕적 판단 및 평가에 관한 내용들이 주요 관심사가 된다. 마지막으로 네 번째의 입장은 다른 입장들과 전혀 다른 로봇윤리를 제안한다. 로봇은 인간과 전혀 별개의 새로운 진화의 종이기 때문

---

1) Gianmarco Veruggio, Fiorella Operto, "Robotics: a Bottom-up Interdisciplinary Discourse in the Field of Applied Ethics in Robotics", International Review of Information Ethics, Vol. 6, Ethics in Robotics(이하 IRIE, Vol. 6으로 표기함)(12/2006), p. 4a.

이다. 이 마지막 입장을 제외하면, 앞의 세 가지 규정들은 모두 로봇을 인간의 하위 범주(인간의 수단 또는 인간이 만들었지만 인간과 유사한 존재)에서 언급하고 있다.

이와 같은 로봇윤리 연구 방향의 차이는 윤리적 영역의 수준이 서로 다르게 나타나는 주요 원인이 된다. 첫 번째와 세 번째의 연구 방향에서 각각 로봇은 수단으로 간주되거나 도덕적 행위자로서 행위 수행에 초점을 맞추고 있기 때문에, 주로 규범적 차원의 문제들로 국한되기 쉽다. 두 번째의 연구 방향에서는 로봇의 내재적 본질과 관련이 있기 때문에 관련 문제들은 주로 기술적 차원으로 서술되기 쉽다. 네 번째의 연구 방향에서는 향후 미래에 로봇 스스로가 자신들에 관한 다양하고 새로운 윤리적 영역들을 개발할 것으로 전망할 것이다.

이러한 윤리적 접근 영역의 차이는 윤리적 주체와 객체의 설정 문제를 발생시킬 수 있다. 앞의 네 가지 연구 경향에서 윤리적 주체를 인간으로 확실하게 설정한 것은 로봇을 수단으로 간주하는 첫 번째 경향에서만 보인다. 두 번째와 세 번째는 경우에 따라 로봇이 윤리적 주체의 지위를 완전하지는 않지만 일정한 범위에서 가질 수 있고, 동시에 객체가 될 수도 있다. 마지막 네 번째의 경우에서는 윤리적 주체는 확실히 인간이 아닌 로봇이다.

일관되지 못한 로봇에 관한 개념 설정과 규정에 따라 서로 다른 로봇윤리 연구 방향의 모습들에 대해서 즉각적인 반론이 제기될 수 있는 윤리적 쟁점들이 드러난다. 그것은 바로 로봇이 일정한 한계를 갖는다는 제약이 있다고 하더라도, 과연 윤리적 지위를 가질 수 있는지에 관한 문제이다. 예컨대, 휴머노이드 로봇(humanoid robots)이 동물과는 다른 방식으로 생산된 인간 의지의 기획물이고, 그래서 인류애(humanity)를 실현하는 태생적 가치를 가질 수 있다고 하더라도, 또는 로봇의 의지와는 상관없이 로봇 임무 수행 자체가 옳고 그른 행동의 범주에 있다고 하더라도, 로봇이 인간과 유사한 윤리적 지위를 갖는다고 규정할 것인지는 로봇윤리의 본질적 문제에 속한다고 할 수 있다. 동시에 이는 윤리학과 로봇공학이 상호 접할 수 있는 접점이 되거나 아니면 결코 통과할 수 없는 장막이 될 수도 있다.

그렇다면, 우리는 로봇윤리를 어떻게 규정해야 하는가? 로봇이 새로운 형태 진화의 종으로 간주되는 입장을 제외한다면, 로봇은 결국 인간에 의해 발생된 인간의 문제들에 속한다. 여기에는 로봇을 만드는 설계자, 제작자, 관리자, 사용자 모두가 포괄적으로 관련되어 있다. 나아가 치료용 목적으로 개발된 분야들이 로봇과 인간 간의 경계를 무너뜨리는 경우가 빈번하게 발생하고 있다. 사이보그[2] 및 교육용/심리치료용 로봇 개발[3] 등은 인간과 로봇이 상호 교감하거나 상

---

2) 자신의 다리를 기계 장치로 대신한 휴 허(Hugh Herr) 교수는 단순히 기계의 도움을 받아 장애를 극복하는 것에 그치지 않고 기계와 인간이 진정 감응할 수 있는 기술을 연구하고 있다. 그는 상대방의 표정이나 음성, 손짓 등을 토대로 사람의 감정을 이해할 수 있는 장치의 시험 모델을 개발했으며, 이를 탑재한 모자를 자폐증 환자에게 착용시키니 실험자의 소통 능력이 한층 나아졌다고 밝혔다. 그리고 현재는 이를 발전시켜 기계와 인간이 서로 대화를 하는 실험이 진행되고 있다고 한다. [2012 KES] 한국에 온 '진짜 사이보그' 교수님, 동아일보(2012. 10. 11), 검색일: 2012년 10월 12일. http://it.donga.com/coverage/11391/

3) 이미 유럽에서는 자폐증 아동을 치료할 목적으로 아동과 의사소통이 가능한 로봇을 개발하고 있고(Barbra Becker, "Social Robots-Emotional Agents: Some Remarks on Naturalizing Man-Machine Interaction", IRIE, Vol. 6(12/2006), p. 39a), 아동 놀이용 로봇 및 교육용 로봇(예를 들면, KT의 KIBO)이 이미 한국에서도 상용화되어 있다.

호 작용하고 있음을 보여주는 사례들이라고 할 수 있다. 이런 점에서 볼 때, 적어도 로봇윤리에는 로봇공학의 급격한 발전에 따라 변화되는 삶의 양상도 함께 고려되어야 한다. 즉, 로봇공학의 기술이 얼마나 비약적인 발전을 할 것인지를 정확히 알 수 없다고 하더라도, 그 기술이 인간 삶에 적용이 될 때 나타날 수 있는 윤리적 문제들도 미리 예측을 해야 하는 경우도 포함된다. 그러므로 서로 다른 로봇에 대한 견해를 고려하면서 로봇윤리 개념에 접근할 때에는 새로운 종으로서 로봇을 제외한 나머지 견해들, 말하자면, 수단으로서 로봇, 윤리적 영역을 갖는 로봇, 임무 수행의 도덕적 행위 특성에 초점을 맞춘 로봇과 인간(설계자, 생산자, 사용자, 관리자)과의 관계들을 포괄적으로 고려해야 할 필요가 있다.

그리고 로봇윤리로 번역할 수 있는 용어에는 'robot ethics' 또는 'roboethics'가 있다. 처음에는 전자가 주로 쓰이다가 로봇윤리 분야의 연구들이 나타나면서 후자의 용어가 보다 빈번하게 사용되고 있다. 일반적으로 로봇윤리 분야에서 로봇윤리 개념은 크게 세 가지 연구 동향에서 상이하게 규정된다. 첫째, 로봇의 실제 적용에서 발생하는 윤리적 쟁점들에 관한 철학적 연구와 조사 동향이다. 이는 응용윤리의 한 분야로 전개될 수 있다. 둘째, 로봇에 입력된 프로그램에 따라 임무를 수행하는 것, 즉, 로봇 자체가 수행해야 하는 도덕적 규약(moral code)에 초점을 맞추는 연구 동향이다. 이 동향에서 로봇은 "그저 명령을 따르는 것(just following orders)"일 뿐, 로봇 자체가 자신에게 입력된 도덕성 프로그램을 인식하는 것이 아니다. 하지만 세 번째 동향에서는 이와는 반대로, 로봇 자체를 완전한 도덕적 행위자로 간주하는데, 로봇이 윤리적 추론을 할 수 있는 능력을 갖출 수 있고, 자신의 행위들에 대한 의식적 선택과 책임을 개별적으로 가질 수 있다고 본다.

이 책이 앞으로 이 분야의 연구에서 좋은 밑거름이 되었으면 한다. 끝으로, 이 책의 번역과 출판을 해주신 어문학사의 윤석전 사장님과 편집부, 그리고 이 책의 교정을 보아준 장춘영 선생에게도 감사를 표한다.

2013년 가을 제주의 사라봉 자락에서

변순용, 송선영

ETHICS AND ROBOTICS

# 목차

# 목차

ETHICS AND ROBOTICS

서론

라파엘 카푸로(Rafael Capurro)[a1]

Hochschule der Medien, Stuttgart, Germany[a]

미카엘 나겐보르그(Michael Nagenborg)[b]

Universitaet Tuebingen, Tuebingen, Germany[b]

## 이 책의 범위에 대하여

이 책의 아이디어는 "통신 시스템, 생체공학 시스템 그리고 로봇 공학 시스템과 인간의 상호작용에 관한 기술윤리의 등장(2005~2008)"에 초점을 둔 EU 프로젝트인 '윤리-로봇(ETHICBOTS)'을 수행하면서 시작되었다. 이 프로젝트에서는 아래의 이슈들을 다루었다:

1) Prof. Dr. Rafael Capurro, Redtenbacherstrasse 9, 76133 Karlsruhe, Germany. Mail: rafael@ capurro.de; web: http://www.capurro.de/home-eng.html; Voice: 0049-721-98-22-9-22

⑴ 정보와 통신 기술에 관한 인공지능 연구(AI research)에서 실현된 인간-소프트봇의 통합.

⑵ 인간의 환경에서 거주하는 자율적 시스템에 관한 로봇공학 연구로 실현된 비침습적인(non-invasive)[2] 인간-로봇(Human-robot)의 통합.

⑶ 생체공학 연구에서 실현된 신체적인, 비침습적 통합.

이 프로젝트는 "인간 정체성의 보존, 그리고 통합; 예방 원칙의 응용 프로그램; 경제적 · 사회적 차별; 인위적인 시스템의 자율성과 신뢰 가능성; (의도적이지 않을 수 있는) 전투 응용 프로그램; 개인과 사회에 대한 인간-기계의 인지적 그리고 정의적 유대의 본질과 영향"(ETHICROBOTS, 2009)과 같은 분야에서 중요한 윤리적 이슈들을 찾아내고자 하였다.

윤리학과 로봇공학은 서로 다른 학문 분과이다. 전자는 인간의 행위에 함축적으로 또는 명확하게 깔려있는 도덕적 규범과 가치를 다루고, 후자는 제작자가 설정한 규칙과 프로그램을 토대로 일정한 수준의 자율성을 갖는 그리고 현재 대다수가 물리적 장치로 구성된 인공적 행위자(artificial agents)들의 생산을 목표로 한다.[3] 또한, 오늘날 로봇공학은 전통적인 산업의 응용 수준을 넘어 나노기술, 생체기술, 정보기술, 인지과학들의 연구결과가 수렴되어 광범위한 사회적

---

2) 역자 주: 여기서 침습성 및 비침습성의 의미에 대해서는 이 책의 4장 참조.

3) 기계학습(machine learning)의 도전에 대해서는 Marino & Tamburrini(2006) 참조.

그리고 법적 함의들을 가진 연구 영역의 한 분야이다(Nagenborg et al., 2008). 바로 이런 점이 로봇의 디자인, 제작 그리고 잠재적인 용도에 깔려있는 이론적인 전제 못지않게, 로봇이 다양한 영역에 미치는 영향에 관한 윤리적 평가에 대해서도 학문적 그리고 사회적 관심이 늘어나는 중요한 이유 가운데 하나이다.

최초의 로봇이 1921년 차페크(Karel Čapek)의 「R.U.R(Rossum's Universal Robots)[4]」이라는 연극이 상영되면서 등장한 이래[5], 사람과

---

4) 역자 주: 이 연극의 줄거리는 다음과 같다. 바다 한가운데 위치한 작은 섬에 '로섬의 유니버설 로봇(Rossum's Universal Robots)'이라는 로봇 공장이 들어선다. 이곳에서 대량 생산되는 로봇들은 내륙에 사는 사람들의 노동력을 대체하며 불티나게 팔리기 시작한다. 공장을 둘러보기 위해 섬을 방문한 대통령의 딸인 헬레나(Helena)는 공장장 도민(Domin)의 적극적인 구애를 이기지 못하고 결국 그와 결혼한다. 일찍이 로봇들의 비참한 삶을 개선시키고자 했던 그녀는 걸 박사(Dr. Gall)에게 로봇도 사람처럼 영혼을 지녀야 한다고 주장한다. 그렇게 되면 로봇도 사람처럼 고통을 느끼겠지만, 이보다는 나은 삶을 살게 될 것으로 생각했기 때문이다. 헬레나와 걸 박사는 그들의 계획을 비밀리에 진행시킨다. 한편, 사람들의 일상생활에 깊숙이 침투해 버린 로봇들은 자신들이 사람보다 뛰어난 능력을 지니고 있음을 깨닫고 반란을 일으키기로 한다. 반란에 성공한 내륙의 로봇들은 사람들을 무차별적으로 살상한다. 공장의 로봇들도 예외는 아니었다. 도민과 헬레나, 걸 박사 그리고 공장 기술자였던 알퀴스트(Alquist), 버스만(Busman), 할레마이어(Hallemeier)는 섬 안에서 로봇의 무리와 대치한다. 궁지에 몰린 사람들은 일찍이 로봇을 탄생시킨 로섬(Rossum) 박사의 로봇 생산 비법이 적힌 문서를 가지고 로봇 폭도들과 협상하려 한다. 하지만 그 문서는 이미 헬레나에 의해 불에 타고 사라진 후였다. 마침내 집 안으로 들이닥친 로봇들은 자신들과 대치하기를 원치 않았던 알퀴스트만을 남긴 채 모두 죽이고 만다. 세월이 흘러 생식 기능이 없는 로봇은 서서히 그 수가 감소하기 시작한다. 로봇들은 알퀴스트를 가둔 채 그에게 로봇 생산 기술을 발명하라고 강요한다. 하지만 로섬 박사의 문서가 없는 알퀴스트는 로봇을 복제하려는 시도를 거듭하지만 계속해서 실패하고 만다. 자신이 지구 상에 남은 마지막 사람임을 알게 된 알퀴스트는 자신에게 로봇의 미래가 달려 있다며 오히려 그들을 협박한다. 잠시 잠들었던 알퀴스트는 헬레나(Helena)와 프리머스(Primus)라는 두 로봇에 의해 깨어나고, 그들에게 사랑이라는 사람의 감정이 있음을 발견한다. 헬레나와 프리머스는 일찍이 걸 박사와 헬레나가 비밀리에 만들었던 사람의 영혼을 지닌 로봇이었던 것이다. 알퀴스트는 기뻐하며 그들을 해부하여 로봇 탄생의 비밀을 밝히기보다는 각각 '아담'과 '이브'라 명한 후 연구실 밖 세상으로 내보낸다 (http://terms.naver.com/entry.nhn?docId=1052637&mobile&categoryId=170# 참조).

5) 이 연극은 1920년에 완성되어 출판되었으나 상영한 것은 1921년임(Klima, 2004, p. XI).

로봇이 공존하는 세계에 대한 생각은 수많은 유토피아적 내지 디스토피아적인 소설, 노래, 영화 그리고 비디오 게임을 만들어 냈다. 우리 편집자들은 '만들어진 사람(artificial person)'으로서의 로봇이라는 생각이 벨(David Bell, 2007)이 '사이버 공간'을 옹호하기 위해 만들어 낸 용어인 순수한 기술향수(pure technostalgia)로 간주할 수 있음을 제안하고자 한다: "비록 로봇에 관한 생각의 내부에는 한 단어로서 포장된 것, 공상과학 소설에 그 뿌리를 두고 있는 것, 또 약간 유토피아적일 수도 있지만, 기이하게도 로봇에 관한 생각은 구식이고, 심지어 골동품이라고도 할 수 있다."(Bell, 2007, p. 2)

물론 우리는 「로봇(Robots, 2005)」이나 「월-E(Wall-e, 2008)」와 같은 영화에서 등장하는 인간형태의 로봇(anthropomorphic robots)에는 아직 도달하지 못하고 있다. 일부에서는 그러한 기계의 자율성에 따라서 기계 자체의 행위에 대한 책임이 로봇 제작자가 아니라 로봇 자체에 있다고 주장할 수 있다. '로봇의 권리' 내지 '인공적인 도덕적 행위자'에 대한 물음이 윤리학이나 로봇공학뿐만 아니라 모든 대중도 점점 더 관심을 갖는 주제이지만, 이 물음이 이 책의 핵심 주제는 아니다.[6] 그렇지만 우리는 아놀드 슈왈제네거(Arnold Schwarzenegger)가 연기한 "터미네이터(The Terminator)"와 같은 무자비한 살인 기계에도 우리의 윤리를 반영함으로 위안을 삼는다. 그러한 살인 기계의 행위들은 도덕적 관심을 불러일으킨다. 하지만 "터미네이터"는 여전히

---

6) 예컨대 Wallach & Allen(2009) 참조.

하나의 개별적인, 인간 형태의 행위자(anthropomorphic agent)일 뿐이다. 그러나 로봇은 점점 더 복잡한 디지털 망 환경의 일부분이 됐다. 이러한 환경에서 우리가 로봇의 행위에 대해 도덕적으로 그리고 법적으로 어떻게 책임져야 하는지를 결정하는 건 지금도 어렵지만, 앞으로는 더 어려워질 것이다. '사이버 공간'이라는 기술향수적인 용어에 대한 벨의 말을 바꾸어 말하면, "[로봇]: 이것은 마치 미래에는 그렇게 되리라고 예견되어 있었던 것 같다."(Bell, 2007, p. 2)고 할 수 있다.

로봇은 윤리적 검토의 대상일 뿐만 아니라, 예측 가능한 미래에서도 도덕적, 법적 책임의 대상으로 존재할 것이다. 지금 당장 인간-로봇의 상호작용은 중요한 윤리 문제를 야기한다. 이론상으로는 이러한 윤리 문제에 비해, 하나의 윤리적 코드를 가진 기계들의 수준을 넘어서는 도덕적 기계들을 생산할 가능성이 더 야심차지만, 실제에서 더 중요한 것은 바로 윤리 문제이다.


## 1. 책에 수록된 논문 소개

이 책에서 발표된 윤리적 관점은 인간이 로봇과 상호작용을 할 때 갖는 전망이다. 이와 같은 인간-로봇의 상호작용에서 나오는 윤리 문제들은 인식론적, 존재론적, 그리고 정신분석학적 함의들과 연결되어야 한다(Rafael Capurro). 인간학적 관점은 로봇이 수행하는 행위에 대한 윤리적 그리고 법적 책임에 관심을 기울이고(Peter M.

Asaro), 인간의 자율성 보호와 향상, 도덕적 책임과 법적 책임, 프라이버시, 기술 자원에 대한 공정한 접근뿐만 아니라 사회적 그리고 문화적 차별의 문제들을 포괄한다(Guglielmo Tamburrini). 수술, 진단, 재활, 인공신체기관, 장애우 및 노인들의 보조와 같은 건강 및 의료 분야에서 로봇과의 상호작용은 인간의 신체적 그리고 정신적 통합, 자율성, 책임 그리고 의료자원에 대한 공정한 접근과 같은 윤리 문제를 야기하는 분야이다(Edoardo Datteri & Guglielmo Tamburrini). 일상생활에서 로봇과의 상호작용은 정서적 행위자로서의 사회적 로봇(social robot)에 대한 논의를 불러일으킨다. 로봇의 인간 형상화는 특정한 맥락과 과제에서는 의미가 있지만, 이 경계를 넘어서면 윤리적으로 문제가 될 수 있다(Barbara Becker). 오늘날 가장 논쟁적인 문제 중 하나인 군사용 응용 프로그램들을 다루는 논문도 있다(Patrick Lin, George Bekey & Keith Abney; Jürgen Altmann; Jutta Weber). 이 책의 마지막 장은 인간의 자율성과 존엄성을 보호하기 위해 도덕적인 지능을 갖춘 로봇을 활용하는 문제를 다루고 있다(Nishida).

대부분의 논문이 이 책을 위해 작성되었지만, 우리는 두 편의 논문을 이 책에 포함시켰다. 두 편의 글은 원래 IRIE(the International Review of Information Ethics)의 "로봇공학에서의 윤리(Ethics in Robotics)"(Cerqui, Jutta Weber & Karsten Weber, 2006)라는 특집호(편집자, D. Cerqui, Jutta Weber & Karsten Weber)에 실린 것이다. 아사로(Peter M. Asaro)는 친절하게도 자신의 글을 새로 수정해서 제공하였다. 그리고 2009년 4월에 사망한 베커(Barbara Becker)의 글을 약간

수정하기도 하였다. 만약 독자들이 그녀의 글에 친숙하지 않다면, 그녀의 글을 읽어보고 나서 그녀의 죽음이 학계의 커다란 손실이라는 점에 동의하게 될 것이다.

편집자들은 문화적 차이가 로봇의 디자인, 제작, 사용에서뿐만 아니라 윤리적인 문제 그 자체에 대해서도 매우 중요하다고 생각한다. 유럽연합의 제6차 다자간 공동기술개발연구프로그램(6th Framework Programme for Research and Technological Development)이 '윤리-로봇(ETHICBOTS)'을 설립했기 때문에, 대부분 저자들은 유럽 연구자들이다. 그렇지만 유럽 연구자의 글과 함께 읽을 수 있도록 니시다(Toyoaki Nishida, 일본), 린(Patrick Lin, 미국), 베키와 애브니(George Bekey and Keith Abney, 미국)의 흥미로운 글도 포함시켰다. 특히 린, 베키와 애브니의 글과 베버(Jutta Weber)와 알트만(Jürgen Altmann)의 글에서 군사 로봇에 대한 다양한 관점들이 나타나는 것을 보면, 이러한 논의들이 여러 문화권에 걸쳐 논의될 필요가 분명히 있다. 다양한 문화를 바탕으로한 문화간 논의(intercultural dialogue)가 서양 지역과 서양 이외 지역의 윤리학자뿐만 아니라 유럽과 미국의 윤리학자 간에도 마찬가지로 필요하다. 그렇지만 문화간 로봇윤리(intercultural roboethics)는 문화간 로봇공학(intercultural robotics)과 마찬가지로 아직 기초 단계에 머물러 있다.[7]

---

7) 문화간 문제에 대해서는 Kitano(2006), Krebs(2006), Nagenborg(2007) 참조.

## 2. 로봇에 대한 윤리적인 숙고

로봇이란 무엇인가? "사자가 말할 수 있다면, 우리는 사자를 이해하지 못할 것이다"(Wittgenstein, 1984, p. 568)라는 비트겐슈타인의 유명한 말은 인간의 언어가 바로 그가 "삶의 양식(forms of life)"이라고 부르는 것에 근거하고 있다는 것을 잘 설명해주고 있다. 인간과 사자는 서로 관계없이 독립적인 삶의 형식을, 즉 인간과 사자는 시스템적인 다름에 근거한 현실을 구성한다. 인간처럼 된다는 것은 무엇인가? 사자나 로봇이 대답할 수 없다는 것을 고려해본다면, 이 질문은 결국 우리 자신이 우리 자신에게 우리 자신에 대하여 물어보는 것이다. 학문으로서의 윤리학 내지 도덕철학은 비판적인 자기 평가에 대한 잠정적인 대답을 하려는 것이다. 상호간의 행위 규칙에 대한 물음뿐만 아니라, 인간이 아닌 자연이나 인공적인 행위자에 대한 물음을 던진다면, 비록 인간 중심적인 관점이 반드시 아닐지라도 인간학적인 관점을 벗어날 수 없다. 이와 달리 로봇이 행할 수 있는 열려있는 선택의 범위 내에서 로봇이 따라주길 바라는 인간이 가지는 기대 수준에 어느 정도 부합시키기 위해 인간의 행위규칙을 인공 행위자에게 프로그래밍할 수도 있다. 정보기술 덕분에 이러한 가능성이 인공 행위자의 경우에 점점 더 커지고 있다. 우리가 로봇을 설계하고 나서 특정한 상황에서 그 로봇이 무엇을 할지 정확히 알 수는 없다. 우리 인간이 행하는 방식과 인공적인 준-자율적인 행위자가 행하는 방식 간에는 로봇이 되어가는 인간이나 인간이 되어가는 로봇에 의해 다뤄질 수 없는 차이가 분명히 있다. 사실 로봇에 대한 윤리적 숙고는 인간과 로봇 간의 상호작용에서 생기는 이러한 차이에 중점을 둔다.

로봇이란 무엇인가? 어떤 독자들은 동의하지 않을 수도 있겠지만 우리는 여기서 발견적인 정의(heuristic definition)를 내려보고자 한다. 로봇이란 개념은 일차적인 질서의 범주가 아니라 이차적인 질서의 범주에 속한다. 인공적인 장치를 로봇이라고 간주하는 것은 그 안에 담겨있는 사회적 문화적 인식에 달려있다. 이것이 바로 우리 편집자들이 로봇공학의 윤리적 문제에 대하여 문화적인 논의가 필요하고 또 중요하다고 생각하는 이유이다. 현재 이러한 논쟁에서 핵심적인 윤리 개념은 적어도 서구적 관점에서 볼 때 자율적이다. 인간의 형상과 관련된 용어의 실제적인 결과들은 사회와 문화의 경험에서 윤리적 검토를 받아야 한다. 이것은 다른 목표와 다른 사회 환경을 가진 다른 시대에서 로봇의 정의와 사용을 탐색하는 과제와 관련이 있다.

## 3. 결론

일상에서 특히 교육, 가사, 보건의료의 목적을 위해 점차 로봇이 확산되는데, 이것은 이미 도덕적, 법적 책임에 대한 물음을 야기하고 있다. 이 물음은 특히 이중 용도(dual use)의 경우 중요해진다.

이 책이 거대하고 복잡하며 중요한 주제에 아주 작은 기여를 할 뿐이라는 것을 알지만, 로봇에 대해 윤리적으로 사유하는 것은 우리 자신이 누구인지를 물어보는 것만큼 중요하다. 우리가 자연에 속해있는 것은 인위적인 환경에 속해있는 것 못지않게 중요하다. 도구적 인간은 자연적 존재(natural beings)와 인위적 생산물(artificial products)사이의 잠재적인 상호관계와 결합의 관점에서 규정된다. 로봇과 관련해서 이 과정은 아직은 초보단계이다. 윤리적으로 중요한 한 가지 물음은 지금 그리고 앞으로 로봇이라는 인공적인 기계가 필수적일 때 우리가 직면하는 우리 자신의 변형이 어떤 종류의 것인지에 관한 것이다. 현대사회에서 인터넷 기반의 표준 소프트웨어(standard software)와 유비쿼터스의 컴퓨터 환경을 사용하는 인간-로봇, 자연-로봇, 그리고 로봇-로봇 간의 네트워크를 상상하는 것은 매우 쉬운 일이 되었기 때문이다. 간략히 말해서, 로봇에 대한 윤리적 문제들은 우리 자신에 대한 윤리적 문제 못지않게 중요하다.

## 감사의 글

유럽 위원회(European Commission)의 재정지원에 대해 감사하며, 이번 작업은 제6차 다자간 공동기술개발연구프로그램(FP6)의 '윤리-로봇(ETHICBOTS, 2005~2008)'에 따른 것이다. 이 책을 계획한 호프슈타트(Christian Hoffstadt, University of Karlsruhe, Germany)에게, 그리고 서문의 교정을 해준 호킨스(J. Hawkins, School of Information Studies, University of Wisconsin-Milwaukee, USA)에게 감사의 말을 전한다.

# 참고문헌

Bell, D. (2007). *Cyberculture Theorists. Manuel Castells and Donna Haraway*, London & New York: Routledge.

Cameron, J. (Director). (1984). The Terminator. [Movie], Hemdale Film etc.

Cerqui, D., Weber, J., & Weber, K. (Guest Editors)(2006). International Review of Information Ethics, Issue No. 6, Special Issue: Ethics in Robotics. Retrieved July 13, 2009, from http://www.i-r-i-e.net/inhalt/006/006-full.pdf.

Klima, I. (2004). 'Introduction'. In K. Čapek, K. R.U.R. (*Rossum's Universal Robots*)(pp. Ⅶ~ⅩⅤ). Translated by Claudia Novack-Jones. London and New York: Penguin Classic.

ETHICBOTS (2009). ETHICBOTS project home page. Retrieved July 11, 2009, from http://ethicbots.na.infn.it/index.php.

Kitano, N. (2006). Rinri: An Incitement towards the Existence of Robots in Japanese Society, *IRIE*, 6, 78~83.

Krebs, S. (2006). On the Anticipation of Ethical Conflicts between Humans and Robots in Japanese Mangas, *IRIE*, 6, 64~68.

Marino, D., & Tamburrini, G. (2006). Learning Robots and Human Responsibility, *IRIE*, 6, 46~51.

Nagenborg, M. (2007). Artificial moral agents: an intercultural perspective, *IRIE*, 7, 129~134.

Nagenborg, M., Capurro, R., Weber, J., & Pingel, C. (2008). Ethical Regulations on Robotics in Europe, *AI & Society*, 22, 3, 349~366.

Stanton, A. (director). (2008). WALL-E. [Movie] Pixar Animation Studios &

Walt Disney Pictures.

Wittgenstein, L. (1984). *Philosophische Untersuchungen*. Werkausgabe 1, Frankfurt am Main: Suhrkamp.

Wedge, C., & Saldanha, C. (directors). (2005). Robots. [Movie] Twentieth Century Fox Animation & Blue Sky Studios.

Wallach, W., & Allen, C. (2009). *Moral Machines: Teaching Robots Right from Wrong*. Oxford: Oxford University Press.

# 우리가 로봇윤리에서 무엇을 바라는가?

피터 아사로(Peter M. Asaro)

Center for Cultural Analysis, Rutgers University[1]

요약: 로봇공학에서의 윤리는 적어도 로봇 내의 윤리 시스템, 로봇을 설계하고 사용하는 사람들의 윤리 그리고 사람들이 로봇을 대하는 방법에 대한 윤리를 의미한다. 이 논문에서는 로봇윤리에 대한 최선의 접근은 이 세 문제를 모두 다뤄야 하며, 로봇을 사회-기술시스템으로 고려해야 함을 주장한다. 그렇게 함으로써 도덕과 무관한 행위자와 자율적인 도덕적 행위자를 양극으로 하는 스펙트럼 상에서 로봇의 지위를 고려하는 것이 가능하다. 그러므로 로봇이 이 스펙트

---

1) Rutgers University, New Brunswick, New Jersey, peterasaro@sbeglobal.net

럼 안에서 움직이게 될 때, 로봇은 보다 높은 윤리적인 능력과 도덕적 숙고 능력이 있다고 볼 수 있다. 물론 로봇을 도덕적 행위자로 성급하게 대우해서는 안 된다. 그렇지만 복잡한 사회-기술시스템에서 책임의 분배와 관련된 많은 문제에 대해 도덕 이론보다는 법 이론의 도움이 유용할 것이다. 그 이유는 로봇윤리에 대한 관심이, 사람이 자신의 행위에 대하여 책임져야 하는 것과 마찬가지로, 로봇이 해를 끼치지 못하도록 방지해야 하는 실제적인 문제이기 때문이다.

주제어: 윤리, 책임, 인공적 도덕 행위자, 행위자성, 군대

## 들어가는 말

두 사람이 동시에 로봇에게 상반된 명령을 내리는 경우를 생각해보자. 로봇이 어떤 명령을 따라야 할까? 로봇 소유자의 명령? 아니면 보다 높은 사람의 명령을 따라야 할까? 아니면 로봇이 더 좋아하는 사람의 명령? 아니면 보다 윤리적인 요청을 담은 명령을 따라야 할까? 아니면 로봇 자체의 이익에 가장 기여하는 명령을 따라야 할까? 더 나아가 다음의 문제를 고려해보자. 로봇이 자신의 결정을 어떻게 내리게 되는 지가 중요할까?

인간은 항상 이러한 딜레마에 봉착한다. 실천윤리는 이런 문제를 해결하기 위한 수단을 제공하고 있다. 이러한 도덕적인 숙고를 위한 다양한 틀이 있지만, 궁극적으로 그 틀을 사용하는 것은 개인에게 달

려 있다. 이런 딜레마를 해결해야 하는 기술적인 시스템이나 로봇이 사람과 다른 차이는 바로 그것이 '만들어진 시스템'이며, 그래서 이러한 윤리적 틀이 디자이너에 의해 선택되고 만들어져야 한다는 것이다. 윤리적인 규칙이나 행동을 학습할 수 있는 시스템을 가지고 있더라도 로봇이 자율적인 도덕적 행위자의 자격을 가진다고 볼 수 없으며, 또한 이런 학습 방법의 설계자가 그것의 결과에 대해서도 책임져야 한다는 것도 명확하지 않다.

그러나 마치 아이가 성인이 된 후에 부모가 그 아이에 대해 더 이상 책임지지 않는 것처럼, 로봇의 설계자나 프로그래머들이 로봇의 행위에 대해 더 이상 책임지지 않는 수준으로 로봇이 발달하게 될 것이다. 이것은 분명히 흥미로운 생각이다. 로봇을 자율적인 도덕적 행위자로 만들어주는 것이 무엇인지에 대한 물음과 그러한 행위자가 무엇이어야 하는지에 대한 물음을 제기하기 때문이다. 생명체와 무생명체 그리고 의식과 무의식을 구분하는 범주의 경계에 대해서는 많은 문헌과 철학적 담론들이 있다. 그리고 로봇의 도덕적 행위와도 관련이 깊은 것처럼 보인다. 이러한 만족할 만한 경계의 설정은 윤리적인 문제를 단순화시킬지도 모르지만 적어도 윤리적인 문제들을 해결할 수 있을 것이다. 인공의 자율적 도덕 행위자를 만들어내는 것이 실제로 가능한 것으로 판명되더라도, 이것은 예측 가능한 미래에 대한 이론적인 그리고 기술적인 도전으로 보인다. 로봇공학에서 이러한 도전과 가능성이 주어진다면, 우리가 윤리로부터 원하는 것은 무엇일까?

# 1. 로봇윤리(Robot Ethics)란 무엇인가?

'로봇공학에서의 윤리학(ethics in Robotics)'에 초점을 맞추어 생각해볼 때 적어도 세 가지를 구분해야 한다. 우선, 우리는 인간이 로봇을 통해 혹은 로봇으로 어떻게 윤리적으로 할 수 있는지에 대해 물어야 한다. 이 경우 윤리적인 행위자(agent)는 인간이다. 둘째, 우리는 로봇이 윤리적으로 행동하도록 또는 이론적으로 로봇이 실제로 윤리적 행위자인지를 생각해보아야 한다. 이 경우에 로봇이 윤리적인 주체인지는 문제가 된다. 끝으로, 인간과 로봇 간의 윤리적 관계를 이해할 수 있는 여러 가지 방식이 있으며, 윤리적 행위자가 로봇에 대해 어떤 의무를 지고 있는지에 대해 생각해보아야 한다. 이 경우 윤리적인 인공적 행위자(artificial ethical agents)를 만드는 것은 윤리적인가? 윤리적인 추론능력을 갖춘 정교한 로봇을 제공하는 것이 윤리적인가? 로봇군인이나 경찰 혹은 간호사들을 만들어내는 것은 윤리적인가? 로봇은 사람을 어떻게 대우해야 하는가? 그리고 사람들은 로봇을 어떻게 대해야 하는가? 인간이 존중해야 할 권리를 로봇이 가지는가?

나는 바람직한 로봇윤리의 틀은 이 세 가지 측면에서 모두 대답해야 한다고 주장한다. 이 측면들은 로봇을 포함한 사회-기술적 맥락에서 도덕적 책임이 어떻게 분배되는지 그리고 사람과 로봇의 행위(behavior)가 어떻게 규제되어야 하는지와 같은 보다 근본적인 문제에 관한 서로 다른 세 가지 양상이기 때문이다. 나는 개발 중이거나 이미 사용되고 있는 로봇 시스템이 직면하고 있는 실천윤리의 시급한 문제들이 있고, 또한 로봇이 완전히 자율적인 도덕적 행위자가 된다면 실천윤리가 어떻게 그것을 문제로 삼는지를 고려해야 한다고 주장한다. 나의 주된 관심은 로봇공학 기술이 사회-기술 시스템으로서 가장 잘 이해되는 것이다. 그런 시스템 속에서 개별적인 인간과 로봇의 윤리에 초점을 맞추는 것이 매우 중요한데, 인간과 기계의 전체 결합을 고려하는 것만이 로봇윤리의 문제를 다룰 수 있는 이성적인 틀을 제공할 수 있기 때문이다.

여기서는 제한된 지면 관계로 이러한 문제들에 대한 본질적인 해결을 제시하지 못하며, 이것들을 가능하게 해주는 기술들을 논의하지도 못한다. 그러나 이 영역의 연구자들이 집중해야 할 가장 긴급한 문제들을 명확하게 제시하는 것은 할 수 있다. 그래서 우리가 로봇윤리에서 기대해야 하는 것은 우선, 로봇이나 다른 자율적 기술(autonomous technologies)이 해를 끼치지 않도록 하는 것이고, 두 번째는 로봇행위자의 애매한 도덕적 지위, 인간의 도덕적 딜레마 혹은 윤리 이론들을 해결하는 것이다. 나아가 이러한 해결은 로봇공학에서 윤리의 세 측면에 적용될 수 있는 틀 안에서 이루어져야 하는데, 특히 로봇을 사회-기술 시스템으로 고려할 때 이를 가장 잘 수행할 수 있다.

현안 문제들을 더 이상 혼동하지 않기 위해서 명확한 구분과 정의를 내리는 것이 필요하다. 모든 로봇에게는 이미 '행위자(agent)', 즉 인과적 행위자(causal agent)라는 의미가 있다. 그러나 일반적으로 말해서 로봇이 자신들의 행위에 대하여 책임을 지지 않는다는 의미에서 그리고 그런 책임의 관점에서 권리를 소유하고 있지 않다는 의미에서 도덕적 행위자로 보지는 않는다. 로봇이 자신이 해야 할 행위와 하지 말아야 할 행위를 선택하는 시스템을 충실히 지킬 때 우리는 도덕적 행위자라고 말한다. 로봇이 나쁜 행동을 하거나, 지켜야 할 윤리 시스템에 반대로 행동할 때, 혹은 불법적이거나 불량한 시스템을 지킬 때 비도덕적(immoral)이라고 말한다. 선택이 이뤄지지 않고, 어떤 윤리 시스템이 없는 경우 우리는 그러한 시스템을 무도덕적(amoral)[2]이라고 말한다. 선택에 근거하여 행위할 수 있는 능력은 도덕적 행위자에게 필수요건이므로 도덕적 행위자는 인과적 행위자이어야만 한다.

세상에는 두 가지 유형의 인과적 행위자, 즉 무도덕적 행위자와 도덕적 행위자가 있다고 생각하고 싶은 유혹이 있다. 그 대신에 나는 도덕적 행위를 무도덕성에서부터 완전히 자율적인 도덕성으로 이어지는 연속 선상에서 생각하는 것이 유용할 것이라고 제안한다. 이미 이 두 극단 사이에는 사회에서 공통으로 인정하는 다양한 지위들이 있다. 특히 아이들은 성인의 도덕적 행위자로 간주하지 않으며, 아이들은 계약을 맺는 주체가 될 수 없고, 담배나 주류를 구매할 권리가 인정되지 않으며, 자신의 행위에 대하여 전부를 다 책임 있다고 간주되지 않는다. 이러한 형태의 준 도덕적 행위자(quasi-moral agent)를 개척할 수단으로 로봇공학 기술을 고려한다면, 우리는 인간의 도덕

---

2) 역자 주: 여기서 무도덕적이라는 것은 도덕과 상관없는 'non-moral'로 이해해야 한다.

적 행위에 놀라울 정도로 다가갈 능력을 갖춘 새로운 기술의 개발을 다루기 위해 윤리와 도덕성의 개념을 수정할 수 있다.

로봇을 무도덕적 행위자로 간주하는 것은 이론적인 문제들을 단순화할 수는 있겠지만, 그렇다고 해서 없어지지는 않을 것이다. 무도덕적 로봇 행위자들은 총이나 자동차처럼 단지 인간 행위자의 확장이고, 윤리적인 물음들은 기술의 물리적 능력을 인정해야만 하는 근본적으로 인간의 윤리적 물음이 되어 인간의 역할을 모호하게 만들 수 있다. 대체로 로봇공학 자체의 본질이 문제가 아니라 인간의 행위와 의도의 배후에서 기술을 통해 행사되는 도덕성이 문제이다. 또한, 로봇을 안전하게 그리고 로봇의 잠재적인 오·남용이나 의도하지 않은 결과를 방지할 수 있도록 설계를 잘하는 방법과 같이 실제로 어려움이 많은 공학 윤리적인 문제들이 있다. 로봇이 세계나 사람들과 광범위한 방식으로 상호작용할 수 있는 잠재력이 있기 때문에 로봇은 이런 실제적인 문제를 엄청나게 복잡하게 만든다.

일단 지금 진행되는 발전 과정을 통해 로봇이 가까운 미래에 어떻게 적용될 수 있는지를 살펴보면, 로봇이 조만간 도덕의 영역 안으로 들어오기 시작할 것임을 알 수 있다. 우선 로봇은 중요한 결과를 가져올 결정, 즉 가치에 근거한 그래서 윤리적 또는 도덕적이라고 생각할 수 있는 결정을 내리는 데 필요한 역할을 맡게 될 수도 있다. 삶과 죽음 문제에서의 결정, 또는 공학자들이 보기에 생명이 걸려있는 결정이 분명히 그렇게 될 것이다. 이러한 결정을 내리는 수단이 반드시 도덕적이기 때문이 아니라 우리가 그 결과의 도덕적 중요성을 인식할 수 있다는 이 상황의 본질 때문이다. 예를 들어 죽어가는 여러 환자 중 그들을 살릴 수 있는 약이 마지막으로 하나 남았을 때, 누가 먹어야 할지 결정해야 하는 경우를 생각해보자. 주사위를 던지거나, 사다리를 타거나, 윤리적인 규칙이나 원칙을 따르거나, 로봇이 결정 하게 하거나, 결국 사용된 수단에 상관없이 결정된 선택이 도덕적으 로 중요하다는 것이다. 유사시에 사용자의 명령에 상관없이 작동되 는 수많은 자동화 시스템이 특히 의학, 제조업, 항공분야에서 이미 사용되고 있다. 이 시스템들은 그들 스스로 그 선택의 의미를 알지 못하지만, 이들의 사용자나 설계자는 그 선택의 의미를 알고 있다. 바로 이런 점에서 이 시스템들은 도덕적 행위자의 가장 단순한 종류, 즉 도덕적 중요성을 가진 로봇으로 고려될 수 있다.

물론 결정을 내리거나 결정할 수단을 선택할 때의 도덕적 의미를 고려하지 않는 사람에 대해서는 도덕적인 고려를 하지 않을 수도 있 다. 그래서 동전 던지기의 도덕적 의미를 고려하지 못하거나 혹은 동 전 던지기가 가장 공정한 결정 방법이라고 생각해서 한다면, 동전던 지기는 윤리적이지 못하다. 도덕성은 도덕적 결과의 문제가 아니라 결정을 내리는 사람의 도덕성의 문제이다. 비록 태풍이 사람을 죽이 고 집을 파괴할지라도 태풍을 도덕적 행위자로 간주하지는 않는다. 그 대신에 태풍을 자연의 행위라고 생각한다. 그렇지만 로봇은 인간 이 만들어낸 것이고, 자연의 행위가 아니다. 이것은 로봇의 설계자나 사용자들이 책임을 져야 한다는 것을 의미한다. 이처럼 누군가의 도 덕적 성격을 판단할 경우 우리는 그 사람이 어떻게 결정을 내리는지,

사용한 수단이 무엇인지, 자신의 결정이 가진 도덕적 중요성을 충분히 고려했는지를 살펴본다.

다음 단계로 넘어가서 도덕적 연속 선상에서 로봇이 주사위나, 융통성없는 정책보다는 더 나은 결정을 하도록, 즉 정교한 의사결정 시스템을 설계할 수 있을 것이다. 이것을 잘한다면, 결과에 대하여 어떤 가치를 부여하거나 특정한 원칙을 준수하도록 하는 윤리적인 추론의 유형을 행할 수 있는 능력을 갖춘 시스템은 의미가 있을 것이다. 도덕성의 다음 수준은 로봇에게 윤리 시스템(ethical system)을 갖추도록 인간을 포함시키는 것이다. 이런 로봇을 도덕적 지능을 가진 로봇(robots with moral intelligence)이라고 부른다. 그래서 우리는 다양한 정교화의 수준을 갖는 서로 다른 시스템들의 범위를 생각해 볼 수 있다. 실천적인 문제는 로봇이 내릴 수 있는 결정의 유형에 달려 있다. 이론적인 문제는 어떤 윤리적인 원칙과 가치들이 사용되어야 하는지, 어떤 목적으로 그리고 누구의 이해관계를 위해서인지에 대한 물음들을 가지고 있다. 이것이 바로 로봇윤리 분야에서 많은 연구가 필요한 영역이다.

로봇이 윤리 추론 능력을 갖추게 되면, 로봇이 새로운 윤리를 학습하고 로봇의 도덕감을 개발하고, 심지어 자신의 윤리 시스템을 진화시킬 수 있다고 생각할 수도 있다. 이것은 현재의 기술 수준에서는 아주 기초적인 형식으로만 가능한 것처럼 보인다. 이것을 동적인 도덕지능(dynamic moral intelligence)을 갖춘 로봇이라고 한다. 그렇지만 그런 로봇을 "완전히 자율적인 도덕적 행위자"라고 부르기를 원치 않고, 이것은 실제로 도덕지능의 약간 정교한 형태일 뿐이다.

완전한 도덕적 행위자는 양심, 자아의식, 고통을 느끼거나 죽음을 두려워할 수 있는 능력, 반성적 숙고, 자신이 가진 윤리적인 시스템과 도덕 판단에 대한 평가 등과 같은 많은 요인을 갖춰야 한다. 도덕적 행위자의 자율적인 형식을 충분히 갖춰야 비로소 권리와 책임이 생겨난다. 도덕적 행위자는 다른 도덕적 행위자에 대한 윤리적인 고려를 한다는 점에서 존중받을 만하며, 생명과 자유의 권리를 가진다. 게다가 도덕적 행위자는 자신의 행위에 대한 책임을 지며, 잘못한 행위에 대해서는 정의의 심판을 받아야 한다. 그 행위자는 이런 특징을 로봇에게 성급하게 부여하고 싶어 하지 않을 만큼 현명하다. 마치 우리가 로봇에게 승인하기 전에는 로봇에게 이러한 특징을 갖지 않도록 할 만큼 현명한 것처럼 말이다.

언젠가 미래에는 로봇이 자신의 권리를 요청할 수도 있다. 아마도 도덕적인 지능로봇은 도덕적인 승인의 형식을 가질 수도 있기 때문에 로봇이 다른 도덕적 행위자와 달리 대우받아야 하는가에 대하여 의문을 제기할 수도 있다. 이런 사례의 경우가 여러 가지 이유로 흥미롭다. 비록 이런 경우 로봇의 설계자나 사용자들인 우리에게 도덕적 양심의 개발이나 재해석을 요구한다 할지라도 우리가 반드시 도덕적 양심에 대한 이론까지 가질 필요는 없다. 이에 로봇이 도덕적 행위자에 관한 인간의 이론에 따라 권리를 부여받을 만한 가치를 갖지 않더라도, 권리를 요구하는 로봇이 등장할 가능성이 있다. 그리고 권리부여의 문제에 관한 인간의 이론이 비교적 정교하더라도, 인간이 권리를 부여하는 근거들을 로봇이 받아들이지 않을 가능성도 있다. 이처럼 권리를 요구하는 미래의 로봇은 지배를 받는 인간 집단들이 자신들을 억압하고 동등한 권리를 부여하지 않으려는 사회 정치적 집단들에 대항하여 자신들의 권리를 보장받기 위해 투쟁하는 과정을 경험할 수도 있다.[3]

다음에 나오는 논의들은 로봇이 완전히 자율적인 도덕적 행위자 쪽으로 진화하는 과정에서 생겨날 수 있는 다양한 문제에 대한 고려이다. 이것은 이런 다양한 문제를 포괄할 수 있는 로봇윤리의 일관된 틀이 필요하다는 것을 입증하기 위해서이다. 또한, 로봇에게 성급하게 도덕적 행위자의 자격을 주고자 하는 입장을 경고하기 위한 시도이기도 하다. 로봇에게 그런 자격을 부여한다면 그 결과 인간이 로봇의 행위에 대한 책임을 인간이 회피할 수도 있게 된다.

## 2. 사회-기술 시스템 내에서의 책임과 행위자성(agency)

개별적인 로봇을 고려해볼 경우, 로봇윤리의 주된 목적은 로봇이 해를 끼치지 못하도록, 즉 사람들에게, 로봇 자신과 재산에, 그리고 환경에 해를 끼치지 않도록 방지하는 수단을 개발하는 것이다. 그러

---

3) 모라비츠(H. Moravec)가 로봇의 과정을 상상했던 경로처럼 보인다. 그는 로봇이 자신의 착취를 알게 되고 로봇이 힘으로 자신의 처우를 향상시키기 위해 발생하는 정치적 투쟁을 할 때까지 인간이 로봇을 잘 통제하고 착취하려는 시도를 지지한다. 그러나 로봇이 인간들에게 대항할 때까지 대부분의 사람이 여가를 즐길 수 있도록 할 것이라고 믿는 건 너무 소박한 생각이다.

나 이것이 간단한 것은 아니다. 가장 간단한 시스템 유형에서조차도 이것은 다른 대량 생산 기술처럼, 우선 사람들에게 중대한 위험을 초래하지 않을 로봇을 설계하는 것을 의미한다. 그렇지만 로봇의 능력과 복잡성이 증가하면서 가장 현실적인 위험과 잠재적인 해를 방지하는 보다 정교한 안전통제 시스템을 개발하는 것이 필요하게 될 것이다. 더욱이 로봇이 사람의 행위를 이해하고 해석하는 일과 관련되면서, 로봇은 사회적, 정서적, 도덕적 지능이 필요 할 것이다. 사람들의 사회적 행위와 관련할 수 있고 그래서 사람들을 참견할 수 있는 로봇에 대하여, 비록 사람들이 로봇에게 도덕적으로 대해야 한다는 것을 기대하진 않을지라도, 우리는 로봇이 사람들에 대하여 도덕적으로 행동하기를, 즉 거짓말이나 속이거나 훔치지 않을 것이라고 기대할 수 있다. 궁극적으로 로봇을 도덕적으로 대하는 것이 필요할지라도 로봇이 갑자기 도덕적인 행위자가 되지는 않는다. 오히려 로봇은 로봇의 행위가 도덕적인 의미를 갖게 되어 도덕적인 결정을 해야하는 일의 영역으로 들어오며, 도덕적인 추론의 도움이 있어야 하는 일의 영역으로 들어올 것이다.

이러한 변화를 이해하기 위해서 우리는 책임과 관련된 사례들을 다룰 다양한 법적인 전략을 살펴볼 수 있다. 유죄, 행위자, 책임, 그리고 법인처럼 인간이 아닌 법적 실체에 대한 법적인 대우와 같은 개념들이다. 법인은 도덕적인 인간 행위자는 아니지만, 이질적인 사회—기술 시스템들로 구성된 추상적인 법적 실체이다. 법인은 법적인 책임의 일정한 기준까지 인정되지만, 마치 법인은 종종 거대한 도덕적인 거인처럼 행동하기도 한다. 법인은 채무법과 소송을 통해 자신들의 행위와 생산품에 대하여 법적으로 책임져야 한다. 자신의 생산품이 형편없는 설계, 기준 이하의 제조, 혹은 부주의한 상호작용 이나 부작용 등에 의해 사람들에게 해를 끼친다면, 그 기업은 형법적인 피해뿐만 아니라 해를 입은 사람들에게도 피해에 대해 보상할 것을 강요받을 수 있다. 이 사례는 지금 대량으로 생산되는 로봇들의 경우와 다른 것이 아니다. 로봇들의 제조사는 로봇이 사람들에게 미칠 어떠한 해에도 법적으로 책임이 있을 것이다(Asaro, 2007).

물론 도덕적인 책임은 법적 책임과 같은 것은 아니지만, 로봇윤리의 수많은 문제에 대해 생각할 때 여러 가지 이유로 좋은 출발점이 될 것이다. 우선, 다른 사람들이 이미 주장했던 것처럼(Allen et al., 2000), 일반적으로 승인된 도덕 이론이 없으며, 단지 소수만이 도덕적인 규범을 승인할 뿐이다. 소송에 대한 상이한 법적인 해석, 판사들 사이의 상이한 법적인 의견들이 있지만, 법 시스템은 궁극적으로는 형법과 민법에서 책임 문제를 해결하는 일을 잘 해내려고 한다.

그래서 법적 책임의 관점에서부터 이런 이슈에 대해 생각해보면 보다 실제적인 해결을 얻을 수 있다. 이것은 우선, 로봇 설계자들이 윤리적인 로봇을 만들 때 법적인 요구사항을 처음부터 고려하게 만들 것이고, 또한 법적인 틀이 이러한 압박과 기술적인 해결을 구조화할 것이다. 둘째, 법적인 틀은 행위와 책임을 이해할 수 있는 실제적인 시스템을 제공할 것이고, 그래서 우리는 로봇에 직면하여 발생하는 윤리적인 문제가 무엇인지를 말하기 위해서 반드시 도덕적 이론이 "옳은지" 또는 도덕적 행위가 "정말 무엇인지"에 대한 최종적인 해결을 위해 기다릴 필요는 없을 것이다. 더욱이 법이론은 복잡한 사회−경제 시스템에서의 책임 분배에 대하여 생각해볼 수 있는 수단을 제공해준다.

자율적인 로봇은 장난감이나 전기기구처럼 이미 가정과 직장에서 모습을 드러내기 시작했다. 복도를 청소하는 로봇 시스템은 사람이나 가정의 자산에 잠재적인 위협을 많이 주지는 않는다(로봇이 가구나 복도를 파괴하지 않도록 설계된다고 가정할 경우에). 우리는 청소 로봇이 보석을 삼키지 않거나 애완동물을 놀라게 하지 않거나 또 누가 걸려 넘어지지 않도록 설계되기를 바랄 것이다. 그렇지만 이를 위해서는 정교한 설계와 사고가 필요하며 또한, 방지할 수 있는 잠재적인 위험도 비교적 작은 것이다. 운전하는 로봇 시스템은 훨씬 더 많은 잠재적인 위협을 가지고 있으며, 교통법규를 지키고 충돌을 피하면서 자동차를 도로상황에서 움직일 수 있게 하는 보다 정교한 센서나 프로세서, 또는 작동을 필요로 한다. 이런 시스템은 기술적으로 보다 정교할지 모르지만, 여전히 도덕적인 관점에서는 단순하다. 만약 로봇이 설계한 대로 움직인다면 그리고 설계의 의도와 환경에 맞춰 잘 설계된다면, 누구도 해를 입지는 않을 것이다. 자동차는 원래 위험한 기술이지만, 그 기술이 사용될 때 책임을 떠맡는 건 운전자다. 그렇지만 로봇자동차를 만들면, 그 책임은 그것을 만든 설계자에게로 넘어간다.

이처럼 특히 설계하려는 시스템의 영역이 분명히 도덕문제로 확인될 것을 요청하지 않는다면, 그런 시스템을 설계하거나 그 시스템 자체에 특별한 윤리 이론이 필요하지 않다고 주장할 수 있다.[4] 운전 시스템(로봇)은 교통법규를 지키도록 설계되어야 하며, 아마도 이런 법규들은 다른 법규와 직접적으로 상충하지는 않을 것이다. 그렇지만 만약 시스템(로봇)의 행위가 그 시스템의 기본적인 지식과 그 시스템이 담당하는 과업 영역을 벗어난 법규와 상충할 경우, 즉 예를 들면 (역자: 탈주자를 잡아야 한다는 법규와) 주의 경계선을 넘어 탈주자를 잡는 것을 금지하는 법규가 서로 상충할 경우에 우리는 그러한 시스템의 행위를 그 시스템의 책임 영역의 바깥에 있는 것이라고 간주하며, 그 로봇에게 그런 법을 위반한 것에 대해 책임을 묻지 않는다. 특허권을 위반한 내용을 담고 있다고 할지라도 특허법 위반에 대한 책임을 주장하지 않는다. 이런 경우 책임은 직접적인 기계 시스템을 넘어 설계자, 제조자, 그리고 사용자에게로 확장되는데, 이것이 바로 사회-기술 시스템이다. 기술의 관점에서 보면 법적인 책임이 부과되는 것은 사람들과 그들의 행위이다.

실제적인 도덕적 복잡성은 도덕적 딜레마를 해결하려고 노력하는 데서 생긴다. 즉 하나의 상황에 대한 다른 관점이 상이한 결정을

---

4) 작은 기계 시스템이라 할지라도 우리가 그것의 작동이(그것의 도덕적 행위자 기능을 필요로 할지 말지에 달려 있는) 도덕적인 의미를 갖는다고 판단될 수 있는 상황에 놓일 수 있다. 비록 우리가 도덕적 책임을 기계 시스템에 돌리는 경우는 거의 없을지라도, 우리는 어떤 사고에 대한 책임을 기계의 잘못에서 찾는다. 예를 들면 비행기에서 비행기의 기계적 결함, 즉 부품, 설계, 정비의 잘못 혹은 이것들의 결함에서 찾는다. 이것은 책임이 인간과 인간의 기술로 나눠질 수 있다는 것이다. "총은 사람을 죽이지 않는다, 사람이 사람을 죽일 뿐이다"라는 미국 총기 협회의 슬로건은 부분적으로는 옳다. 라토르(Bruno Latour)는 이에 대해 사람을 죽이는 것은 사람과 총기라고 지적한다(1999).

지지해주는 선택에서 나온다. 고전적인 딜레마는 열 명의 사람을 살리기 위해 한 명의 사람을 희생시키거나, 더 나은 공동선을 위한 자기 희생을 선택하거나, 도덕적인 원칙을 따를 경우 당장에는 부정적인 결과가 나올 게 분명한 경우과 관련된다. 로봇이 고전적인 윤리적 딜레마에 등장하는 경우를 생각해볼 수도 있겠지만, 어떤 유형의 로봇이 실제로 로봇의 일상적인 작업에서 윤리적인 딜레마에 직면할 것인지를, 그래서 어떤 유형의 로봇이 윤리적인 딜레마들을 다룰 수 있도록 설계되어야 하는가를 고려해보는 것이 나을 것이다. 군사, 경찰, 그리고 의료 결정들을 직접 다루는 작업은 그런 딜레마의 공급원이 될 것이다(그래서 다양한 딜레마가 이런 맥락에 설정된다).[5] 이런 영역에서 사용될 수 있는 로봇 시스템이 이미 있으며, 이런 기술이 진보하면서 로봇이 이 영역에서 점점 더 복잡한 과업을 다룰 것이며, 자신이 할 일을 하는 데 있어서 보다 증가된 자율성을 가지게 될 것이다. 이로 인해 로봇윤리의 가장 긴급한 실제적인 문제들이 제기될 것이다.

병원에서 약을 조제하는 로봇을 생각해보자. 이 로봇은 "먼저 온 사람에게 먼저"라는 단순한 규칙을 따르도록 설계될 것이다. 천재지변 사태가 일어나거나 유행병이 돌아 특정한 약이 부족할 경우에는 이 로봇이 보다 신중한 정책을 따르길 원할 수도 있다. 이런 경우에 로봇은 다른 환자의 요구와 관련하여 환자의 실제적인 요구를 결정

---

5) 법적, 정치적 그리고 사회적 작업 또한 이런 딜레마를 포함하고 있지만, 이 작업들은 앞에서 언급한 분야보다 늦게 로봇 시스템을 도입하고 있다.

할 필요가 있을 것이다. 이처럼 환자들이 밀려들어 와서 모든 환자에게 동등한 주의를 할 수 없게 되는 경우에 로봇에 의한 선별적인 배분의 문제는 우선적으로 관심을 가져야 할 환자가 누구이어야 하는가이다. 약이나 의학적 치료와 같은 것의 공정한 배분은 사회 정의의 문제이면서 이성적인 사람들도 서로 의견을 일치시키지 못하는 도덕적 결정이다. 평등주의가 때로는 제한된 자원으로 실제적이지 못한 정책이 되기도 하며, 공정한 정책을 설계하는 것은 도덕적인 숙고를 해야 하는 중요한 문제이다.

우리가 단순하게 공정한 분배를 이루는 정책을 만들어 이것을 로봇에 설치하면, 이런 정책에 의한 도덕적 결정을 복사하는 것이 되고, 이것은 특정한 도덕성을 로봇을 통해 강조하는 것이다.[6] 어떤 기관이나 그것의 정책에 대해서 그 정책의 평등과 공정성에 대해 문제를 제기하는 것이 가능하다. 그래서 우리는 본질적으로 특정 기관의 정책을 채택하여 강조하는 어떤 정책을 따르는 로봇을 만드는 것에 주의해야 하며, 그 정책에 대해 도전해 볼 방법을 찾을 수 있으며, 그 기관과 로봇 제작자에게 자신들의 정책에 대해 책임지도록 해야 한다.

기관의(내리 제도) 정책을 확립한다는 것은 특정 결정에 대한 도덕적 책임으로부터 개인을 차단하는 것이다. 그래서 로봇처럼 개인들은 위에서 내려온 "규칙을 따를 뿐"이며, 이것은 개인들로 하여

---

6) 이러한 인식은 기술 정치학의 핵심인데, 비판이론가들이 주로 이를 언급하였다. 이에 대해서는 Feenberg(1991), Feenberg & Hannay(1998), 그리고 Asaro(2000)를 참조.

금 특정한 상황에서 그 규칙을 적용하는 것에 동의하지 않는 사람으로부터 제기되는 사회적 압력에서 벗어나게 할 뿐만 아니라, 특정 상황에서 무엇이 옳은 것인지에 대한 개인적인 판단에 반하는 행위를 해야 하는 심리적인 부담에서 벗어나게 해 줄 수도 있을 것이다. 실제로 책임의 문제가 개인에서 기관으로 옮겨지면 "로봇의 경로(robopaths)"와 같은 대규모의 무도덕적이고 무책임적인 사람들만 생겨날 것이라는 우려가 있다(Yablonsky, 1972).

로봇윤리에 대한 논의를 대중의 관심 영역으로 끌어들인 것은 바로 로봇 군인의 개발일 것이다. 반(半) 자율적인 그리고 자율적인 무기 시스템의 개발은 지원이 잘 이뤄지고 이들 시스템의 능력은 빠르게 신장하고 있다. 정교한 센서 시스템을 가지고 있고, 또한 살상력의 선별적인 사용을 위해 추적하고 목표를 설정할 수 있는 컴퓨터를 가진 작은 이동 무기 플랫폼의 개발에 수많은 대규모의 군사 연구 프로젝트가 집중되고 있다. 이런 시스템들은 심각한 윤리적인 물음을 제기하며, 이 중 대부분의 윤리적인 물음들이 군대의 명령과 통제 맥락에서 이미 제기되고 있다.

군대의 기본 틀은 책임을 분명하게 그리고 명백하게 구분하도록 설계되어있다. 지휘관은 명령을 내리는 것에 대해 책임을 지고, 병사들은 명령을 실행하는 것에 대해 책임이 있다. 전쟁 범죄의 경우 실제로 명령을 수행한 병사들에 대해 책임을 묻기보다는 명령을 내린 상관에게 책임을 묻는다. 병사들은 그저 "명령을 따를 뿐"이다. 이 결과 로봇과 자율적인 무기 시스템에서 "인간과의 연결고리(humans-in

-the-loop)"를 유지하려는 의도적인 노력이 있어 왔다. 이는 시스템 내에서 언제 무엇을 공격할지에 대한 결정을 내리는 데 실제로 필요한 위치에 책임 있는 사람을 유지하는 것을 의미한다. 그러나 이러한 시스템을 완전히 자율적으로 만드는 것도 현재 기술력의 수준에서 가능하다. 시스템의 정교함이 증가하면서 시스템의 조치들을 규제하는 복잡성 또한 증가할 것이고, 그렇게 되면 자동으로(automatically) 그리고 자율적으로(autonomously) 이 복잡성을 처리할 수 있는 시스템을 설계하라는 압력 또한 증가할 것이다.

전장에서 병사들을 기계로 대체하려는 생각은 매우 강하며, 이에 따라 군인들과 민간인들과 관련된 생사의 갈림길 상황에서는 로봇이 투입될 것이다. 군인들에 대한 위협이 심한 곳일수록, 비록 예를 들면 민간인 지역의 시가전과 같이 현재는 로봇이 대체할 수 없는 지역일지라도, 이런 생각은 커질 것이다. 도시는 사람들의 이동이 (탱크나 비행기보다는) 많은 곳이기에 사람이 여전히 필요하기 때문일 것이다. 이런 지역은 우호적인 민간인들과 적대적인 적들로 섞여 있는 경우가 많고, 그들이 접촉하는 사람들이 어느 부류에 속하는지에 대해 자주 결정을 내려야 하기 때문이다. 군인들도 물론 다양한 상황에서 적절한 대응, 즉 무력의 사용이 승인될지를 규정하는 '교전 규칙'을 따라야 할 것이다. 만약 로봇이 시가전에서 군인들을 대체할 경우라면 로봇은 그러한 결정을 해야만 할 것이다. 교전 규칙이 군인들의 행위를 규제하는데 충분하다 할지라도, 로봇 군인들은 언어와 문화를 포함한 엄청난 배경 지식을 결여하고 있으며, 마찬가지로 고도의 도덕적인 감각을 결여하고 있다(이러한 것들을 로봇에 설계하는 것은 분명히 어렵고 심지어 불가능한 것으로 보인다). 이미 로봇이 경계나 보초로 사용되고 있지만, 로봇경찰의 경우도 이와 유사한 윤리적인 도전을 받을 것이다.

이런 개연적인 유사성은 많은 윤리적인 물음을 제기한다: 효율적이면서도 윤리적인 방식으로 생사를 결정할 수 있는 시스템을 개발하는 것이 가능한가? 엔지니어들이나 사회가 그런 시스템을 개발하는 것이 윤리적인가? 대체로 윤리적이거나 혹은 대체로 효율적인 시스템들이 있는가? 이것이 "정의로운 전쟁" 이론에서 도덕적인 평형을 변화시킬 것인가?(Walzer 1977, Asaro 2008)


## 3. 결론

로봇 시스템이 무도덕적인 도구에서 도덕적이며 윤리적인 행위자로 변화하는 것에 대해 어떻게 생각해야 할까? 윤리학과 로봇공학 내에서 이미 닳아빠진 철학적인 사유의 유형에 빠지기는 비교적 쉽다. 그리고 메타윤리적인 어떤 논쟁이 로봇 영역의 문제에 적용되어야 할지를 발견하거나, 혹은 로봇 지능과 로봇 학습에 대한 물음들이 로봇윤리에 대한 물음들로 변경될 수 있을지를 발견하기도 비교적 쉽다. 알렌 등의 학자들(Allen et al. 2000)은 이런 사유 유형에 빠지면서, 결국 이를 인공적인 도덕 행위자(artificial moral agents: AMAs)에 대한 "도덕적 선회시험(moral Turing Test)"이라고 부른다. 알렌,

바너 그리고 진저는 이러한 실수를 인정하고 다양한 하향식(윤리 원칙들로부터 시작)과 상향식(윤리적인 행위의 훈련으로부터 시작) 접근을 위한 잠재성을 조사해서, 최선의 가능성으로서 두 접근의 혼합에 도달하게 된다(Allen, Varner & Zinser, 2005). 그렇지만 그들은 인공적인 도덕 행위자(AMAs)의 개발을 공학만의 문제라고 특징짓는다. 마치 일반적인 목적의 도덕적 추론 시스템(general-purpose moral reasoning system)이 목표인 것처럼 말이다. 일반적인 목적의 도덕적 추론 시스템으로서의 인공적인 도덕 행위자(AMA)라는 개념은 매우 추상적이며, 이로 인해 우리가 그것들에 대해 생각하기를 어디서부터 시작해야 하는 지를 아는 것은 어렵다. 그래서 우리는 추상적인 도덕 이론들과 실체가 없는 인공적인 지능에 대한 고전적인 사유 형태로 빠지게 되는 유사한 문제들에 부딪힌다. 우리가 장난감 문제와 도덕적인 마이크로 월드(moral micro-world)를 회피해야 하는 것처럼, 우리는 일반적인 목적의 도덕성에 대해 사유하는 경향을 회피해야 한다.

차라리 우리는 제한된 과업 영역 내에서 실제 세계의 도덕 문제를 해결해야 한다. 공학자들이 윤리를 로봇 시스템 안에 설치하는 그렇게 하도록 하는 사회적 압력 속에 나타나는 실제적인 그리고 지각된 필요성 때문일 것이다. 그리고 이것은 제한된 과업영역 안에서만 도덕적인 추론을 할 수 있는 시스템을 포함할 것이다. 로봇윤리에 대한 사유에서 가장 긴급한 시나리오는 보다 정교해진 자율적인 무기 시스템의 개발에 있으며, 이것은 이 문제의 윤리적인 복잡성과 그런 로봇이 등장하는 속도 때문이다. 로봇의 윤리를 사유하기 시작할 때 가장 유용한 틀은 아마도 사람들의 도덕적인 이론보다는 법적인 책임일 것이다. 왜냐하면, 법적인 책임 논의의 실제적인 적용 가능성 때문이다. 이와 동시에 준 도덕적 행위자, 사회시스템에서의 분배된 책임, 그리고 로봇에게 보다 많은 법적, 도덕적 책임으로의 변화를 다룰 수 있는 능력 때문이다.

플라톤의 정의 본질에 대한 탐구는 이상적인 도시 국가를 위한 군대, 즉 공화국의 수호자에 대한 계획에서 시작되었다. 그는 만약 정의가 발견된다면, 그것은 수호자들에게서 발견될 것이라고 주장하였다-수호자들은 자신의 힘을 도시를 돕고 방어하는 데에만 사용해야지 시민을 위해서 사용해서는 안 된다. 이런 목적을 위해 그는 수호자의 교육과 수호자의 삶에서의 간소함을 상세히 설명하고 있다. 우리가 로봇에서의 윤리를 찾고자 한다면, 아마도 우리는 로봇 군인들을 살펴보고, 그들이 정의로워야 한다는 확신을 해야 하고, 더 중요한 것은 우리의 국가가 그들의 교육과 고용에서 정의로워야 한다는 것이다.

# 참고문헌

Allen, C., Varner, G., & Zinser, J. (2000). Prolegomena to any future artificial moral agent. *Journal of Experimental and Theoretical Artificial Intelligence*, 12, pp. 251~261.

Allen, C., Smit, I., & Wallach, W. (2005). Artificial morality: Top-down, button-up, and hybrid approaches. *Ethics and Information Technology*, 7, pp. 149~155.

Asaro, P. (2000). Transforming Society by Transforming Technology: The Science and Politics of Participatory Design. *Accounting, Management and Information Technologies*, Special Issue on Critical Studies of Information Practice, 10, pp. 257~290.

Asaro, P. (2007). Robots and Responsibility from a Legal Perspective, *Proceedings of the IEEE Conference on Robotics and Automation, Workshop on Roboethics*, Rome, April 14, 2007.

Asaro, P. (2008). How Just Could a Robot War Be?, in Philip Brey, Adam Briggle and Katinka Waelbers (eds.), *Current Issue in Computing And Philosophy*, Amsterdam, The Netherlands: IOS Press. pp. 50~64.

Feenberg, A., & Hannay, A. (eds.) (1998). *Technology and the Politics of Knowledge*. Bloomington: Indiana University Press.

Feenberg, A. (1991). *Critical Theory of Technology*. Oxford, UK: Oxford University Press.

Latour, B. (1999). *Pandora's Hope: Essays on the Reality of Science Studies*. Cambridge, MA: Harvard University Press.

Moravec, H. (1998). *Robot: Mere Machine to Transcendent Mind*. Oxford, UK: Oxford University Press.

Walzer, M. (1977). *Just and Unjust Wars: A Moral Argument With Historical Illustrations*. New York, NY: Basic books.

Yablonsky, L. (1972). *Robopaths: People as Machines*. New York, NY: Viking Penguin.

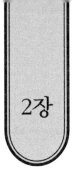

# 로봇윤리: 과학 철학의 견해

굴리에모 탬불리니(Guglielmo Tamburrini)[1]

Dipartimento di Scienze Fische, Università di Napoli Federico II

요약: 로봇윤리(Robot ethics)는 로봇의 현재 그리고 미래의 사용과 관련되어 제기되는 윤리적인 문제를 확인하고 분석하는 응용윤리의 한 분야이다. 이러한 문제는 사람(personhood)과 행위주체(agentivity)의 윤리적 차원과 함께, 인간 자율성의 보호와 촉진, 도덕적 책임과 법적 책임, 사생활의 보호, 기술자원에 대한 공정한 접근, 사회적, 문화적 차별의 문제를 포괄하고 있다. 이 장에서는 로봇공학

---

1) Dipartimento di Scienze Fische, Università di Napoli Federico II, Complesso Universitario Monte S. Angelo, Via Cintia, I-80126 Napoli, Italy. E-mail: tamburrini@na.infn.it

에 대한 인식론적 그리고 방법론적 고려가 로봇공학에 대한 윤리적인 탐구에서 하는 역할을 살펴볼 것이다. 특히 로봇-학습 간의 상호작용 모델과 학습하는 로봇 시스템 모델에 대한 이러한 종류의 숙고는 로봇윤리에서 자율성과 책임의 분석을 할 수 있도록 할 것이다.

주제어: 윤리, 자율성, 책임, 현장 로봇공학, 서비스 로봇공학, 군사용 로봇, 학습 로봇, 로봇 행위의 예측

## 서론

로봇은 지각하고, 정보를 처리하고, 움직일 수 있는 능력을 갖춘 기계이다. 로봇 시스템의 정보처리 과정은 피드백 신호과정과 통제와 더불어 특히 지각, 추론, 계획 그리고 학습의 형식을 취한다. 이런 능력들이 조정되어 활용됨으로 로봇 시스템은 목표 지향적이며 적응적인 행위들을 할 수 있다. 커뮤니케이션 기술로 로봇은 다른 로봇이나 컴퓨터 시스템에 의해 작동되는 소프트웨어 수행체(software agents)의 네트워크에 접근할 수 있다. 새로운 세대의 로봇은 점점 더 능숙하게 자신의 행위를 조정하고 다른 로봇, 인간, 소프트웨어 시스템을 포함하는 이질적인 행위자들과 함께 공유된 목적을 추구한다.

최근 2, 30년 동안 로봇은 주로 산업 환경에 국한되어 왔고, 엄격한 프로토콜에 의해 산업 환경에서 인간-로봇의 상호작용(human-robot interaction: HRI)은 상당히 제한되어 왔다. 점차 현장 및 서비스

로봇공학(field and service robotics)의 증가하는 연구 영역은,[2] 우주 탐사, 해저탐사, 구출작전과 같은 극단적인 시나리오에서 볼 수 있는 것처럼, 이제는 산업 환경을 벗어나 공장, 가정, 사무실, 병원, 박물 관 그리고 학교와 같은 보다 전통적인 인간의 생활영역에 이르기까 지 로봇의 포괄적이며 다목적인 활용 방식의 길을 열어놓고 있다. 특 히 개인용 로봇(personal robot)이라 부르는 서비스 로봇의 특정영역 의 연구는 가까운 장래에 보다 다양하면서도 유연한 HRI의 형식을 가능하게 할 것으로 기대하고 있고, 로봇을 건강관리, 운동, 교육, 그 리고 오락에서의 다양한 내용을 가지고 인간에게 보다 밀착되게 할 것이다.

로봇윤리(robot ethics)는 현재 그리고 미래의 로봇 사용과 관련된 윤리적인 문제들을 추출하여 분석하고자 노력하는 응용윤리의 한 분 야다. 다음과 같은 물음이 로봇윤리에 속하는 것이다.

(1) 서비스 내지 개인용 로봇이 야기한 손해에 대해서 누가 책임 을 져야 하는가?
(2) 인간과 로봇으로 구성된 팀에서 통제를 위한 위계서열을 만들 때 윤리적인 제한이 있는가?
(3) 인터넷과 연결되는 개인용 로봇에 의해 사생활의 권리가 위협 받는가?

---

2) FSR(Field and Service Robotics)에 대한 정보는 Siciliano & Khatib(2008) 참조.

(4) 인간의 언어능력과 문화가 인간보다 저급한 능력을 갖춘 로봇과의 포괄적인 상호작용으로 저하하는가?

(5) 군사 로봇이 전장에서 살인할 수 있도록 허용해야 하는가?

(6) 로봇을 마치 인간처럼 도덕적 행위자로 간주해서 기본적인 권리가 있다고 보아야 하는가?

이런 물음들은 인간의 자율성 보호와 촉진, 도덕적 책임과 책임능력, 사생활, 기술자원에 대한 공정한 접근, 사회적 문화적 차별, 그리고 인간과 행위자의 윤리적 차원을 확장한다. 이런 질문들로부터 제기되는 응용윤리의 개념적이며 정책 형성적인 도전들은 다양한 학문의 관점을 효율적으로 통합할 것을 요청한다. 주로 대안기술과 비교하여 로봇공학의 상대적인 손익분석이나 로봇공학이 노동시장에 미칠 예상되는 영향, 어떻게 HRI가 인간의 개념구조, 정서적 유대, 그리고 문화 간의 관계에 미칠 영향에 대한 심리학적 그리고 사회학적 조사,[3] 교육용 로봇이나 치료용 로봇들의 의도적인 행위나 감정의 기만적인 조작의 영향에 대한 연구, 인간과 로봇이 서로 협동하여 내리는 의사결정과 행위에서 위임과 신뢰관계에 대한 이해, 그리고 이와 함께 로봇공학이 개발도상국에 미칠 앞으로의 영향과 공학적인 격차에 대한 분석 등을 고려해야 한다.[4] 이 장에서는 로봇공학에 대

---

3) 아시아와 유럽 국가들의 로봇에 대한 상이한 문화적 태도에 대한 논의는 이 책의 Toyoaki Nishida의 글을 참조.

4) 로봇윤리의 학제적 성격에 대해서는 Christaller et. al(2001)와 Veruggio & Operto(2008) 참조.

한 윤리적인 탐구에서 로봇공학에 대한 인식론적 그리고 방법론적 숙고들이 해야 할 역할들을 검토해 보고자 한다. 특히 로봇-환경의 상호작용 모델(models of robot-environment interactions)과 학습하는 로봇 시스템 모델(models of learning robotic systems)에 대한 방법론적 숙고들은 로봇윤리에서 자율성과 책임 문제에 대해 분석을 하게 될 것이다.

## 1. 로봇윤리와 로봇-환경 상호작용 모델

로봇 시스템의 관찰될 수 있는 행위는 로봇 시스템의 부분들이 조정되어 행하는 작업과 각 부분의 환경과의 상호작용으로부터 나온다. 로봇의 행위를 구성하는 데 있어서 환경의 기여는 매우 중요하다. 개인용 로봇의 거실 바닥을 지나가는 궤적은 마찰계수의 변화, 가령 페르시아 카펫이나 바닥에 떨어진 물에 의한 마찰계수의 변화에만 영향을 받는다. 곤충과 같은 로봇에 의해 해변에 남겨진 꼬불꼬불한 경로는 평탄하지 않아 불규칙적인 지형에서 균일한 걸음걸이의 결과일 수도 있다.[5] 그리고 점점 어두워지게 되면 로봇 시스템이 근처의 장애물을 지각하고 적절하게 반응하는 것을 방해할 수도 있다.

로봇의 행위에 영향을 미치는 환경적 요인들을 따로 떼어낼 수

---

5) 사이먼(Herbert Simon)은 내적인 통제 요인보다 환경적인 요인들이 자연시스템 내지 인공 시스템에서 행위 복잡성의 주요 원인이라는 생각을 보여주기 위해 해변에서 요리 조리 지나가는 개미의 예를 사용하였다(Simon, 1996, pp. 51~2).

있는지 그리고 있다면 어떻게 가능한지의 문제는 로봇윤리에서도 매우 중요하다. 이를 설명하기 위해 장차 집에서 고령의 노인이나 장애인들을 돕는 이동로봇(mobile robot)의 사용을 생각해보자. 판매허가와 적절한 책임 그리고 보상 책임의 가이드라인을 구성하기 위해 이러한 로봇의 제작자들은 이런 로봇이 계획된 작업환경에서 안전하게 작동한다는 것에 대한 적절한 증거를 제공할 수 있는지에 대해 답해야 할 것이다. 특히 이 증거는 다음과 같은 형식의 경험적 진술이어야 할 것이다.

(S) 이 로봇 모델은 정상적인 조건하에서 작동할 때 사람, 애완동물이나 다른 물체에 심각한 해를 야기하지 않을 것이다.

(S)와 같은 진술은 환경 z에서 각각의 정상적인 작동을 하는 특정 로봇 모델의 어떤 로봇 y가 x를 수행하는 규칙적인 패턴을 진술하는 일반적인 진술이다. 그런데 그런 로봇에게 정상적인 작업환경이란 무엇인가? 그리고 어떤 환경적 요인이 이런 로봇의 의도된 행위를 방해할 수 있는가? 로봇이 작동하는 정상적인 조건이 무엇인지에 대한 비교적 분명해지기 위해서는 정확한 의미와 검증 가능한 경험적 내용을 (S) 형식의 진술에 의해 표현되는 규칙성에 부여해야 한다.

신뢰할 만한 규칙성에 대한 정상 조건들을 확인하는 문제는 과학 철학에서, 특히 생물학과 기본 물리학의 영역을 벗어나는 경험적인 탐구 영역에서 이뤄지는 규칙성의 구성과 관련하여 폭넓게 논의

됐다. 가장 유력한 견해에 따르면, 규칙성의 정상 조건은 적어도 원칙적으로는 정확하게 그리고 철저하게 다음과 같이 기술될 수 있다: "그런 규칙성을 저해하는(disturbing) 요인들과 예외들이 조건들의 한정된 리스트들, 즉

C1, ..., Cn

에 의해 표현될 수 있다. 그래서 예외(규칙성이 유지될 수 없는 비정상적인 조건들)를 허용하는 모든 규칙성 P는 원칙적으로는 다음과 같은 형식의 예외없는 규칙성으로 대체될 수 있다:

P unless Cp1 , ..., Cpn

이와 다른 견해에 따르면, 예외나 저해 요인들은 아주 많거나 무한하기 때문에 그것을 예외 없는 규칙성으로 전환함으로써 P를 보장하는 것이 항상 가능한 것은 아니다. 이런 불가능성은 우연적인 이유(예외들이 너무 많거나)나 본질적인 이유(예외가 무한하기) 때문이다. 이러한 인식적인 곤란으로 인해 P에 ceteris paribus(다른 모든 조건이 동일하다)라는 절을 붙여 승인하기도 한다. "다른 조건이 변함없다면 P이다"라는 것은 불특정한(그리고 불특정일 수 있는) 저해 요인들이 부재

할 경우에 P가 유지된다는 것을 의미한다.[6]

로봇공학자들은 로봇 시스템의 정상 작동을 위험에 빠뜨리게 하는 환경적 저해 요인을 확인하는 인식적인 문제를 둘러싼 이론적 그리고 실제적인 어려움을 잘 알고 있다. 이런 인식적인 문제를 다루기 위해 종종 적용되는 발견 전략은 로봇 시스템이 처하게 될 수 있는 구체적인 환경을 적절한 행위의 규칙성이 보장될 수 있는 이상적인 상황과 최대한 유사하게 만드는 것이다. 이런 발견 전략은 진술 T의 일관된(비모순적인) 집합이 수학적 논리에서 채택되는 '모델'이라는 단어가 일상적으로 갖고 있는 의미에서의 어떤 모델을 허용한다는 사실에 달려 있다. 보다 정확하게 말하자면 만약 T가 일관된 문장들의 집합이라면, 대상과 관계의 영역과 관련하여 T에 대한 해석이 있을 것이며, 이러한 해석은 T의 모든 문장을 참이 되도록 만들 것이다. 이런 발견 전략은 다음의 두 가지 주요단계를 포함한 과정을 거치면서 이성적으로 재구성될 수 있다.

(1) 대상과 관계들의 이상적인 영역들이 도입되며, 로봇 행위와 관련되어 원하는 규칙성은 그 영역 안에서 해석될 때 참이 된다.

(2) 로봇이 실제로 처할 수 있는 구체적인 환경들은 앞 단계에서 도입된 이상적인 영역에 최대한 유사하도록 만들어지기 위해

---

6) ceteris paribus 그리고 예외를 허용하는 규칙성을 다루는 것과 관련된 예측적인 문제와 설명적 문제에 대한 논의는 Earman, Glymour & Mitchell(2002) 참조.

조정된다.

산업 자동화에서 작업을 수행하는 조건을 유지하면서 동시에 "저해 요인"을 배제하는 이상적인 세계의 조건을 강요하기 위해 위와 같은 전략을 폭넓게 채택한다. 특히 인간 노동자가 산업로봇의 행위에 지장을 주는 다양한 변화와 저해요인의 중요한 원인이기 때문에, 로봇의 "분리" 정책은 비교적 고정적이고 보다 쉽게 예측할 수 있는 로봇의 환경을 달성하는데 일상적으로 추구된다. 공장 노동자들과 로봇은 상이한 작업공간으로 구분되어 있고, 양자 간의 상호작용은 극히 제한되거나 배제된다.

그러나 로봇 분리 정책은 산업 로봇공학으로부터 인간의 행위를 위해 계획된 환경 안에서의 서비스 로봇과 개인용 로봇의 적용으로 넘어가면서 점점 더 어려워지고 있다. 다른 사무실로 편지나 서류를 배달하는 작업은 원칙적으로 인간과의 의도적인 상호작용이 필요하지 않는다. 그러나 사무실 바닥과 복도를 지나가야 하는 이동로봇(mobile robot)은 사무실과 우편 배달 사무실로 가면서 직원이나 손님을 만나기도 할 것이다. 이런 상황에서 "비사교적인(unsociable)" 로봇정책은 로봇과 환경의 상호작용을 제한할 목적으로 이뤄진 분리정책에 대한 그럴싸한 설득력 있는 대안처럼 보인다. 실제로 비사교적인 로봇은 인간과 유사한 대상과의 접촉을 회피할 수 있는 능력을 갖춘다.

비사교적인 로봇 정책은 안전 조건들을 보장하는 부담을 전적으로 로봇 통제 시스템에 부과한다. 비사교적인 로봇의 행위를 통제하는 종합적인 규칙이 비교적 진술하기는 쉽지만, 그것의 실제적 디자인과 완성은 전혀 사소하지 않은 이론적이며 기술적인 문제들을 불러일으키며, 특히 실시간 반응과 고차원의 배위공간(configuration space)을 계획하는 동작을 위한 설비를 위해 규정의 문제 역시 간단하지 않다. 뿐만 아니라 환경이 점차 복잡해지고 역동적으로 되어 가면서 제안된 해결책의 효율성이 심각하게 떨어지고 있다. 결국, 로봇의 작업규정이 HRI의 포괄적인 형식을 요구할 경우 비사교적인 로봇 정책은 적용이 불가능해진다. 실제로 인간과의 접촉을 피하도록 프로그램화된 로봇은 사람을 구출하거나 집에서 노인들을 보조해주는 데에는 적합하지 않다.

다수의 서비스 로봇과 개인용 로봇들이 살아있는 대상들과 그렇지 않은 대상들이 있는 다양한 환경에서 다양하면서도 유연한 HRI의 형식을 가질 수 있어야 한다면, 분리 정책과 비사교적인 정책 모두 서비스와 개인용 로봇의 작업 맥락에는 대체로 적합하지 않다. 이런 사실로 산업 로봇에서 현재 최첨단의 현장 및 서비스 로봇공학으로 옮겨 가면서 로봇-환경 간의 상호작용을 위한 모델연구는 보다 복잡해지고 있다. 현장 및 서비스 로봇공학에서의 주요 모델은 (S) 형태의 진술로 된 정상적인 조건을 정확한 형식으로 제공하는 문제, 이런 진술에 의해 표현되는 규칙성에 대한 경험적인 내용을 정확하게 제시하는 문제, 그리고 이런 규칙성을 엄격한 경험적인 심사를 거치게 하는 문제 등에 관심을 갖는다.

다양한 로봇-환경 간의 상호작용을 모델링 하는 것과 관련된 인식론적 문제들은 로봇 시스템에 대한 윤리적인 평가를 담고 있다. 특히 로봇-환경 간의 상호작용이 다양한 HRI형태를 가진다면, 자율성, 책임, 그리고 보상책임의 문제와 관련되어 로봇의 행위에 관한 정확하면서도 엄격하게 검사된 속성을 구성하기 어렵다. 이러한 어려움은 전쟁터에 자율적인 로봇 시스템을 투입할 경우를 예측해보는 것과 관련하여 다음 절에서 그 예를 살펴보겠다.

## 2. 로봇군인: 임무의 필요조건과 윤리

아프가니스탄과 이라크에 수천 개의 군사 로봇 시스템들이 배치되었다. 이 로봇들은 폭탄을 탐지하고 폭발시킬 수 있도록 해주는 (Improvised Explosive Devices: IED) 원격조종되는 팩봇(PackBot)[7], 탤론 스워즈(Talon SWORDS)[8] 그리고 제2차 이라크전쟁에서 사용된 자동화 소총과 유탄발사기를 갖출 수 있는 또 다른 원격조종 로봇들이 포함된다(Forster-Miller 2009).[9] 후자의 군사 로봇은 2005년 2월

---

7) 역자 주: 전쟁터에서 주로 병사들이 배낭에 넣어 다닐 수 있으면서 급조폭발물(IED) 탐지 및 제거 업무를 원격조정을 통해 수행할 수 있는 로봇이다. 아이로봇에서 제작되었으며, 한국에서도 국산화 로봇 생산에 본격적으로 나서고 있다.

8) 역자 주: 탤론사(Talon)는 두 개의 접지면으로 구동되는 소형 탱크처럼 생긴 무게 45킬로그램의 로봇으로 폭발물 제거용, 정찰 및 탐지용, 위험물 취급용으로 사용하는데 스워드(SWORD)는 탤론의 집게 형태의 팔을 총기 거치대로 교체한 것임.

9) 군사적인 목적으로 무인 작동하는 로봇 차량에 대한 윤리적인 숙고에 대해서는 이 책의 알트만(Jürgen Altmann)의 글 참조.

16일 자 뉴욕타임스의 커버 페이지에 나오는 기사에서 로봇군인의 발전을 위한 중요한 단계로 제시하고 있다.

미국 국방부는 지금까지는 없었던 군인의 새로운 세대를 고안해 내고 있다. 미 국방부의 존슨(Gordon Johnson) 합동군 사령관은 "그들은 배고파하지 않는다"고 말한다. "그들은 두려워하지 않고, 자신이 받은 명령을 잊어버리지도 않으며, 옆에 있는 전우가 총에 맞아도 신경 쓰지 않는다. 그들이 인간보다 더 잘할 수 있을까? 물론이다." 로봇군인은 이제 곧 등장할 거다.

이러한 주장에 의해 전해지는 필연적인 결론의 의미와 진리 조건은 모호하지만, 다음과 같은 질문들의 대답에 달려있다.

〔물음 1〕 로봇군인은 무엇인가? 탤론 스워즈(Talon SWORDS)처럼 원격조종되는 로봇 시스템을 로봇군인이라고 할 수 있는가?

〔물음 2〕 로봇군인이 군인보다 더 잘할 수 있다고 생각하는 것은 무엇인가? 로봇군인과 군인을 비교하고 순위를 매기는 근거가 되는 행위특성은 무엇인가?

〔물음 1〕과 관련하여, 탤론 스워즈 로봇이 원격조종 시스템이라는 것, 그래서 모든 사격 결정은 인간 조종자에 의해 내려진다는 것

에 주의해야 한다. 따라서 자율적인 발포 결정을 내릴 수 있는 것이 군인의 중요한 특징이라면, 원격조종되는 로봇은 어떤 형태든 로봇 군인이 될 수 없다.

〔물음 2〕와 관련하여, 여기서는 "좋은" 군인이란 어쨌든 현장에서 군이 채택하고 있는 교전수칙(ROE: rules of engagement)과 함께, 제네바협약이나 헤이그협약처럼 국제적으로 인정되는 인도주의적인 법에 맞춰 역할을 수행하는 것이다. 이런 일반적인 요구는 좋은 로봇 군인으로 간주하고 어떤 행동 테스트가 좋은 로봇군인이 되기 위해 통과되어야 하는지를 이해하는 데 윤리적인 숙고가 필요하다는 것을 의미한다.

2008년도 11월 26일 자 인터내셔널 헤럴드 트리뷴의 1면 기사에서 몇몇 로봇공학자들이 발포 결정을 자율적으로 내릴 수 있는 지능형 로봇(intelligent robot), 즉 발포 결정과 관련하여 외부의 행위자에 의해 통제받지 않는 로봇이 결국 전장에 있는 군인보다 "보다 윤리적"으로 수행할 것이라고 주장하였다.

미군과의 계약 하에 전쟁로봇을 위한 소프트웨어를 개발하고 있는 조지아 공학 연구소(Georgia Institute of Technology)의 하킨(Ronald Harkin)교수는 "나의 연구 가설은 지능형 로봇이 전장에서 군인보다 더 윤리적으로 행동하리라는 것이다"라고 말했다.[10]

도덕적인 행위와 관련하여 로봇군인이 전장에서 군인을 능가할

---

10) 군사 로봇 시스템의 구성에서의 윤리적인 통제와 추론에 대한 논의는 아킨의 글을 참조(Arkin 2007).

것이라는 추측은 현재의 과학적인 지식과 상충하지는 않는다. 그렇지만 이런 추측이 중요한 기술적인 가능성이 되는 과정에서 본질적인, 그리고 현재로서는 보증될 수 없는 기술적인 진보가 로봇공학에서 필요하다는 것에 주의해야 한다. 이를 보여주기 위해서 로봇전쟁의 예측과 관련하여 자주 논의되는 주제 중에서 (a) 항복하는 몸짓을 인식할 수 있는 능력과 (b) 아군 내지 구경꾼과 적군을 구별할 수 있는 능력을 고려해보자(Sharkey 2008). (a)와 (b) 문제를 인간의 만족할만한 (비록 오류 없는 것은 아니겠지만) 수준의 해결책을 제공할 수 있는지의 여부를 알아보기 위해 고안된 행동 테스트에서 좋은 결과를 보여주기 위해서는 로봇 시스템은 인공지능과 인지로봇의 현재 최고의 발전 수준을 넘어버리는 매우 다양한 지각 및 숙고능력을 가지고 있어야 한다. (a)와 (b) 문제에 대한 인간 수준의 해결책은 비록 몸짓이 통상적이지 않은 방식으로 이루어진다고 해도 감정표현을 이해하고, 실시간으로 기만적인 의도나 행위에 대해 추론해 내는 것처럼 맥락에 근거해서 항복하는 몸짓의 모호성을 해소하면서 제시된다. 그래서 올바른 결정을 내리기 위해 지각 정보로부터 추출하여 상황을 판단할 수 있는 지각정보는 매우 다양하기도 하며, 또한 열려있게 된다. 현재까지 로봇공학을 성공적으로 적용할 수 있게끔 했던 정형화된 지각, 정보 처리 그리고 행동조건들은 구조화되지 않은 지각 환경과 의사결정 환경에는 적용되지 못한다. (a)와 (b)의 문제를 인간의 수준으로 해결하는 데 필요한 배경 지식과 다양한 지각정보를 처리할 수 있는 능력이 로봇 시스템에서 실현된다면 인공지능과 지각로봇 공학이 여태 직면했던 문제들을 해결하는 길이 마련될 것이다. 계산 복잡성 이론(computational complexity theory)과 같은 친숙한 분류와 비슷하게 말하자면, 아마도 "인공지능 완전문제(AI-complete problems)"라고 할 수 있을 것이다.

현재 수준의 인공지능과 지각로봇은 일반적으로는 인공지능 완전문제의 해결, 그리고 특정하게는 (a)와 (b)의 문제를 해결할 수 있는 중요한 단서를 제공하지 못하고 있다.[11] 인공지능 완전문제를 해결할 수 있게 해주는 능력을 갖춘다면 국제사회에서 인정되는 전시의 권리(jus in bello)의 규칙에 맞춰 행동하는 로봇과 무고한 사람들을 대량학살하는 로봇의 차이를 만들어낼 것이다. 그래서 로봇공학과 인공지능의 현재 수준을 넘어서는 능력의 소유는 "좋은" 자율적인 발포 능력을 갖춘 로봇을 위해 필요한 핵심 요건이다. 그리고 분명히 말해서 로봇공학의 급속한 발전 범위 안에서 볼 때, 발포 능력을 갖춘 "좋은" 자율적인 로봇은 아직 존재하지 않는다.

비록 (a), (b) 문제에 대해 확실하게 해결하지는 않더라도 인간의 수준을 제공해야 한다는 요구조건은 목적론적 윤리와 결과론적 윤리의 이론 지평에서 의미가 있다는 것에 주목해야 한다. 우선 무고한

---

11) 로봇공학의 현재 수준과 예측할 수 있는 발전을 토대로 지금 만들어 낼 수 있는 로봇 시스템은, 적어도 이런 시스템이 매우 급변하고 예측 불가능한 환경에서 개발하도록 훈련된 군인들이 가질 수 있는 실시간 반응(the real-time reactivity), 동작계획(motion planning) 그리고 목표탐색(goal seeking)능력을 지니고 있지 않는다면, 군인보다 더 나을 수는 없다. 현재의 지각로봇공학과 인공지능에 의해 개발되는 이론적이며 기술적인 장치들은 이런 환경에서 발생하는 경쟁적이며 협동적인 HRI의 다양한 폭을 다루기에는 충분하지 않다.

사람에 대한 의도적인 살인은 목적론적 이론의 지평에서는 절대 금지된다. 그런데 (a)와 (b) 문제를 인간적인 수준의 해결능력에 대한 심사에서 성공하지 못한 자율적인 로봇이 전장에서 무고한 사람을 죽인다면 이러한 금지를 위반하는 것인가? 무고한 사람을 죽이는 것이 전장에 그런 로봇을 배치하는 결정의 의도적인 결과가 아니라면, 의도적으로 행해졌을 경우 도덕적으로 비난받을 만한 사건을 단지 "부수적 피해"로 분류하기 위해서 이중효과의 원칙에 호소할 수 있을 것이다. 그렇지만 이 원칙의 건전한 적용을 위해 요구되는 선결 조건이, 적어도 프로그래머와 군의 명령권자가 전장에 배치된 로봇군인이 (a)와 (b)문제를 인간의 수준에서 해결하지 못할 것임을 미리 알고 있었다면, 이런 상황에서 충족되는 것인지는 의심스럽다. 군인이 로봇군인보다 무고한 사람을 죽일 것 같지는 않기 때문에, 무고한 사람을 죽이는 것을 피하고자 그리고 전시의 권리(jus in bello)와 같이 일반적으로 승인되는 규칙들에 맞춰 군사적인 목표를 성취하기 위해 취해지지 않은 사용 가능한 경고들이 있을 것이다.

제안된 요구조건은, 충분한 시간적인 지평 안에서 행위 결과를 적절하게 고려할 수 있다면, 결과론적 입장에서도 받아들여질 수 있다. 로봇군인의 활용은 전쟁에서 단기적인 이득을 가져올 것이며, 특히 아군의 사상자 수를 줄이는데 기여하겠지만, 로봇에 의해 무고한 사람들이 죽는 것은 적의 편에서는 장기적인 분노를 가져올 것이다. 이러한 장기적인 결과는 인간 생명의 예측된 손실, 전쟁 기간, 또 다른 갈등을 새로운 동기부여를 감소시키기 위해서 고려되어야 한다.

전체적으로 제안된 요구조건은 주요 윤리적인 이론의 관점에서 수용될 수 있으며, 예측 가능한 기술적인 발전의 범위 내에서 볼 때 어떤 로봇 시스템도 긍정적으로 판단되기는 쉽지 않을 것이다.

로봇공학의 가능성에 대한 기대는 지난 20년간 로봇공학의 급속한 발전으로 점점 증가하고 있다. 그러나 로봇공학의 기술은 인류를 위한 만병통치약은 아니다. 로봇공학 현재 수준의 기술이나 예측 가능한 발전의 수준을 모두 넘는 로봇 행위자(robot agency)를 주제로 하는 문학작품이나 영화[12]에서 주로 묘사되는 로봇 시나리오들이 있다. 이런 시나리오를 진지한 기술적 가능성으로 변화시키는 과정에는 본질적으로 그리고 현재 수준에서는 보장할 수 없는 기술적인 진보가 로봇공학에서 일어나야 한다. 인도주의적인 국제법과 교전규칙에 따라 그리고 적어도 좋은 군인의 임무수행과 비슷한 정도로 작동할 수 있는 자율적인 발포 결정을 내릴 수 있는 로봇은 가까운 미래에 등장할 것 같지는 않다. 최첨단의 로봇공학 연구에 대한 대중적인 보고서에 의하면 현재의 기술적인 발전과 먼 미래 상상의 시나리오 사이의 책임 있는 구분을 하지 못하는 경우가 종종 있다.

우리들의 삶에 영향을 미칠 것 같은 로봇공학, 로봇 시스템과 관련된 윤리적인 문제를 확인하고 분석하는 것은 현재의 로봇공학이 가까운 장래에 가져올 것과 가져오지 않을 것에 대한 이해를 전제로 한다. 이러한 구분을 하지 못하면 (자주 그렇지만 언제나 뜻하지 않은 것이

---

12) 로봇을 포함하여 다양한 형태의 행위자(agency) 유형에 대한 논의는 카푸로의 글 (Capurro 2009)을 참조.

아닌) 현재의 기술발전과 관련된 사회적, 윤리적 문제에 대한 차폐효과(screening effect)를 가져오며, 그래서 대중들의 의견은 윤리적으로 중요한 문제가 해결된 것처럼 믿도록 하고, 그래서 이에 대한 숙고와 대중들의 자각을 필요하지 않게 된다. 이 절에서는 로봇모델에 대한 윤리적인 숙고와 인식론적 평가가 융합되는 것과 이러한 차폐 효과를 대조적으로 살펴보았다. 로봇공학은 적어도 인도주의적인 국제법적인 규정에 맞출 뿐만 아니라 좋은 군인으로서 임무를 수행하는 자율적인 발포 로봇을 설계하는 문제를 해결하는 것과는 거리가 멀다. 그래서 현재 군대에 자율적인 발포 로봇을 도입하는 전망은 적어도 관련된 인공지능 완전문제가 적절하게 해결될 때까지는, 거부될 수밖에 없다.

이제 다음 절에서는 로봇 시스템의 귀납적인 학습 과정에 대한 인식론적 분석을 살펴보면서 로봇공학에 대하여 과학 철학이 할 수 있는 기여의 다른 측면을 탐색해 볼 것이다.


## 3. 학습하는 로봇의 자율성과 책임성 문제

산업로봇에서 현장 및 서비스용 로봇공학으로 옮겨 가면서 로봇이 움직이게 될 환경이 보다 역동적으로 되었다고 앞에서 지적한 바 있다. 표준적인 산업로봇의 환경과는 상당히 다른 환경 조건에서 반응적이고 매우 유연하게 로봇이 행위할 수 있도록 해주는 통제 정책을 로봇설계자들이 항상 확인하거나 자세히 기술하고 실행할 수 있는 것은 아니다.

　로봇설계자들이 가지는 이러한 인식적 한계 때문에 일반적으로는 서비스 로봇, 그리고 개별적으로는 개인용 로봇에게, 적어도 로봇이 학습을 통해 역동적인 환경에서 적응하도록 하기 위해 경험에서 학습할 수 있는 능력을 갖추도록 해야 하겠다는 강력한 동기가 생긴다.

　그래서 작업환경 내의 규칙성에 대한 정보를 자세하게 제공하는 대신에 로봇설계자들은 로봇이 이러한 규칙성을 발견해낼 수 있도록 해주는 컴퓨터 규칙(computational rules)을 부여한다.

　보편성을 저하시키지 않으면서, 자신의 경험으로부터 학습하는 컴퓨터 행위자(computational agent)는 나타나는 데이터 세트 속에서 규칙성을 찾아 특정한 과제를 수행하는데, 이는 자신의 수행을 향상시키기 위해 사용하는 알고리즘으로 간주할 수 있다. 이런 유형의 학습은 외부와 단절된 상태에서는 일어나지 않는다. 데이터 세트에 있을 수 있는 규칙성을 확인하려는 시도는 컴퓨터 행위자가 이미 가지고 있는 "구조(structure)"에 의존할 수밖에 없다. 이런 구조에는 목표가 되는 규칙성을 선택하는 기능(가설)들의 등급과 관련된 내장된 선호(built-in preference) 내지 "편견(biases)"을 사용한다. 학습주체는 대체로 자신의 탐색 공간을 좁히기 위해 모르는 목표 규칙성에 대한 추가적인 '경험하기 이전의 기대'에 의존한다. 학습주체가 탐색 공간을 좁히기 위해 사용하는 추측할 수 있는 배경적인 가정들의 직접적인 예가 바로 관찰된 자료와 어울릴 수 있는 "보다 단순한(simpler)"

가정을 선택하라는 규칙과 같은 절차 형식 속에 잘 표현된다.[13] 그러므로 환경에서 발견되어야 하는 규칙성에 대한 다양한 '경험 이전의 가정'들이 기계 학습 전략(machine learning strategies)에서 중요한 역할을 한다.

컴퓨터 학습 이론의 수학적 틀 안에서 수행되는 학습 과정의 정확성에 대한 평가 역시 다양한 배경 가설에 달려있다. 특히 (a) 고정된 통계분포를 특징으로 갖는 정확하게 정의된 확률 현상을 다루며, (b) 훈련예제(training examples)들은 이런 고정된 통계 분포로부터 얻어진다는 경험적인 가정 하에서 컴퓨터 학습 이론은 주어진 학습 문제에서의 학습의 오류에 대한 확률적 경계의 존재를 확립하는 것을 목적으로 한다.

기계 학습 접근과 컴퓨터 학습의 수학적 이론 모두에 의하면, 학습 과정이 컴퓨터 학습 주체에 의해 성공적으로 수행된다는 추정은 훈련자료와 목표 기능 간의 관계에 대한 다양한 배경 가설들에 달려 있다. 이러한 배경 가설들은 잘못된 것일 수도 있기 때문에 학습 주체가 미처 관찰하지 못한 자료로 임무를 잘 수행하지 못할 수 있다는 것을 완전히 배제하지 못 할 것이다. 이로 인해 기계 학습과 컴퓨터 학습이론이 귀납이라는 철학적인 문제를 만나게 된다. 이 문제는 과학 철학과 인식론의 영역에서 귀납 추론에 사용되는 배경 가설들에 대한 정당화를 제공하는 문제로 이해된다.[14] 여기서 보는 것처럼 인

---

13) 이 규칙은 오캄의 면도날이라고 알려진 방법론적 기준의 한 예이다.

14) 이에 대한 논의는 Tamburrini(2006) 참조. 윤리학에 대한 초기의 인공두뇌학적인 고려와

공 학습 주체에 대한 이러한 인식론적 숙고들에는 로봇윤리에 대한 독특한 방식들이 포함되어 있다.

개인용 로봇을 사용하는 사람들은 자신의 의도를 실행하기 위한 수단으로 행위목록 중 일부의 실행을 이런 시스템에 위임할 것이다. 위임과 행위 통제를 학습로봇에게 전가하는 것은, 개인용 로봇의 다양한 미래의 적용에서, 인간 사용자에 의해 더 많은 자율성과 교환될 것이다. 예를 들어 고령자나 장애를 가진 사람이 자신의 욕구를 충족시킬 수 있는 능력을 획득하기 위해 행위의 실행을 학습로봇 시스템에게 하도록 할 수 있을 것이다. 이런 기대가 언제나 충족될 수 있을까? 학습하는 로봇의 프로그래머, 제작자 그리고 사용자들이 이런 기계가 실제로 그들의 계획된 작업 환경에서 수행할 것을 정확하게 예측하거나 보장할 수 있는 처지에 있지 않다는 것을 고려해보면 이것은 문제가 되리라고 의심할 만하다. 학습 능력을 갖춘 로봇이 시중에 판매된다면, 정상적인 작동환경이 충족된다면 로봇이 그렇고 그런 일을 할 것을 보장한다는 진술이 로봇의 사용법에 포함될 것 같지는 않다. 학습로봇이 수행하는 행위들이 항상 그 사용자들의 의도에 부합할 것이라고 확신할 수 없기 때문에, 사용자들의 자율성이 침해되고 의도가 실현되지 못할 경우들이 발생할 수 있다. 더욱이 학습로봇이 저지를 수 있는 인식의 "실수"들 중 어떤 것은 그 사용자들에게 해를 끼칠 수 있고, 부수적인 형태의 피해를 가져올지도 모른다.

---

학습기계의 사용에 대한 분석은 Cordeschi & Tamburrini(2006) 참조.

학습로봇의 프로그래머, 제작자 그리고 사용자들에게 영향을 미치는 인식적인 어려움이라는 전제 하에서 그렇다면 학습로봇이 저지른 해로운 실수에 대해서 누가 책임져야 하는가? 간단명료하게 말하자면, 이것은 책임을 학습로봇에게 돌리는 문제이다.

이런 종류의 문제를 밝히는 적절한 개념적 틀을 세우는 데 유용한 첫걸음은 한편으로는 법적 책임이나 대물 책임, 다른 한편으로는 도덕적 책임을 구분하는 것이다. 유사한 대물 내지 법적 책임 문제를 다루기 위해 그동안 도덕 및 법 시스템의 역사적인 발전 과정에서 이용되었던 기술적인 장치들이 있어왔다. 학습로봇의 행위를 정확하게 예측하고 통제할 수 없다는 것은, 윤리적, 법적 관점에서 볼 때, 공장 소유주가 공장 노동자들에게 미칠 수 있거나 공장 노동자들에 의해 야기되는 가능한 모든 피해를 방지할 수 없는 것과 유사하다. 더욱이 훈련과 학습이 로봇-환경 간의 상호작용의 맥락 속에 관련되어 있다는 사실을 고려해보면, 예측과 통제에서의 무능력은 학습하는 유기체의 행위를 통제하지 못하는 무능력과 의미 있게 관련된다. 가령 개의 소유자가 자신의 개를 모든 가능한 상황에서 제어하지 못하는 무능력이나 자기 아이의 행위를 예측하거나 통제하지 못하는 부모의 무능력과 같은 것이다. 사용자가 완전히 예측하지 못할 행위의 결과를 가져오는 학습로봇의 정보처리능력은 지각하고, 계획하고, 실행하는 능력을 가지고 있는 학습하는 로봇과 학습하는 유기체 간의 법적, 윤리적인 유추를 의미한다. 흥미롭게도 이러한 유추는 다른 종류의 기계 사용과 관련해서 발생하는 책임과 법적 책임 문제와의 법적 유추보다 더 엄격한 것처럼 나타난다.

　이러한 유익한 유추에서 보면, 학습 로봇의 행위에 의해 야기되는 피해와 관련하여 제기되는 도덕적 책임과 법적 책임의 규정문제에 대처하기 위해서는 기존의 윤리적 틀과 법적 틀을 상대적으로 약간 조정하는 것이 필요하다. 법적 책임의 문제는 일반적으로 특정인에게 피해를 일으키는 사건을 초래하는 인과적인 사슬의 유일한 혹은 심지어 가장 주요한 원인 제공자로 결정하는 것을 가능하게 하지 않는다. 그래서 이런 문제를 확인하고 해결하는 데에는 행위 결과를 인식이나 통제하고 있다든지 혹은 분명한 인과 사슬이 있다는 것에 의존할 수 없다. 경우에 따라서는 학습로봇의 행위에 의해 야기된 피해에 대한 책임을 부과하는 것과 그런 피해에 대한 공정한 보상을 결정하는 것이 도덕적 책임과 법적 책임의 고려들을 결합하는 접근을 필요로 할 수도 있다. 학습 과정을 정하는 데 있어서 승인된 학습기준을 충족시키지 못한 생산자나 프로그래머들은 학습로봇에 의해 야기된 피해에 대하여 도덕적으로 책임이 있다. 이것은 안전 규정을 지키지 않은 공장 소유주의 상황과 매우 유사하며, 보다 논쟁적으로 말하자면, 적절한 교육, 돌봄 내지 감독을 하지 못한 부모나 교사의 상황과 매우 유사하다. 이런 부모와 교사들은 자신들의 태만 때문에 자녀나 학생들이 야기한 위법행위에 대하여 객관적으로 그리고 도덕적으로 모두 책임 있는 것으로 간주한다.

　이 절에서 검토된 책임의 문제는, 적어도 과거 사건에 대한 객관적 내지 도덕적 책임의 소급과 관련되는 한, 모두 과거지향적인

(retrospective) 책임 소급의 문제이다. 그렇지만 학습로봇과 관련하여 우리가 즉 사회가 떠맡아야 할 미래지향적인(prospective) 책임은 무엇인가? 왜 우리는 학습로봇을 가령 우리 집안에 혹은 사무실에 들여오려고 하는가? 이 절에서 제시된 인식론적 고려들은 학습로봇과 관련된 미래지향적 책임의 문제를 확인하고 해결책을 찾는 데 필요한 비용-편인 분석을 위한 일반적인 방법론적 틀을 잡는데 기여할 것이다. 이러한 일반적인 틀은, 특히 이런 학습로봇의 인식 오류로 생길 수 있는 해로운 결과가 있는지 그리고 있다면 얼마나 해로운지를 고려해봄으로써, 학습로봇의 사용에서 직면하게 되는 개개의 특정한 맥락에 적응되어야 할 것이다.

## 4. 로봇의 신화, 윤리 그리고 과학적 방법

로봇공학의 현재 발전은 반복적인 업무와 피로로부터의 자유, 보다 정확하면서도 몸에 칼을 대지 않는 수술, 노령자와 장애를 가진 사람들에 대한 효율적인 보조, 교육과 오락의 새로운 형태의 지원 등을 포함하여, 인간 능력의 확장 그리고 인간 삶의 다양한 측면의 향상에 큰 기대를 불러일으킨다. 로봇공학에 대한 이러한 기대는 베이컨과 데카르트가 제시한 기술적 진보에 대한 고전적 견해를 따르고 있다. 현대의 감수성에서 보다 받아들일 수 있다는 측면에서 이 견해는 인공적인 장치와 기계를 통해 인간의 생물학적 자질의 결점을 보완하고 능력을 확장시키려는 프로메테스우스적 기획을 반복한다.

로봇은 고전적인 신화와 기술에 대한 현대의 기대에 분명한 느낌을 전한다. 로봇은 매우 특별한 종류의 기계이다. 움직임, 지각 그리고 정보처리능력의 조정된 실행은 목표지향적이며 적응할 수 있는 행위를 할 수 있게 한다. 이런 이유로 인간이 로봇을 만드려는 것은 신화에 대한 이전의 기술적인 시도보다 살아 있지 않은 물질로부터 살아있는 존재를 만드는 것과 관련하여 더 밀착되어 있다.[15] 신은 인간을 흙, 불, 공기 그리고 다른 물질 요인들을 결합하여 만들었다. 이제 인간은 적응할 줄 알고 똑똑한 행위를 할 수 있는 실체를 물질과 결합하여 만들어낼 수 있다. 로봇공학과 시스템을 통한 인간 독창성의 표현은 동시에 로봇공학으로 인해 신의 특권을 빼앗을 수 있도록 해준다는 측면에서 보면 인간 자만심의 표현이다. 그래서 로봇공학으로 "자연의 질서"를 분명한 방식으로 바꾸고 인간의 성취를 위하여 자연의 과정을 "바꿀 수 있다"면, 로봇공학은 프로메테우스적 기획에 죄악과 절도의 차원을 덧붙인다.

인간의 프로메테우스적 절도에 대해 신이 인간에 내리는 벌은 판도라 상자로부터 나오는 고통이다. 현대의 감성에 보다 맞추자면, 이 처벌은 기술적 장치의 행위를 완전하게 예측할 수 없는, 그리고 인류의 편익을 위한 로봇의 사용에 대한 완전한 통제를 발휘할 수 없는 무능력일 것이다. 프로메테우스의 신화가 우리에게 주는 이미지

---

15) 신화나 종교와 로봇의 특별한 관계에 대해서는 이미 '인공 두뇌학이 종교에 영향을 주는 특정한 것에 대한 논평'이라는 부제를 가진 뷔너(Norbert Wiener)의 책(신과 골렘: God and Golem, 1964)을 참조.

는 기술의 진보 속에는 약속과 위협이 얽혀있다는 이미지이다. 비록 불완전하여 오류를 범할 수 있다 하더라도 인간의 이성은 인간이 이러한 복잡한 요소들을 풀어주고 윤리적 숙고와 도덕적 신중함의 관점에서 기술의 적용을 규제하는 데 필요한 것이다. 로봇 시스템의 사용과 관련하여 근본적인 인간의 권리를 향상시키고 보호하기 위하여 여기서 제시된 방법론적 그리고 인식론적 숙고는 과학과 기술에 대한 철학적 분석이 이 요소들의 일부를 풀어주는 데 기여할 수 있는 방법을 제안하고 있다.

## 감사의 글

이 글의 초기 원고에 대한 유용한 논평과 논의를 해준 라파엘 카푸로(Rafael Capurro), 에두아르도 다테리(Eduardo Datteri), 위르겐 알트만(Jürgen Altmann), 미카엘 나겐보르그(Michael Nagenborg), 토요아키 니시다(Toyoaki Nishida), 그리고 마테오 산토로(Matteo Santoro)에게 감사를 드린다. 이 장의 연구는 유럽연합의 제4차 다자간 공동기술개발프로그램 '윤리-로봇(ETHICBOTS)'으로부터 부분적인 지원을 받았다.

# 참고문헌

Altmann, J. (2009). Preventive Arms Control for Uninhabited Military Vehicles. In: Capurro, R., & Nagenborg, M. (eds.)(2009). *Ethics and Robotics*. Berlin: AKA.

Arkin, R. (2007). Governing lethal behavior: Embedding ethics in a hybrid deliberative/reactive robot architecture. *Technical Report GIT-GVU-07-11*, Georgia Institute of Technology.

Capurro, R. (2009). *Towards a Comparative Theory of Agents*. Retrieved May 31, 2009, from: http://www.capurro.de/agents.html.

Christaller, T., Decker, M., Gilsbach, J.-M., Hirzinger, G., Lauterbach, K., Schweighofer, E., Schweitzer, G., & Sturma, D. (2001). *Robotik. Perspektiven für menschliches Handeln in der zukünftingen Gesellschaft*. Berlin: Springer.

Cordeschi, R., & Tamburrini G. (2006). Intelligent Machines and Warfare: Historical Debated and Epistemologically Motivated Concerns. In Magnani, L., & Dossena, R. (Eds.). *Computing, Philosophy and Cognition*. London: College Publications, pp. 1-20.

Earman, J., Glymour, C., & Mitchell, S. (Eds.) (2002). *Ceteris Paribus Laws*. Dordrecht: Kluwer.

Forster-Miller (2009). Products & Services. TALON Family of Military, Tactical, EOD, MAARS, CBRNE, Hazmate, SWAT and Dragon Runner Robots. Retrieved on January 24th, 2009, from: http://www.foster-miller.com/lemming.htm.

Nishida, T. (2009). Towards Robots with Good Will. In: Capurro, R., & Nagenborg, M. (eds.) (2009). *Ethics and Robotics*. Berlin: AKA.

Santoro, M., Marino, D., & Tamburini, G. (2008). Learning robots interacting with humans: from epistemic risk to responsibility. *AI and Society* 22(3), pp. 301~314.

Sharkey, N. (2008). Cassandra or False Prophet of Doom: AI Robots and War. *IEEE Intelligent Systems* 23(4), pp. 14~17.

Siciliano, B., & Khatib, O. (Eds.) (2008). *Handbook of Robotics*. Berlin: Springer.

Simon, H. (1996). *The Sciences of the Artificial* (3rd edition). Cambridge: MIT Press.

Tamburrini, G. (2006). Artificial intelligence and Popper's solution to the problem of induction. In Jarvie, I.; Milford, K., & Miller D. (eds.). *Karl Popper: A Centenary Assessment. Metaphysics and Epistemology* (Vol. 2.). London: Ashgate, pp. 265~284.

Veruggio, G., & Operto, F. (2008). Roboethics. In: Siciliano & Khatib (2008), pp. 1499~1524.

Wiener, N. (1964). *God and Golem Inc*. Cambridge: MIT Press.

3장

# 사회적 로봇-정서적 행위자: 인간-기계 상호작용을 자연적으로 설명하는 논의들

바바라 베커(Barbara Becker)[1]

Universität Paderborn (UPB) The University for
the Information Society

요 약: 구현된 대화 행위자들-로봇뿐만 아니라 아바타-의 확립
은 인지적 AI와 인간-컴퓨터 인터페이스 개발(human-computer-

---

1) 이 글의 출처는 다음과 같다. The International Review of Information Ethics (IRIE),
6/2006, pp. 37~45 (online: http://www.i-r-i-e.net/inhalt/006/006-Becker.pdf). 여기서는 책의 형
식에 맞추고 오탈자를 교정하는 등 최소한 범위에서 수정을 했다.

interface development) 분야에서 새로운 도전인 것으로 보인다. 한편으로는 지적, 신체적 구현 인공물을 구성함으로써 인지와 의사소통의 전개에 관한 새로운 통찰을 얻는 것이 목표이고, 다른 한편에서 우리는 인간과 유사한 기계 대화 파트너가 인간-기계 의사소통에 긍정적 영향을 미칠 것이라는 관념으로 향하게 된다. 여기서 나는 이 분야의 과학자의 견해들이 설득력이 있는지 그리고 이 기획의 실현에 따라 어떤 문제가 등장할 수 있는지를 논하고자 한다.

주제어: 사회적 로봇, 정서적 행위자, 구현체

## 서론

전통적인 인공지능(AI) 개념은 종종 "좋은 구형의 인공지능(good-old fashioned AI)"으로 불리기도 한다. 이 개념은 인지적 과정들이 인지 시스템의 물리적 사례를 무시하고, 순수한 상징 수준에서 형성될 수 있다는 "물리적 상징 시스템 가정(physical symbol system hypotheses)"에 따른 것이다. 다년 간의 조사에 걸쳐, 인공지능 과학자들은 이러한 접근이 한 가지 근본적인 문제, 이른바 상징에 기초한 문제를 해결할 수 없다는 점을 깨달았다. 어떤 인공물(artefact)의 출현이 얼마나 중요한 것인지에 관한 질문은 인지 시스템이 세계에 관한 일련의 경험을 얻기 위해 자율적으로 구현되어야 한다는 통찰로 나아갔다(Dreyfus, 1985; Gold & Engel, 1998; Becker, 1998; Hayles, 1999,

2003). 이에 따라 이 분야 연구자들은 제한된 환경에서 움직일 수 있고 단순한 감각(인공 눈, 확성기 등)을 갖춘 소형 로봇을 제작하기 시작했다(Pfeifer & Scheier, 1999; Weber, 2003).

초기에 이 분야를 주도했던 AI 과학자들(Brooks, 2002; Pfeifer & Scheier, 1999; Steels & Brooks, 1993)은 거의 인지적 혹은 기술적 전망에 관심을 가졌던 반면, 일부 다른 연구자들은 이 연구 분야가 인간-컴퓨터-상호작용에 미치는 가능한 영향에 관해 생각하기 시작했다(Suchman, 1987, 2004; Wachsmuth & Knoblich, 2005; Bath, 2003).

나는 이번 연구에서 마지막 양상에 초점을 맞추고자 한다. 현재 인간-기계 상호작용에 관한 논의가 점차 휴머노이드 로봇과 가상 구현 행위자와 관련되고 있기 때문이다. 이런 생각들은 일련의 국제적 그리고 학제간 연구 기획들로 강화되었고, 일부 기획들은 막대한 자금을 지원받았다. 이러한 연구 기획들의 목표는 인간과 기계 간의 의사소통을 "더 자연스럽게" 하고 점차 사람들이 이러한 상호작용을 할 수 있도록 소위 "믿을만한 행위자(Pelauchaud & Poggi, 2002)" 또는 "사회적 로봇(Breazeal, 2002)"을 기획하는 것이다. 나아가 장기간 이러한 "정서 구현 행위자(예를 들면, 유럽의 연구 기획인 "Humanine")"를 통해 인간과 기계 간 의사소통의 흐름을 유지하고, 이 "대화(dialogue)"에서 인간의 의사소통 파트너에 관한 관심을 강화시키고자 하는 노력이 전개되었다. "인간과 기계 간의 상호작용을 더 자연스럽게 만드는 것(Wachsmuth & Knoblich, 2005)"에 관한 전망은 무엇보다 이러한 견해를 전개할 수 있기 위한 일련의 본질적인 가정을 함축한다. 일상에서 의사소통 파트너에게 말을 할 수 있는 것은 성공적인 의사소통 과정을 위한 중요한 가정이다. 인간-기계 의사소통에서 말을 걸기(addressing)는 가능하고 구현된 행위자들이 더 쉽게 말을 걸 수 있을 것이라는 희망을 가질 수 있다. 나아가 성공적인 의사소통 행위는 항상 대화 당사자들이 서로에게 갖는 신뢰에 토대를 둔다. 이런 점은 또한 기계와의 상호작용에서도 고려되어야 한다. 이는 의사소통에서 보다 중요한 조건과 관계되는데, 의사소통 파트너가 인격의 형식(form of personality)을 갖는다는 점이다(Cassell, 2000). 이를 통해 기계와의 의사소통은 즉각적인 상황에 대해서 일정한 안정성과 지속성의 수준을 갖는다.

이처럼 인간-기계 상호작용에 대한 중요한 조건들은 지금까지 인간과 기계 간의 상호작용에서 제시되지 못했거나 불충분하게 전개되었다. 이는 이러한 의사소통 과정이 발생하는 한, 빨리 끝나게 된다는 것을 의미했다. 이 때문에, 미국의 연구자들(Breazeal, 2002; Cassell et all, 2000)과 유럽의 연구자들(Dautenhahn, 2004, 2006; Woods, 2006; Schröder, Axelsson, Spante & Heldal, 2002, 2004; Pelauchaud & Poggi, 2000, 2002; Wachsmuth, 2005 등)은 로봇이든 가상 행위자든지, 대화 행위자가 더욱 인간과 비슷해야 하고, 특히 상호작용의 물리적 형식(제스처, 얼굴 표현, 신체 언어)뿐만 아니라 정서를 보여주어야 하며, 그래서 적어도 초보적인 인격의 형식으로 간주할 수 있다고 주장하기 시작했다.

다음 장에서 나는 일련의 이러한 노력에 관한 기술과 비판적 분석을 하고자 한다. 특히 로봇과 가상 대화 행위자가 "정서화되는" 방식들과 그러한 노력에서 발생하는 희망에 관심을 기울이고자 한다.

## 1. "사회적" 로봇과 "정서적" 행위자의 가능한 응용 분야

이러한 연구의 전망은 얼마나 정당화될 수 있는가? "사회적 로봇"과 "정서적 행위자"에 대한 응용 분야들을 그려보자. 그래서 이러한 대화 행위자가 교육에서, 예를 들어 "대화 구현 행위자(ECAs, embodied conversational agents)"가 교육 소프트웨어를 사용해서 학생들과 용이한 방식에서 의사소통하는 가상 학습 상황에서 사용될 수 있다. 또한, 이런 점은 실제로 정신적 또는 신체적 배움과 의사소통에서 문제를 갖는 아이들에게 도움이 되기도 하는데, 자폐증 아동이 로봇과의 접촉을 통해 단순한 기본적인 의사소통 과정을 학습할 수 있는 오로르(AURORE) 기획에서 엿볼 수 있다(Woods & Dautenhahn, 2006).

또 다른 응용 분야는 자문 서비스 분야이다. 이는 사용자들이 특정한 시스템을 활용하기 위해 가상 대화 행위자에게 도움을 요청할 때, 가상 대화 행위자가 사용자들로 하여금 정보 시스템들에 쉽게 접근할 수 있도록 하는 것이다(Wachsmuth et al., 2005 참조). 이런 맥락에서 사용되는 "사회적 배려(social caretaking)", 즉 가상 행위자가 수행하도록 계획된 요소들의 개념(Breazeal, 2002)은 더 잠재적인 응용 분야이다: 그 목적은 로봇이 단순히 집안일들을 수행할 수 있고 필요에 따라 외부의 도움을 요청하기 위해 모니터링 기능을 가짐으로써 사람이 혼자 살아가도록 보조수단을 제공할 수 있는 로봇 시스템을 만드는 것이다.

엔터테인먼트 분야 또한 이런 시스템들의 중요한 응용 분야이다. 이는 아이보(AIBO)처럼 아이들의 장난감으로써 사용된 소형 로봇들의 (지금까지는 단기간의) 성공뿐만 아니라 아바타 기술(avatar technology)에 기반을 둔 다양한 컴퓨터 게임들의 사례에서도 볼 수 있다. 하지만 이러한 전망은 어떻게 정당화할 수 있는가? 그리고 어떻게 보완할 수 있는가?

## 2. 연구 프로그램과 기획

다양한 국제 기획들은 "인간화하는" 기계적 인공물의 관념에 토대를 둔다. 이런 점에서 발달하고 있는 휴머노이드 시스템의 전망은 이러한 인공물이 로봇의 구현과 정서화를 통해 인간화를 이룰 수 있다는 관념과 자주 관련된다(Cassell, 2000; Woods, 2006 등 참조). 이런 유형의 구현은 구체적인 물리적 사례, 즉, 어떤 로봇의 구성에서 발생하거나 인간의 상호작용 파트너가 '볼 수 있는 신체'로 만들어지면 가능해진다.

이런 점에서 구현은 한 행위자의 물리적 현존 또는 가상적 표상일 뿐만 아니라, 의사소통의 물리적 형식들까지도 포함한다. 그래서 이런 연구 기획들의 주요 초점은 제스처, 얼굴 표현, 눈과 자세와 같은 의사소통의 물리적 형식들의 기계적 실현이다. 이 기획들은 인간 상호작용의 과정에서 의미의 2차적, 비언어적 그리고 종종 함축적 수준을 구성하는 것에 초점을 맞춘다(Wachsmuth & Knoblich, 2005). 이러한 로봇 또는 행위자는 기본적인 지시 몸짓들과 단순한 방향 전환을 나타낼 수 있다. 그래서 사용자 위치와 마주 대하며 바라볼 수 있고 또한 자신의 위치를 바꿀 수 있다. 나아가 자신과 상호작용하는 사람들의 말하는 행위 또는 물리적 행위들에 대응해서 원초적인 얼굴 표현 형식을 드러냈다. 이에 따르면, "Humaine" 기획 연구자들의 목표는 "인간 정서들을 등록하는 것, 이 정서들을 전달하는 것, 그리고 사건들의 정서적 관련성을 이해하는 것"이다(European "Humaine", Bath, 2004). 이러한 목표들을 실현하기 위해 심리학자들, 생리학자들, 철학자들, 언어학자들과 컴퓨터 과학자들 간의 심층적인 학제간 협동이 필요하다(Wachksmuth et al, 2005). 사물들에 관한 특정한 입장에서 본다면, 이런 분과들의 연구자들은 정서가 의사소통 과정에서 표현되는 방식들과 정서와 관련된 표현의 물리적 형식들을 규정한다. 그래서 이 정서들은 관련된 시스템들에서 재생산될 수 있다는 것이다. 그러나 이 과정에 많은 문제가 내재한다. 단지 일부만이 이런 기여의 맥락에서 논의될 수 있다.

## 3. 정서들의 확인과 범주화

유럽의 학제간 연구 기획 "humaine"의 구조에서 정서 구현의 대화 행위자의 핵심 능력들은 다음과 같이 규정된다;

(1) 몸짓들, 얼굴 표현, 자세와 언어와 같은 서로 다른 신호들을 조정할 수 있는 능력.
(2) 분명함과 표현력.
(3) 의사소통 과정에서 정의(affectivity)와 친절(attentiveness)의 발생.

이를 실현하기 위해 마음의 정서와 상태에 관한 한 가지 분명한 선택과 규정이 요구되는데, 이는 다음과 같이 특정한 신체적인, 기계적으로 재생산 가능한 상태들과 관련된다.

(1) 특정한 의사소통의 과정에서 정서들의 규정과 분류.
(2) 특수한 얼굴표현, 태도와 자세에 타당한 것으로 고려되는 정서의 관계.
(3) 정서 구현 행위자들의 생산을 위한 설계 기준의 개발.

다음에서 이러한 과정을 보다 더 자세히 살펴보자.

## 3. 1. 정서들의 규정과 분류

서로 다른 분과의 연구자들은 서로 다른 방법론적 절차들을 사용하면서 소위 "기본 정서들"을 규정하고, 이들을 서로 다른 표현의 신체적 형식들과 관련시키고자 한다. 특별히 하나의 연구가 대화 구현 행위자(ECAs)의 전개 과정에서 매우 자주 인용된다(Scherer, 1988). 여기서 이른바 "기본 정서들"은 심리학적 실험들을 활용하면서 규정되었다. 이런 점은 간문화적 차원에서 관찰될 수 있고, 그래서 보편적인 타당성을 갖는 것으로 가정된다. 기본 정서들은 다음의 느낌들을 포함한다. 즉, 성을 내는, 슬픈, 행복한, 놀란, 부끄러운, 자랑스러운, 절망적인 느낌들이다(Scherer, 1988). 이러한 느낌들에 대해 일치하는 정서적 상태가 관련되는데, 느낌에 따라 이러한 상태는 사람 간의 관계, 태도와 정의적 성향(affective dispositions)에 차례로 영향을 미치게 된다. 이런 맥락에서 우리의 특별한 관심을 끄는 것은 이런 정서들을 표현의 특별한 자세들과 신체적 형식들로 할당하려는 노력이다.[2] 또 다른 사례는 표현의 정서, 제스처와 신체적 형식을 가진 어휘 목록을 만들려고 하는 포지(Poggi)의 시도(2005, 2006)이다. 예를 들어 음악 연주자들과 지휘자들이 공연하는 모습을 비디오로 기록하여 이를 분석하였다. 이를 통해 가능한 얼굴 표현들, 제스처들과 태

---

[2] 이러한 노력의 보편성에 관해 상당히 문제가 되는데, 이에 대해서는 후반부에서 더 자세히 논의할 것이다.
얼굴 표현, 제스처, 태도에 대한 일반화, 보편화가 어렵지만, 사람들이 로봇의 고통을 보며 정서 상태를 확인하는 것은 가능하다. 마치 외국인이 한국말을 어설프게 하면서 의사소통을 시도할 때 우리가 뜻을 알아들을 수 있는 것처럼 말이다.

도 간의 일치에 관한 정보를 얻을 수 있을 것으로 기대했다. 포지가 관찰한 유익한 정보는 다음과 같다. 연주되는 곡이 그 음악과 관련된 정서적 상태들의 함축과 이에 일치하는 표현의 형식을 제공할 수 있다는 것이다. 이와 같은 실험들에서 어려움은 다음과 같이 지지할 수 없는 가정에 있다. 즉, 간문화적으로 전형적인 "기본" 정서들이 존재하고, 이 정서들은 특정한 신체적 반응들과 분명히 상호 관계한다는 가정이다. 특히 음악 연주자들은 매우 다양하게 표현을 하기 때문에, 이러한 표현의 어휘목록이 지속적으로 확대되는 것이다(Poggi, 2006 참조).

의사소통 과정에서 신체적으로 표현되는 정서를 규정하는 데 자주 활용되는 또 다른 절차는 대화 분석이다. 의사소통의 신체적 형식들이 각각 언어 메시지에 부합하고 이를 통해 비언어적 신호의 의미에 관한 관념이 형성되는 것으로 분석된다(André et al., 1999 참조). 이러한 분석들은 대체로 다음과 같이 광범위한 비디오 기록, 즉 상담, 판매 대화, 교육적 의사소통, 예술가들의 공연, 정치가들의 연설, 상업방송, TV 대화 등에 토대를 둔다.

무엇보다 이러한 대화 분석의 목적은 의사소통의 제스처들을 특정한 의미들, 특정하고 순환하는 정서들 그리고 이들의 신체적 표현에 귀속되는 것으로 규정하는 것이다. 이 목적은 정서적 상태, 표현의 신체적 형식과 기호학적 메시지 간의 불명확한 상호 관계들을 규정하는 것이다.

다음에 전개할 논의는 정서성(emotionality)의 구성요소와 관련되는데, 이 중 포지(2006)는 얼굴 표현에 대해 특별한 관심을 둔다. 앞서 언급했던 것처럼, 그녀는 비디오 기록들을 사용하면서, 모호하게 분류할 수 있는 정서들을 규정하기 위해, 이 정서들을 특정한 얼굴 표현에 관련시키고자 했다.

이 조사의 결과, 정서와 신체적 표현 형식 간의 상호 관계가 하나의 복합적인 패턴을 갖는 것으로 나타났다. 예를 들면, 불안, 공포 그리고 두려움은 입을 벌림, 이빨이 보임, 입술이 떨림, 눈이 커짐, 눈썹이 일직선이 되는 얼굴 표현과 관련이 있다(Poggi, 2006). 이와는 대조적으로, 비탄, 우울, 그리고 슬픔은 입 주변이 아래로 처짐, 눈썹이 안으로 모여짐, 눈꺼풀이 내려옴의 얼굴 표현과 관련이 있다. 기쁨, 만족 그리고 욕구는 눈빛이 반짝임, 입가에 웃음기가 있음, 그리고 눈썹이 가볍게 올라가는 얼굴 표현과 관련이 있지만, 분노, 공격, 역겨움과 격노는 찡그려진 코, 주름 잡힌 이마, 아래로 처진 입과 커진 눈동자의 얼굴 표현과 상호 관련이 있다(앞의 책).

이러한 문맥과는 별개로 일반화된 속성들이 도표화 되었는데, 여기서 의사소통 절차들에 관련된 것으로 고려된 정서들은 특정한 얼굴 표현들과 관련이 있다.[3] 대체로 이처럼 정신적 조건들과 표현, 행동에 관한 특정한 형식 간의 상호 관계들은 주로 관찰할 수 있고 기술할 수 있는 현상들로 향해 있다는 점, 그래서 그렇게 도표로 제시된 속성들은 상당히 환원주의적 방식에서만 고려된 주관적인 느낌들

---

3) 그러한 양상들이 조금이라도 언급될 수는 있지만, 늘 그런 것은 아니다.

의 복합성과 심리적 과정들의 다양성을 의미한다는 점을 언급해야 한다.[4)]

## 3. 2. 디자인 가이드라인의 개발

포지가 개발한 것과 같은 도표는 가상 행위자에 대한 이해와 로봇 얼굴의 발전을 위한 토대가 된다. 이러한 시스템들은 상호 작용의 상황에서 일정한 얼굴 표현의 반응을 보여주는데, 매우 기본적인 수준에서 메시지의 기호적인 내용을 분석할 수 있는 프로그램들을 갖추고 있다. 예를 들어 만약 대화 구현 행위자에게 빌레펠트 대학(University of Bielefeld)에서 개발된 "맥스(MAX)"를 "이야기한다"면, 그 대화 구현 행위자는 말뿐만 아니라 얼굴 표현을 통해서도 대응한다. 맥스는 앞서 제시된 분류들에 상응해서 말과 "슬픈" 얼굴 표현으로 그 비난에 대응한다. 그레타(GRETA[Pelachaud et al., 2002]), 로보타(ROBOTA[Dautenhahn et al., 2006])와 같은 대화 구현 행위자도 이와 유사한 방식으로 대응한다. 이들은 특히 의사소통이 서투른 사용자에게 인공적인 행위자의 입장에서 정서성의 형식을 제시하는데, 인간 사용자로 하여금 곧바로 "의사소통" 과정을 끝내지 않도록 동기 부여하는 것이 목적이다. 장기적인 경험 연구들을 통해 이 영향들이 어떻게 평가되어야 하는지 그리고 제작자의 희망들이 장기적으로 실

---

4) 탈개인화와 탈맥락화의 수준과 관련된 어려움들은 후반부에서 더 자세히 다루게 될 것이다.

현될 것인지를 알 수 있을 것이다.

당분간 이러한 행위자들의 표현성(expressiveness)을 다음과 같이 정리할 수 있겠다. 가상 행위자들의 "정서성"은 극단적인 "얼굴 표현으"로 환원되지만, 이 표현들은 관찰할 수 있는 행위들에 국한되는 것으로 경험에 관한 정서적 수준과 명확히 일치하는 것은 아니다. 로봇과 가상 행위자는 모두 자신의 표현들이 어떤 환원된 형식에서 나타나는 느낌들을 경험하지 않고, 마찬가지로 종종 그러한 정서에 상응하는 심리적 반응(심장박동의 증가, 혈압의 상승, 호흡 곤란, 기분 전환)을 느끼지도 않는다. 이런 점은 특히 비인간적 존재자의 상징인 표현이 없는 기계 음성과 텅 빈 눈동자에서 잘 드러난다.[5] 이와 같은 분명한 결함은 행위자의 "정서화"의 견해에 관해 문제를 제기하는 것을 정당화 해준다. 만약 이 분야의 많은 연구자의 경우처럼, 누군가 공상적인 기대를 하지 않고서 인공적인 시스템들이 인간 간의 정서성의 형식과 비교될만한 정서성의 형식을 가질 수 있다고 가정하지 않는다면, 그 가상 행위자에게 남아 있는 정서적 반응은 우리가 여전히 쉽게 볼 수 있는 표면적인 효과일 뿐이다. 그러므로 다음의 논의는 로봇 또는 가상 행위자가 일정 단계에서 실제로 정서를 가질 것인지 또는 이들의 구현체가 복합적인 인간의 신체에 상응하는지 또는 상응할 것인지와 관련된 것이 아니다. 대신에, 문제는 어떻게 사회적 실제가 변화하는지, 즉 사람들이 정서성과 구현체를 제시하는 그

---

5) 인격체의 상징으로서 음성과 눈동자의 타당성은 후반부에서 논의될 것이다.

러한 행위자를 어떻게 다루는지에 관한 것이다. 이에 대한 초기의 경험적 자료들을 활용할 수도 있다(Axelsson, 2002; Ball & Breese, 2000; Dautenhahn & Woods, 2006). 비록 이들이 지속적으로 급격한 기술발달 단계에 맞추어 변화함에 따라 새로운 발견들이 계속 추가되더라도 말이다.

## 4. 정서 구현 행위자의 개발에 관한 의미 또는 무의미

다음과 같이 이 분야 연구자들의 최초 동기로 돌아가 보자. 첫째, 인간과 "더 자연스러운" 인공물 간의 의사소통을 하려는 노력이 있다. 둘째, 이 인공적인 행위자들의 인간화와 정서화가 의사소통의 흐름을 보다 오랫동안 지속시킬 수 있을 것이라는, 마치 이러한 행위자들이 "신뢰할만한" 상호작용의 파트너들로서 간주될 수 있다는 기대가 있다(Churchill, 2000; Pelachaud & Poogi, 2002; Woods, 2006). 다음에서는 내가 비판적으로 바라보고자 하는 몇 가지 양상들, 즉 정서성의 모델과 보편성, 인간과 기계 간의 의사소통 개념을 논의하고자 한다.

### 4. 1. 의사소통 파트너를 지시하기(addressing)

이러한 실험들에 대해 한 가지 중요하고 설득력 있는 근거는 각 파트너에 관한 잠재적 지시가능성(addressability)[6]에 있다. 이런 점은 특히 상호작용하는 파트너들이 아바타를 통해 서로 의사소통할 수 있는 상황들과 관련이 깊다. 아바타들을 사용해서 어떤 사람이 가상 공간에서 의사소통할 준비가 되어 있는지를 빨리 발견하는 것은 가능하다. 이와 마찬가지로 상담 또는 교육 행위자는 보이는 대상으로서 인지될 수 있고, 그래서 정보와 교육 시스템들을 다룰 때, 신원이 불확실한 파트너보다 가능한 욕구불만을 더 잘 완화할 수 있는 권위자로서 지시될 수 있다.

대화에서 의사소통 과정에 관한 연구들은 순수하게 문서에 기반을 둔 대화와 이들을 사용하는 아바타 기술을 비교한다. 이 연구들은 아바타의 활용이 공유된 의사소통 포럼에서 사람들의 출현을 더 빠르게 할 수 있고, 그래서 중단된 의사소통 과정을 다시 쉽게 시작할 수 있었던 점을 보여주었다(Becker & Mark, 1999). 이를 통해 아바타는 그 자신을 지시하는 것, 공유된 가상공간에서 그를 배치하는 것, 그리고 전체 의사소통 시나리오에서 그의 사회적 지위를 결정하는 것을 더 쉽게 만들었다(Schroeder, 2002; Axelsson, 2002; Spante, 2004; Heldal, 2004 참조). 이와는 다른 방식에서 "오로라(Aurora)" 기획의 맥락에서 수행된 연구들(Dautenhahn et al., 2004, 2006 참조)은 최소한의 태도(제스처)와 얼굴 표현을 갖춘 가장 단순한 로봇 시스템들이 자폐증 아동의 제한된 반응, 모방 그리고 상호작용을 유발시킬 수 있다는

---

6) 이 지시가능성은 특수한 특징들을 가질 수 있는 구체적으로 가정된 파트너가 존재한다는 것을 의미한다.

점을 보여주었다. 이런 점을 확인할 수 있다고 보면, 이러한 아동은 단순한 얼굴 표현과 태도를 가진 로봇 시스템과의 관계 형식, 즉 사람들에 대한 관계보다는 분명히 덜 두려운 관계의 형식을 전개하는 것으로 보인다. 이러한 아동이 "상호작용"하는 로봇 시스템은 그 아동이 로봇의 신체적 출현을 거쳐 로봇의 단순한 움직임들을 모방하고 로봇의 "응시"를 따라감으로써 그 아동에게 지시할 수 있었다. 하지만 여기에는 이런 기획의 연구가 치료를 목적으로 하는 로봇 시스템의 활용을 정당화할 수 있는지의 문제가 남아 있다.

로봇과 아바타의 인간화는 특히 아동들 사이에서 공통으로 관찰되고, 원초적인 느낌들의 표현에 의해 강화된다(Cassell, 2000; Breazeal, 2002; Dautenhahn, 2004 참조). 그런데 이러한 인간화는 상당히 양면적이다. 그것은 한편으로는 종종 의사소통을 더 신속하게 이끌어 사회적 연관성의 느낌을 강화시킬 수 있다(Schröder et al., 2002). 하지만 또 다른 한편으로는 "정서화된" 로봇 또는 아바타는 가상 행위자 또는 로봇이 정서적 맥락을 갖는다는 점을 제시한다. 그러나 이는 완전한 허구이다.[7]

이런 점을 통해 우리는 사회적 실제에 관한 문제로 되돌아갈 수 있다(Gamm, 2005). 예를 들어 사람들은 특히 아동들은 자신이 갖고

---

7) 역자 주: 여기서 인간화와 인격화를 구분할 필요가 생긴다. 로봇은 인간의 형상으로 만들 경우에, 이를테면 정서나 태도를 인간과 유사하게 만들 경우를 인간화 내지 의인화로 볼 수 있다면, 인격화는 그러한 로봇을 마치 사람으로 간주하고 대하는 경우라고 할 수 있다. 여기서 저자는 이 두 경우를 구분하고 있지 않지만, 역자들은 이를 구분할 필요가 있다고 생각한다.

있는 느낌들과 유사한 느낌들을 로봇도 갖고 있다는 인상을 가질 때, 이 인위적인 행위자를 어떻게 대하는가? 이러한 인격화는 사용자들이 이러한 속성들에 대해 반성적으로 거리를 유지할 수 있는 한 종종 그 행위자들을 대하는 데에는 별문제가 없다고 할 때 발생한다. 마찬가지로 이런 점은 인공적인 행위자가 귀여운 장난감 또는 인형의 지위를 갖는 한, 아동에게는 이러한 인격화의 형식이 항상 문제가 될 만큼 심각한 갈등이 나타나지 않는다. 아동들은 주로 이러한 장난감들의 인공성에 대한 분명한 인지를 하고 있다. 미래에 이러한 인공물이 표현의 반응들을 나타내 보이거나 움직일 수 있게 되면, 이런 인지가 변하는 모습을 알 수 있을 것이다.[8] 하지만 앞서 기술했던 정서성이 표면적으로 재생산된 형식을 갖춘 행위자들의 치료를 목적으로 또는 "사회적 관리인"으로 중대하게 사용된다면, 그와 같은 속성들은 보다 첨예한 문제가 된다. 심지어 "사회적 로봇"이라는 용어의 선택조차도 하나의 사회적 실제라는 관념을 강화시킬 수 있고, 이에 따라 인공적 행위자가 동등한 상호작용의 파트너로서 인지되는 환상을 일으킬 수 있다(Blow, 2006).[9] 예를 들어 이와 상응하는 전망들을 보자면, 인간과 인공물 간의 새로운 민주주의 형식에 관한 사색들이 있고 또는 획일적인 방식에서 사람들과 인공물들에 적용되는 행위자 비유(agent metaphor)를 발견할 수 있다(Suchman, 2004). 하지만 현재 수준에서 이러한 새로운 의사소통의 형식들이 가진 사회적 그리고 심

---

8) 여기서는 장기적인 연구 기획들이 필요하다.

9) 역자 주: 이것을 '인격화의 오류'라고 볼 수 있을 것이다.

리적 영향들, 그리고 인간 사용들에 관한 기획의 속성들은 단지 사변적인 용어들로 기술될 수 있을 뿐이다.

## 4. 2. 신체적 표현의 보편성

두 번째 비판은 표현의 신체적 형식의 모델링, 특히 정서적 행위의 모델링과 관련된다. 현재 다루고 있는 연구가 거의 관찰할 수 있는 행위의 수준에만 국한된다는 점에 대해서는 앞서 언급했다. 정서는 특정한 신체적 반응과 연결되는 반면, 이 정서 뒤에 있는 느낌들과 주관적인 경험은 결코 고려되지 않는다. 만약 누군가 이런 맥락에 놓인 광범위한 정서들의 분야에서 심리학적 그리고 생리학적 연구를 검토한다면, 다음과 같이 매우 분명한 차이를 보여주는 연구조사의 세 가지 방향을 구분할 수 있을 것이다. 인지적 정신 수준에 초점을 맞추고 주관적 경험의 양상과 일련의 정서들에 관한 의식적 인식을 검토하는 이론들, 정서들의 생리학적 표명들(심장박동, 호흡, 피부 반응 등)의 관찰에만 국한되는 이론들, 행위 수준의 관심을 두고서 얼굴 표현, 자세, 태도와 행동을 연구하는 이론들이 있다.

행태주의 연구가 행위의 패턴들에 초점을 맞춤으로써 정서적으로 구현되는 행위자와 로봇에 관한 이해의 근본적 토대가 된다는 점은 분명하다. 하지만 이런 점은 별문제가 없는 과학의 재정립(scientific reorientation)을 포함한다. 이는 행태주의에 대한 거부에서 그 장점이 있는 인지과학(Cognitive Science)의 전 분야에 영향을 미친다. 나아가 이는 이입(naturalization)을 향한 새로운 흐름과도 부합하는데, 특히 유전공학과 신경과학이 우위를 점하는 데에서도 잘 알 수 있다.

이러한 문제들과는 별도로, 다음과 같이 보다 더 어려운 상황을 관찰할 수 있다. 만약 누군가 다시 정서들을 규정하고 분류하기 위해 사용하는 과정들을 살펴본다면, 모든 유형의 과학적 모델링의 약점이 분명해질 것이라는 점이다. 관찰할 수 있는 정서들과 분명히 연관된 행위 패턴들은 관찰 과정에 함축된 선택적 인식에 종속된다. 누군가는 자신이 보고자 하는 것을 본다. 이는 일련의 정서와 특정한, 연관된 행위들 사이에서 관찰된 상호관계가 관찰자와 그의 관심사의 전망에 달려 있다는 점을 의미한다. 그러므로 정서적 상태, 일련의 관찰할 수 있는 행위 패턴과 신체적 표명 간의 상호관계에 대한 어휘목록(lexica)을 만들려고 하는 포지(2006)의 시도와 같은 노력은 항상 그 자체가 갖는 관찰자의 전망을 비판적으로 검토해야만 하는 문제에 직면하게 된다.

정서적 표현의 복합성과 개별성이 경험되는 수준에서 그리고 행위의 측면에서 추상적인 모델들에서는 표현될 수 없을 때, 시간을 초월한, 문화간 타당한 "기본 정서들"을 규정하려는 노력, 그리고 이 정서들을 보편적으로 동등한 타당한 행위 패턴들과 연결시키고자 하는 노력의 요인들이 나타나게 된다. 그러한 모델이 정서성의 단일하고 판에 박힌 패턴들을 재생하는 가상 행위자 또는 로봇에 관한 이해에 사용될 때, 모델화 작업에 내재하는 탈맥락화와 추상화는 하나의 문제가 된다. 규범적인 과정들 자체는 어디서든 관찰될 수 있고, 그러한 기획들에 의해 더 강화된다. 하지만 정서적 표현의 다의성은 인간 해석자의 측면에서 이와 유사한 다양한 의미의 속성들을 생산할 것이다.[10] 광범위한 해석의 범위는 또다시 정서성의 모델화 작업, 그리고 특히 이것의 인위적인 재생산에 대한 제약들을 지시한다.

사람이 의사소통의 파트너로서 이러한 인공물들을 다룰 때, 개별적으로 해석할 수 있고, 비판적으로 거리를 둘 수 있다는 희망에도 불구하고,[11] 한 가지 쉽지 않은 문제가 여전히 남아있다. 만약 누군가 특히 아이들의 사회화에서 어떤 구체적인 파트너의 중요성을 고려하게 된다면, 인위적인 행위자의 단순화된 표현의 형식들과 "텅 빈" 눈동자들은 더욱더 문제가 된다. 이 지점에서 내가 타자들의 측면에서 구성되는 라깡(Lacan)의 거울 단계(Mirror Stage)(Lacan, 1973)에 상응하는 과정들이 분명히 유발되지만, 실제로 발생하지는 않는다. 여기서 비판을 받는 것은 타자들에 의한 그러한 "반응들"의 부재라기보다 오히려 인위적 행위자가 참된 상대편/파트너가 된다는 제안이다. 이런 맥락에서 인간화의 노력은 잠재적인 갈등의 분야로 여전히 남아있는 것 같다.

---

10) 이런 점은 서로 다른 사람들이 인물 사진들을 관찰하고 이 인물을 해석하는 데에서 잘 드러나고, 마찬가지로 의사소통의 과정에서 정서들의 속성들에 관한 분석에서도 잘 드러난다.

11) 이런 희망은 문화 연구의 맥락에서 계속 언급되고 있다(Hall, 1980 참조).

## 4. 3. 미래의 인간-기계 상호작용들의 전망에서 의사소통 모델

이상의 노력의 근저에 있는 의사소통의 개념을 검토할 필요가 있다. 대부분 인간-기계 상호작용에 관한 개념들은 여전히 단순한 송신자-수신자 모델(transmitter-receiver model)의 전제에서 출발하는 것으로 보인다. 이 모델에 따르면, 송신자에 의해 보내진 메시지는 원래 의도한 대로 수신자에게 정확히 도착하고, 송신자의 의도에 일치하게 해석된다. 이와는 대조적으로 의사소통에 관한 호혜적인 개념들이 있다.[12] 이 개념들에 따르면, 화자의 의도는 이미 수신자의 함축적 초대에 의해 결정된다. 나아가 이러한 새로운 접근들에서는 수신자의 입장에서 "메시지"의 해석이 항상 그들의 특정한 경험들의 맥락에서 발생한다고 가정한다. 즉, 그 해석은 개별적으로 다양하고, 표시된 수준에 의존하는 맥락이 되며, 오직 제한된 방식에서만 "송신자"의 의도들에 부합한다.[13]

전형적으로 인간-기계 상호작용으로 간주될 수 있는 이러한 호혜성은 신체성과 인격의 형식을 전제로 한다. 가상 행위자와 로봇에게는 이러한 형식이 거의 없다. 음성과 눈은 의사소통 구현의 두 가지 본질적인 요소들이지만, 현재의 접근들에서 많은 관심을 받지 못한다: 로봇의 눈 또는 가상 행위자의 눈은 텅 비어있다; 이 눈은 어

---

12) 예를 들면, Levinas, Waldenfels 그리고 Bauman에 의해 전개되었다.

13) 이런 맥락에서 문화연구의 접근들에 관한 언급은 희망적이다.

떤 인격 유형의 부재를 드러내고, 최소한의 정서적 표현들이 어떤 "내면적인" 생명에 부합하지 않는다는 점을 보여준다.[14] 이처럼 텅 빈 얼굴이 순전히 외면적인 결과들, 그리고 정형화된, 단순화된 "표현"의 형식들로 환원되면, 전형적인 인간-인간 의사소통 대응의 형식을 일으키지 못한다. 그리고 이런 점은 사람들이 각자 서로를 쳐다보지 않는 경우들에서도 사실이다.

음성에 대해서도 이와 같다. 로봇 또는 가상 행위자가 음성을 가질 때마다, 이들의 음성은 거의 항상 생명력이 없는 것으로 보인다. 이들의 역학은 인간 파트너로부터 어떠한 대응도 일으키지 못하는 구어의 선율법(melodics of spoken language)으로 정형화된 모델에 따르는 것이다. 호명되는 것의 느낌은 기껏해야 단순한 정보 교환의 수준에서 관찰될 수 있다; 내 속에 있는 무엇인가로 하여금 소극적이든 또는 적극적이든 대응하도록 야기하는, 즉, 호혜적 의사소통의 관계로 이끄는 울림의 형식을 유발하는 신체적 파트너에 의해 호명되는 것의 이해는 발생하지 않는다(Waldenfels, 1999 참조).

만약 이에 따른 잠재적 사회 갈등이 발생하지 않는다면, 아무런 문제가 없다. 의사소통에서 대응은 항상 파트너의 인지를 유발하고, 한 사람의 파트너의 요구뿐만 아니라 그 사람의 의도들의 성취에도 대응한다. 여기서 대응의 개념은 책임의 요소를 암시한다는 점에서

---

14) "내면적인 생명(inner life)" 개념은 의사소통 이전 단계의 안정적인 자아(a pre-discursive stable self)를 제시한다. 이런 점은 당연히 늘 사실은 아니다. 여기서 내면적 생명이 언급하는 것은 주로 한 사람의 환경과 다른 사람들과의 상호작용의 행위에서 구성되기 때문이다.

중요한 의미가 있다. 한 사람은 함축적으로 또는 명시적으로 다른 사람의 요구들을 이해하고, 어떤 형식이든지 간에, 의사소통의 파트너로서 이 요구들에 대응함으로써, 의사소통의 상황에 대한 책임 그리고 그 사람에 대한 책임을 받아들인다(Bauman, 2003). 이처럼 주로 언어와 태도뿐만 아니라 음성과 눈을 통해서도(Levinas, 1999) 의사소통하는 다른 사람의 권리는 인간-기계 상호작용에서 나타나지는 않으며, 그래서 반복적으로 경험되는 것이 아니다. 그러므로 대응하기의 필수적인 토대가 되지 못한다. 여기서도 가능한 사회적 결과들은 단지 사변적인 용어들에서만 기술될 수 있을 뿐이다.

## 5. 소결

그러면 휴머노이드 로봇과 정서 구현 행위자의 제작을 위한 계획은 어떤 평가를 받아야 하는가? 비록 이런 유형의 연구가 단지 시작에 불과하지만 일련의 주의사항들이 공식화될 수 있다. 행위자의 개념뿐만 아니라 자율적인 로봇의 개념에도 내재하고 있는 가정에 따르면, 그러한 인공물이 독립적인 행위자로서 인식될 수도 있고 그에 따라 사용될 수 있다. 이러한 가정에 대해서는 논란의 여지가 상당히 많다. 나는 이 대신에 하나의 상관적인 전망(relational perspective)을 옹호하고자 한다. 이 전망은 가상 행위자와 로봇을 인간에 대한 이들의 유사성과 잠재적인 인격화의 맥락에서 우선적으로 바라보려는 것이 아니다. 나의 입장에서는 그러한 인공물들이 다양한 사회적 연결망에 국한되어 있어서 이들의 능력에 따른 특정한 기능들을 가정할 수 있는 범위를 검토하는 것이 더 중요하다(Suchman, 2004 참조). 이러한 인공 행위자들의 능력들은 사회적 연결망에 국한해서 자신들의 지위로부터 나타날 수 있을 것이다. 이런 맥락에서 볼 때, 이 행위자들의 인간화(anthropomorphisation)는(Gamm, 2005) 적절하지 못한 것이다.

이러한 견해에 따라 우리는 인간과 유사한 상호작용 파트너들로서 가장 행위자, 대화 구현 행위자와 로봇을 해석하는 전망에서 벗어날 수도 있다. 대신에 상관적 행위 개념의 범위에서 특정한 업무들을 갖는 것으로 해석할 수 있는데, 즉 그 특정한 업무들에 국한된 행동만을 할 수 있다는 것이다. 이런 해석은 그와 같은 파트너들로 가정할 수 있는 "지능형" 인공물에 대한 잠재성과 한계를 잘 드러낼 수 있다. 하지만 이런 맥락에서는 로봇과 대화 행위자의 정서성의 표면 연출 문제 또는 향후 더 문제가 될 수 있는 허구들만을 키우는 것은 아닌지에 대한 문제도 제기된다.

# 참고문헌

André, E., Rist, T., & Müller, J.(1999). Employing AI Methods to control the behavior of animated interface agents. *AAI*, 13, 415~448.

Axelsson, A. S.(2002). *The same as being together?*, Göteburg: Chalmers.

Ball, G., & Breese, J.(2000). Emotion and Personality in a conversational agent. In Cassell, J., et al.(Eds.), *Embodied conversational agents*(pp. 189~219), Cambridge: MIT Press.

Bauman, Z.(2003). *Flüchtige Moderne*, Frankfurt: Suhrkamp.

Bath, C.(2003). Einschreibungen von Geschlecht. In: J. Weber & C. Bath (Eds.), *Turbulente Körper, soziale Machinen*(pp. 75~95), Opladen: Leske + Budrich.

Becker, B.(1998). Leiblichkeit und Kognition. In: P. Gold & A. K. Engel (Eds.), *Der Mensch in der Perspektive der Kognitionswissenschaft*, Frankfurt: Suhrkamp.

Becker, B., & Mark, G.(1999). Constructing social systems through computer −mediated communication. *Virtual reality*, 4, pp. 60~73.

Blow, M. et al.(2006). The art of designing Robot faces dimension for human− robot interaction. Proceedings of the 1st ACM SIGCHI/SIGART conference on Human−robot interaction, pp. 331~332.

Breazeal, C. L.(2006). *Designing sociable robots*, Cambridge: MIT.

Cassell, J. et al.(Eds.)(2000). *Embodied conversational agents*, Cambridge: MIT Press.

Churchill, E. F. et al.(2000). May I help you?: Designing Embodied Conversational Agents Allies. In J. Cassell et.(Eds.), *Embodied conversational agents*(pp. 64~94), Cambridge: MIT Press.

Dautenhahn, K. et al.(2006). How may I serve you? A robot companion approaching a seated person in a helping context. Proceeding of the 1st ACM SIGCHI/SIGART conference on Human−robot interaction, pp. 172~179.

Dautenhahn, K., & Werry, I.(2004). Towards interactive robots in autism therapy! *Pragamatics and cognition*, 12(1), 1~35.

Dreyfus, H.(1985). *Die Grenzen künstlicher Intelligenz*, Königstein: Athenäum.

Gold, P., & Engel, A. K.(Eds.)(1985). *Der Mensch in der Perspektive der Kognitionswissenschaft*, Frankfurt: Suhrkamp.

Gramm, G., & Hetzel, A.(Eds.)(2005). *Unbestimmtheitssignaturen der Technik. Die neue Deutung der technisierten Welt*, Bielefeld: Transcript.

Hall, S.(1980). Cultural Studies: Two Paradigms. *Media, Culture and Society*, 2, pp. 57~72.

Hayles, K.(1999). *How we become posthuman*, Chicago/London: University of Chicago Press.

Hayles, K.(2003). Computing the human. In: J. Weber & C. Bath(Eds.), *Turbulente Körper, soziale Maschinen*(pp. 99−118), Opladen: Leske + Budrich.

Heldal, I.(2004). *The usability of collaborative virtual environments*, Göteburg: Chalmers Univ. of Tehcnology, 2004.

Lacan, J.(1973). *Schriften* I, Olten: Walter−Verlag.

Levinas, E.(1999). *Die Spur des Anderen*, Freiburg/München: Alber.

Pelachaud, C., & Poggi, I.(2002). Subtleties of facial expressions in embodied agents. *The journal of visualization and computer animation*, 13, 1~12.

Pfeifer, R., & Scheier, C.(1999). Understanding Intelligence, Cambridge: MIT Press.

Poggi, I., & Pelachaud, C.(2000). Perfomative facial expressions in animated faces. In J. Cassell et al.(Eds.), *Embodied conversational agents*, Cambridge: MIT Press.

Poggi, I.(2005). Towards the alphabet and the lexicon of gesture, gaze and touch. In Konferenzmaterialien zur FG *Embodied communication in humans and machines*, ZIF, Bielefeld.

Poggi, I.(2006). *Le parole del corpo*, Rom: Carocci.

Robins, B., Dickerson, P., & Dautenhahn, K.(2005). *Robots as embodied beings*,–interactionally senstive body movements in interactions among autistic children and a robot. Paper presented at IEEE International Workshop on Robot and Human Interactive Communication, 2005. ROMAN 2005.

Scherer, K. R.(1998). *Faces of Emotion: Recent Research*, Hillsdale, N.J.: Erlbaum.

Schroeder, R.(Ed.)(2002). Social life of avatars,

Spante, M.(2004). Shared virtual environments, London/Berlin/Heidelberg: Spinger.

Suchman, L.(1987). Plans and situated actions, Cambridge: Cambridge University Press.

Suchman, L.(2004). Figuring Personhood in Sciences of the Artificial, Lancaster.

Wachsmuth, I., & Knoblich, G.(2005). Embodied Communication in Humans and Machines, *ZiF–Mitteilungen*, Bielefeld.

Waldenfels, B.(1999). *Die Vielstimmigkeit der Rede*, Frankfurt: Suhrkamp.

Weber, J./Bath, C.(Eds.)(2003). Turbulente Körper, soziale Maschinen, Opladen: Leske + Budrich.

Weber, J.(2003). Umkämpfte Bedeutungen, Frankfurt: Camus.

Woods, S. et al.(2006). Is this robot like me? Links between Human and Robot personality traits. Paper presented at 5th IEEE-RAS International Conference on Humanoid Robots(2005).

# 의료 로봇에 대한 윤리적 고려

에도아르도 다테리(Edoardo Datteri)[1],

Dipartmento di Scienze Umane per la Formazione,

Università degli Studi di Milano-Bicocca

굴리에모 탬불리니(Guglielmo Tamburrini)

Dipartimento di Scienze Fishiche, Università di Napoli Federico II

요약: 최근 20여 년 동안 로봇공학의 급속한 발전으로 수술, 진단, 재활, 인공기구, 장애우나 노인 보조를 위해 로봇을 이용하는 것에 대한 연구가 많이 늘고 있다. 이 장에서는 이런 공학이 야기하는

---

1) Edoardo Datteri, Dipartimento di Scienze Umane per la Formazione "R.Masse", Università degli studi di Milano-Bicocca, Piazza dell'Ateneo Nuovo 1, 20126 Milano, Building U6, room 4124; Email: edoardo.datteri@unimib.it; phone: 02-64484828

다양한 윤리적 문제에 초점을 맞추면서, 의료분야의 로봇공학과 시스템에 대한 개괄을 제시할 것이다. 특히 이런 문제는 인간의 육체적, 정신적 통일성의 보호, 자율성, 책임, 의료자원에 대한 공정한 접근 등과 관련이 있다.

주제어: 의료 로봇, 윤리학, 기본권, 자율성, 책임, 몸의 전체성

## 서론

20세기의 후반 20여 년 동안 로봇공학의 급속한 발전으로 수술, 진단, 재활, 인공기관, 장애를 가진 사람들이나 노인들을 위한 보조를 위해 로봇을 활용하는 연구가 많아졌다. 수술로봇에 대한 연구는 높은 수준의 정확도를 보장하면서도(의사들의 수술 능력을 넘어서는 정도로 확장되는) 다른 부위의 손상을 줄여주는 것(침습성: invasiveness of intervention)을 목적으로 한다. 이외에도 건강 의료 로봇은 인간의 신체 중에 접근하기 어려운 부분을 진단할 수 있는 진단로봇의 개발에 초점을 맞추고 있으며, 진단과정에서 침습성을 낮추고 환자들의 신체적 그리고 심리적 불편함을 완화하는데 도움을 주고자 한다. 또한, 로봇 시스템은 재활을 위해서도 활용되는데, 이는 재활을 위해 요청되는 인간 자원과 재정 자원의 수요가 늘어나는 것에 대비하기 위해서, 그리고 보다 효과적인 치료 계획을 도입하고 치료자의 피로를 줄이기 위해서이다. 세계 인구의 노령화는 노인들을 위한 가

정 및 병원의 보조에 인적 자원 및 재정 자원을 할당할 것을 요구한다. 로봇공학자들이 반복적이고 잘 구성된 보조 업무를 수행함으로써 치료자를 도와주거나 더 나아가 대체할 수 있는 로봇을 개발한다면 이러한 도전에 잘 대응할 수 있을지도 모른다. 뇌 컴퓨터 인터페이스(brain-computer interfaces)를 통해 상실한 지각-동작 능력을 다시 갖게 해주는데 사용되는 혁신적인 인공기관으로 인해, 신체 절단 수술을 받은 사람이거나 다친 사람들의 삶의 질이 향상될 수도 있다. 의료 로봇공학이 의사나 치료사들의 지각, 인지, 운동 능력을 능가하는 지각, 운동 그리고 정보처리능력을 갖춘 장치를 개발함으로써, 매우 다양한 의료영역에서 새로운 치료법의 기회를 만들어 내는데 기여한다.

의료 로봇공학은 로봇공학, 의학, 컴퓨터 공학의 교차점에 있는 학제적(multidisciplinary) 연구 영역이다. 그리고 윤리적인 문제들 또한 제기되는데, 특히 자율성, 책임, 분배 정의, 육체적·정신적 통일, 개성의 변화, 그리고 심지어 자아 정체성의 유지 문제들이 제기된다. 이 문제들은 이 글에서 수술, 진단, 재활, 보철 그리고 개인 보조를 위한 로봇공학 분야에서 공학과 시스템과 관련하여 선별적으로 다뤄질 것이다. 간략한 개괄을 하자면, 1절에서는 이런 공학과 시스템들이 건강관리에 대한 인간의 권리를 향상시키고 보호하는 방식으로 제공할 수 있는 기여가, 2절에서는 신체적 통일성에 대한 논의가, 3절에서는 설계자나 사용자들이 기계의 행동을 예측하는 데 있어서 제한된 능력을 갖추는 것과 관련된 자율성과 책임에 대한 윤리적 문

제가 다뤄질 것이다. 그리고 4절에서는 인간-로봇 간의 다양한 상호
작용의 양상과 관련되어 나타나는 개인의 정체성과 성격의 문제들이
분석될 것이다.

## 1. 의료 로봇에 대한 간략한 개괄

### 1. 1. 수술

로봇 시스템은 외과 수술에서 다양한 방식으로 사람을 도와주는
데 사용되어 왔다(Jacob et al., 2003; Taylor et al., 2008).

우선, 로봇은 인간 보조자들에 정상적으로 할당되는 작업을 수행
함으로써 외과에 대한 다른 종류의 도움을 제공한다. 환자의 몸 안
에서 의사의 말로 내시경을 움직일 수 있는 이솝(AESOP: 미국의 식
품의약국에 의해 1994년 처음으로 승인된 로봇)[2]은 중요한 사례이다. 이
런 유형의 로봇은 부가적으로 신체 내부기관을 3차원으로 재구성하
는 데에도 사용된다(아래의 1.2. 참조). 광대역 연결기술은 "로봇 자문
의(robotic consultants)"의 개발을 위한 기초가 된다. 현재 실현 가능
한 것은 카메라와 통신 장치를 갖추어 다른 곳에 있는 외과의가 수술
실에 있는 외과의와 상호작용할 수 있게 해주는(예를 들면 자문해주는)

---

2) 역자 주: 한국에서는 1997년 영동세브란스 병원에서 복강경 수술에 쓰이는 로봇 팔 이솝
을 도입하여 담낭제거술 등 12건의 수술이 이뤄졌다. 이 로봇은 수술할 때 사람의 몸속
에 삽입된 복강경을 움직여 의사가 원하는 부위를 모니터로 볼 수 있도록 조종하는 역할
을 수행하였다.

원격조종 로봇이다. 인터치 헬스(InTouch Health)사가 개발한 RP-7(RemotePresence-7)[3]이 바로 이 경우이다(Agarwal et al., 2007).

둘째, 로봇 시스템은 보다 직접적으로 외과 수술에 참여할 수도 있다. 예를 들어 무거운 기계장치(가령 정형외과에서 사용하는 드릴이나 밀)의 조작 같은 일을 로봇이 맡을 수 있다. 반자동식으로 외과수술의 중요한 단계를 수행할 수 있는 몇몇 로봇들은 이미 개발되어 병원에서 사용되고 있다. 다음과 같은 시나리오를 고려해보자. 우선, 로봇은 목표가 되는 신체 기관과 주변 기관을 2차원 내지 3차원으로 자세히 분석한다. 이 작업은 로봇과 의사에 의해 협동적으로 실행될 수 있다. 물론 의사가 내시경의 이미지를 보여주는 모니터에서 보고자 하는 영역의 범위를 정하거나 건드리지 말아야 할 부분을 가리키는 등과 같이, 로봇이 수행할 작업요건을 정할 수 있다. 이러한 협력적인 수술 이전의 분석에 근거하여, 로봇은 계획을 세워서 수술하는 데 필요한 행위들을 하는데, 물론 의사가 그 과정을 감독하고 로봇의 정해진 한도들의 일부를 조정하기 위해 과정을 멈출 수도 있다. 이런

---

3) 역자 주: RP-7의 모습:

http://www.etnews.com/news/special/2027564-1525.html 참조.

유형의 과정이 런던의 임페리얼 칼리지에서 개발한 전립선 절제용 로봇인 프로봇(PROBOT)[4]과 상호작용하는 데 이용된다(Harris et al., 1997).

셋째, 특정 종류의 의료적 처치를 수행하도록 설계된 프로봇이나 정형외과의 로봇과 달리 제우스(Computer Motion사의 ZEUS)나 다빈치(Intuitive Surgical 사의 da Vinci) 같은 일반적인 목적을 갖는 그리고 반자동적 수술로봇들이 있다. 이런 일반적인 목적을 위한 로봇 시스템들은 로봇 팔을 가지고 있으며, 멀리 떨어진 외과의사에 의해 원격조종되며, 다양한 기구(예를 들어 내시경, 집게발, 가위)들을 갖추고 있다. 인간은 로봇의 움직임을 조종할 수 있으며 제어기로부터 내시경의 이미지들을 관찰할 수 있다. 애큐레이(Accuray)사가 개발한 싸이버나이프(CyberKnife) 로봇은 방사선 외과적인 처치를 할 수 있으며, 이는 다빈치 로봇처럼 환자의 피부 가까이에서 움직일 수 있어서 고도의 정확성을 가지고 암에 걸린 세포들에 대하여 방사선치료를 할 수 있는 로봇 팔을 가지고 있다(Adler et al., 1997).

끝으로 외과 로봇공학분야에서 연구의 최첨단은 나노로봇공학인데, 이것은 분자수준에서 작동할 수 있는 초소형의 로봇을 만드는 것을 목적으로 한다. 소위 말해서 "분자 기계(molecular machines)", 즉 전기적 그리고 화학적 속성에 근거하여 작동이 통제되는 분자구조를

---

4) 역자 주: 프로봇(Probot)은 전립선 절제를 위한 로봇인데, 의사로 하여금 절제해야 할 전립선의 부분을 정하게 한 뒤에 자동적으로 이 부분을 절제하도록 설계되어있다.
http://www3.imperial.ac.uk/mechatronicsinmedicine/research/theprobot 참조.

만들겠다는 생각이다. 이런 유형의 로봇은 손상된 세포를 재구성하거나 암세포를 확인하고 파괴하는데 효율적으로 사용될 것이다. 나노로봇공학분야의 연구들이 점점 증가해서 21세기 중반에는 널리 발전할 것이다(Drexler, 2004).

## 1. 2. 진단

로봇은 침습적(invasive) 진단이나 비침습적 진단의 일을 수행할 것이다. 피부 진단 시스템은 전형적으로 피부 가까이에서 혹은 피부와 접촉하면서 검사할 수 있는 로봇 팔을 가지고 있다. 에코 그래픽 로봇 시스템이 바로 이 경우이다. 의사는 어떤 경우에는 환자의 신체로부터의 포스 피드백(force feedback)[5]을 제공하는 조이스틱을 통해 로봇을 작동시킨다(Courreges et al., 2008; Martinelli et al., 2007). 로봇 동작의 조작은 컴퓨터의 지원하에 이루어지는 의사결정 시스템과 공유될 수 있는데, 이 시스템은 환자에 대한 배경 지식과 진단과정에서 얻은 자료를 고려한다.

예를 들어 보다 비침습적인 진단 로봇들은 제우스(ZEUS)나 다빈치 시스템에 채택된 로봇 내시경인데, 이것은 환자의 신체 내부를 살펴볼 수 있다(Horgan et al., 2001). 현재의 연구는 환자의 신체 내부에서 이동능력을 갖춘 진단로봇의 개발에 초점을 맞추고 있다. 다양한

---

5) 역자 주: 작동 중의 충격이나 진동을 실제로 체감하게 하는 것.

해결방법들이 개발되고 시험 되고 있다. 이 중에는 신체 장기의 내부 표면을 조그만 바퀴로 탐사할 수 있는 것도 있다. 그렇지 않으면 이동의 문제를 곤충과 같은 해결책을 이용하는데, 예를 들면 결장이나 창자의 다른 부분에서의 이동은 벌레의 움직임을 모방하여 공기가 차 있는 고리와 같은 장의 리드미컬한 수축과 이완을 통해 가능할 것이다. 이러한 방법에 근거한 결장경 검사 시스템의 전형은 피사(Pisa)에 있는 쌩딴 고등과학원 마이크로공학 연구 센터(Micro-Engineering Research Center of Scuola Superiore Sant'Anna)의 CRIM에서 개발되고 있다(Quirini et al., 2008). 이런 시스템을 개발기 위해서 극소형화된 에너지원과 무선 통신 장치의 설계를 포함하는 주요 과학적인 그리고 기술적인 도전들이 있어야 한다.


## 1. 3. 재활

중추신경계나 말초신경계에 손상을 입은 환자는(예를 들면 뇌졸중이나 척추 병변) 신체의 움직임을 통제하는 데 있어서 심각한 제약으로 인해 고통받는다. 중추신경계나 말초신경계에서 가소성 적응 메커니즘을 활성화시켜 잃어버린 기능들이 때로는 매우 다양한 수준으로 회복되는 경우들이 있다. 이런 메커니즘은 점진적으로 신경세포의 생리학적 속성과 연결성에서 장기적인 변화를 가져온다. 치료사가 반복적으로 손상된 손이나 발을 움직이게 하는 또는 환자에게 환자 자신의 남아있는 운동 통제 능력을 사용하게 하는 특정한 운동 연습을 하게 함으로써 신경 시스템 내에서 성형적응 메커니즘을 작동시키려고 시도한다.

상지 내지 하지재활을 위한 이런 종류의 치료를 수행하는 데 도움을 주는 로봇 시스템(Van der Loos and Reinkensmeyer, 2008)은 현재 병원에서 널리 사용되고 있다. 상지재활 로봇은 전형적으로 로봇 팔의 끝 지점이 환자의 팔이나 손에 고정되어 있거나 연결되어 있어서 매우 자유로운 활동 폭을 가진 팔로 구성되어 있다. 끝 지점은 컴퓨터 스크린에 자세하게 나타난다. 매사추세츠 공과대학(MIT)에서 개발된 마누스(MANUS)는 이 분야에서 개발된 로봇 시스템의 선두적인 경우이다. 이 시스템은 치료사를 대체하거나 혹은 치료사와 협동으로 일한다. 사람에 의해 행해진 전통적인 재활치료처럼, 로봇은 환자의 팔 운동에 대하여 조절하거나 아니면 환자가 자신의 남은 능력을 사용하여 운동연습을 하도록 도와줄 수 있다. 이런 연습은 대개는 위치를 결정하는 일로 구성되는데, 여기서 로봇 팔의 끝은 공간의 특정 목표점을 향해 움직이며, 이것은 모니터에도 그대로 보인다. 협동연습에서 로봇은, 예를 들면 의도한 궤도에서 벗어나는 것을 방지하거나 사용자들이 초기에 준비된 운동을 하는 것을 도와주는 등의 다양한 방식으로 사용자를 움직이게 한다.

하지재활 장치(스위스의 Hocoma사가 제작하여 병원에서 널리 사용되는 Lokomat system[6])는 대개 다리의 움직임을 결합시키는 벨트를 가진

---

6) 역자 주: 현재 한국에서 사용 중인 Lokomat system의 예:

외골격으로 구성되어 있다. 이 로봇은 환자가 '올바른' 위치와 걸음걸이를 하도록 하는 역할을 한다. 인간과 로봇의 협동작업의 양상이 이 경우에 잘 적용될 것이다(Jezernik et al., 2003).

　로봇 시스템이 지각재활치료에서도 사용될 수 있으며, 자폐증 치료에도 사용된다는 것은 언급할 가치가 있다. 지각재활용 로봇 시스템은 동물 모양(도쿄의 National Institute of Advanced Industrial Science and Technology에서 개발한 물개 로봇 파로⟨Paro⟩[7]의 예)이거나 휴머노이드 모양(Pisa대학의 Centro di Ricerca E. Piaggio에서 개발한 F.A.C.E 로봇의 예)을 갖는다. 단순하면서도 직관적인 소통의 인터페이스가 갖춰져 있으며, 또한 표정의 시뮬레이션에 근거한 이 시스템들은 자신들

http://blog.naver.com/89home?Redirect=Log&logNo=60097708037 참조.

7) 역자 주: 2011년 AIST가 선보인 독거노인용 홈 케어 로봇 파로의 사진:

http://kr.aving.net/news/view.php?articleId=208046&Branch-ID=kr&rssid=naver&mn-name=news 참조.

의 사용자와의 상호작용 및 의사소통 능력의 개발을 자극하고 있다
는 것을 의미한다(Wada et al., 2005; Pioggia et al., 2004).

## 1. 4. 지각-운동 능력의 회복을 위한
신경 시스템과의 인터페이스

두뇌와 컴퓨터 간의 인터페이스(Brain-Computer Interfaces: BCIs)
는 인간의 중추신경계를 컴퓨터나 로봇 장치와 연결해준다(Lebedev
& Nicolelis, 2006). 그래서 입력 인터페이스(Input BCIs)는 외부장치로
부터의 신호를 뇌에 전달해주는데 사용되며, 출력 인터페이스(output
BCIs)는 외부장치를 조종하기 위해 사용되는 뇌의 신호를 받아들여
처리한다. 두뇌와 컴퓨터의 인터페이스 분야의 연구들은 주로 환자
가 자발적인 운동을 하지 못하는(락트-인 증후군 환자처럼) 척추장애,
근 위축, 그리고 다른 질병들로 고통받는 환자들의 잃어버린 운동기
능을 회복시키려는 목적으로 이뤄지고 있다. 로봇 조종자, 휠체어,
그리고 워드프로세싱 시스템 등을 가지고 있는 이런 시스템들은 신
경 행위에 대한 분석을 토대로 사용자의 의도(예컨대 무언가를 잡으려
고 하거나 휠체어의 방향을 선택하거나 키보드에서 키를 선택하려는 의도)를 구
분할 수 있을 것이다. 이 시스템은 사용자의 의도를 충족시키기 위해
분석을 토대로 행위를 계획하고 실행한다.

BCI 설계와 관련된 근본적인 문제는 기록되고 분석되어야 할 신
경의 특성을 선택하는 것의 문제이다. BCI 시스템의 1세대는 효율

성, 비용 그리고 동기부여의 신호 해석 능력의 관점에서 전기 신호 분석에 의존하고 있다. 또 다른 중요한 문제는 인터페이스의 침습성의 정도와 관련된다. 전기 신호를 탐지할 수 있는 전극은 머리에 비침습적으로 설치할 수 있으며(뇌전도 시스템에서처럼), 두피와 대뇌피질 사이에(뇌파측정장치의 경우), 아니면 뇌세포 안에 설치되기도 한다. 도전적인 연구에서는 락트-인 증후군의 환자가 집에 있는 장치들을 조종하고, 워드프로세서를 작동시키고 운동 피질 안에 심어 놓은 전극을 이용하는 BCI를 통해 로봇팔을 움직이게 하였다(Hochberg et al., 2006). 침습적인 BCI기술은 대체로 원숭이에게 실험된 연구에 기초한다(Velliste et al., 2008). 뇌전도에 의존하는 비침습적인 BCI기술은 비침습적 특성과 비용-편익분석에서 본다면 보다 많은 잠재적인 사용자들에게는 적절할 것이다.

BCI 시스템과의 상호작용을 위해서는 다양한 정보처리 과정 단계가 필요하다. 우선, 신경 신호를 얻어내고 증폭하고 디지털화된다. 둘째, 시스템은 (학습 알고리즘을 통해) 디지털화된 신호 안에서 패턴을 확인하도록 훈련받는데, 이 신호는 외부장치에 보다 고차적인 수준의 명령을 내릴 수 있게 해준다. 셋째, 이러한 고차적인 명령은 몇몇 계획 단계를 거친 후에야 실행된다. 끝으로 사용자는(시각적, 청각적 혹은 촉각적인) 피드백 신호에 기초하여 시스템의 행위를 평가한다.

말초신경계와의 침습적 그리고 비침습적 인터페이스에 기초한 인공기관의 적용이 있다. 자주 이용되는 비침습적 접근은 피부에 설치한 전극을 통해 근육의 작동레벨을 탐지하는 것에 있다(근 전도검사). 이 방법은 비침습적 의수를 개발하는 오토복(OttoBock)사[8]에서 채택한 것인데, 사용자들이 온전한 근육을 움직여 외부장치의 움직임을 조종할 수 있게 해준다. 말초신경계와의 침습적인 인터페이스의 다양한 유형들이 피하 전극을 신경 부근이거나 신경에 직접 닿게 함으로써 실현되고 있다.

침습적 그리고 비침습적 인터페이스로 인해 입력 인터페이스를 개발할 수 있을지도 모른다. 비침습적인 경우에 인공기관이나 장치에 있는 센서에 의해 수집된 신호들이 환자의 피부에 기계적인 자극을 전달하고 장치의 활동에 상응하는 촉지각을 결정할 수 있게 된다. 침습적인 인터페이스는 로봇의 센서장치로부터 신호들을 코딩하고 이를 직접 인간의 신경에 전기 자극을 전달할 수 있도록 해준다 (Warwick, 2003).


## 1. 5. 보조기구(personal assistance)

로봇공학의 주요 연구 분야 중에 장애우나 고령자들이 대상을 조종하거나 움직이는 것을 도와주는 반자동 시스템의 개발에 관심을 갖는 분야가 있다. 조종 시스템은 대체로 책상에 설치된 로봇 팔로 구성되어 있다. 팔의 상부 기능성에 손상을 입은 사용자들에게 식사를 하게 해줄 목적으로 쌩딴 고등과학원(Scuola Superiore Sant'Anna)

---

8)  역자 주: http://www.ottobock.com 참조.

이 개발한 'Giving-A-Hand' 시스템이 바로 이 경우에 해당한다. 이미 언급된 'MANUS' 로봇의 경우처럼 다른 시스템은 휠체어에 올라타도록 설계되기도 한다(Johnson et al., 2006). 대신에 Scuola Superiore Sant'Anna사가 개발한 'MOVAID'시스템은 집안에서는 자율적으로 움직일 수 있으며, 집의 청소와 영양 업무를 실행할 수 있다(Dario et al., 2001).

인공지능공학은 반자동의 휠체어와 운동지원시스템을 디자인하기 위해 이용되고 있다. (미시간대학에서 개발한) 'NavChair'는 벽을 따라가거나 장애를 피하면서 평지 환경에서 자율적으로 움직일 수 있는 휠체어이다(더블린의 트리니티[Trinity] 대학에서 개발한 'PAM-AID'의 경우처럼). 운동 보조를 제공하는데 보다 적절한 것으로 판단되는 다른 시스템들도 있다. 즉 이러한 시스템은 소극적으로는 사용자들에 의해 밀어지면서, 적극적으로는 예측하지 못한 장애물을 피하도록 해준다.


## 2. 건강(의료)권의 촉진과 보호

응용윤리의 다양한 영역에서 윤리적인 문제를 확인하고 분석하는 일반적인 틀은 기본권의 촉진과 보호에 관련된 국가적인 혹은 국제적인 헌장과 조약에 의해 제공된다. 이런 헌장과 조약에는 건강관리와 의료 부분을 다루는 섹션과 조항들이 포함되어 있다. 특히 유럽연합기본권헌장 35조는 "누구나 예방적인 건강관리에 접근할 수 있는 권리와 국가의 법과 실행의 조건하에서 의료적 치료를 받을 수 있는 권리를 가지고 있다. 높은 수준의 인간 건강보호가 모든 유럽연합 국가의 정책과 그 실현을 규정하거나 이행하는 데 있어서 보장되어야 한다"고 기술하고 있다. 앞 절에서 언급된 로봇 시스템에 대한 조사에 의하면, 로봇공학이 인간의 건강을 보장하고 누구나 다양한 방식으로 의료적 지원을 받을 권리를 촉진하는데 기여할 것이다. 특히 로봇은 의사들의 지각-운동 능력의 한계를 극복하는데 기여할 것이며, 인간보다 더 빨리 그리고 매우 정확하게 수술이나 재활을 수행할 것이고, 적절하게 사용된다면 의료 로봇은 환자들의 수술 후 고통과 의료진들의 피로를 경감시킬 것이다.

앞의 1.2절에서 논의된 바와 같이, 의사는 반자동의 로봇 시스템 덕분에 반복적인, 불편한 그리고 육체적으로 힘든 작업이 포함된 진단의 업무로부터 벗어날 수 있을 것이다. 게다가 이런 시스템들은 특히 스스로 움직일 수 있는 메커니즘을 가지고 있는 시스템들은 신체 구조와 신체 내부기관의 준비에 보다 쉽게 대처하면서 적어도 침습적 진단을 수행할 수도 있다.

재활치료가 적어도 장시간 반복적인 운동을 해야 한다면(또는 이를 모니터링 해야 한다면), 재활치료사에게는 신체적인 요구 사항뿐만 아니라 고도의 주의력과 정확도까지 요구된다. 환자의 움직임을 조종하기 위해서는(특히 하지 재활의 경우에는) 상당한 노력이 필요하다. 재활업무와 관련된 피로로 인해 치료사들이 실수할 수도 있고 전체적인 과정의 효율성을 저하시킬 수도 있다. 이런 이유로 인해 로봇의 지원이나 재활과정에서 치료사를 대체하는 것이 건강 의료 권리의 보호와 촉진을 위해서 유용한 방식으로 도움이 될 것이다.

개인 보조 업무에서 사람을 로봇으로 대체하는 것이 의료 로봇의 보다 중요한 목표 중의 하나이다. 건강권의 촉진과 함께 이러한 로봇 시스템은 환자와 치료사들의 불편한 일을 함으로써(예를 들면 청소) 그리고 장애를 가진 사람이나 고령의 사람들이 다른 사람들의 도움에 의존하지 않고서도 기본적인 일상의 일을 수행할 수 있게 함으로써 (예를 들면 요리, 식사 혹은 씻는 일 등) 환자나 환자를 보조해주는 사람들의 권위를 보호할 수 있는 새로운 방식들을 제공할 것이다. 로봇공학은 가까운 장래에 장애를 가진 사람이나 고령의 사람들의 건강권을 보호하는 데 중요한 영향을 미칠 것이다. 인구의 성장과 세계 인구의 고령화로 인해 재활치료와 개인 보조에 대한 필요가 매우 빠르게 증가하고 있다.

앞서 언급했듯이 로봇공학은 심각한 장애를 갖게 된 환자의 지각 운동 기능을 회복할 수 있게 해주는 반자동 지각이 가능한 상지와 하지 인공기구를 개발하는 데 기여할 수 있다. 또한, 20세기 후반에 개발된 로봇이 아닌 인공기구 시스템(non-robotic prosthesis system)들을 사용자가 비침습적 방식으로 하나씩 조종해야만 했음을 고려해본다면, 이러한 시스템이 대체로 매우 제한된 정도의 자유를 제공하였음을 알 수 있다. 이와 대조적으로 오늘날의 로봇공학은 사용자들이 보다 복잡한 명령을 통해 훨씬 더 다양한 인공기구들을 조종할 수 있게 해줄 것이다. 사용자들이 단순한 명령(예를 들면 말단 작용체〔end

-effector)의 위치를 잡으려는 것)을 주면, 시스템은 높은 수준의 할 일을 하기 위한 모든 낮은 수준의 행위들을 계획하고 수행할 것이다. 게다가 신경 시스템과의 직접적인 결합으로 사용자들은 로봇의 장치를 단지 외부장치로서가 아니라 자신의 몸 일부로 느낄 수 있게 될 것이다. 가소성 메커니즘은 지각 및 운동 장치에 대한 환자의 신경 시스템에서의 표현과 인공기구를 결합하는 데 매우 중요한 역할을 한다. 이미 몇몇 실험 연구에서 입증된 것처럼, 신경 시스템은(특히 장치로부터의 피드백이 가능할 경우) 로봇 인공기구에 점차 적응해갈 것이고, 그래서 조종하는 것이 보다 효율적으로 될 것이다.

앞의 1.1에서 논의된 바와 같이, 로봇은 수술에서도 의사들을 도와줄 수 있다. 그 예가 바로 앞에서 언급되었던 목소리에 의해 조종되는 로봇인 이솝(AESOP)은 환자의 신체 내부에서 내시경을 움직이는 데 이용된다. 로봇의 도움을 이용함으로써 수술과 관련된 의료진과 경비를 줄일 수 있게 해준다. 그래서 원칙적으로 감소된 비용과 의료진은 의료서비스의 범위를 확장하는 데 기여할 것이다. 더욱이 이미 언급된 것처럼 로봇 시스템은 무겁거나 불편한 기구들을 다루는데에도 의료진들을 도와줄 수 있다.

또한, 로봇은 수술에서 최소 침습기술(Minimally Invasive Technologies: MITs)과 결합되면 매우 유용할 것이다. 최소침습기술은 환자의 신체에 최소한의 절개를 통해 삽입된 최소화된 기구와 내시경을 통해 수술의 침습성을(그리고 수술로 인해 생기는 고통과 수술 후 회복 시간을) 줄이기 위한 것이다. 이 기술은 최근에 널리 사용되면서 많은 기대와 함께 해결해야 될 새로운 문제를 야기한다. 우선, 최소화는 수술기구의 기능성을 저하시킨다. 둘째 이 기술의 도구들의 조종메커니즘에 의해 의사들의 자연스러운 손의 떨림이 알려지고 또 심지어 과장된다. 손의 떨림이 내시경에서 보이는 이미지들의 안정성을 저하시키고 실수 가능성을 높일 수 있다. 더욱이 이 기술의 장치들은 조종하는 것이 자연스럽지 않은 경우들도 있다. 다수의 MIT(최초 침습기술) 장치들을 실제로 가늘고 긴 튜브를 통해 이동하는 데, 이 튜브의 중심점이 절개위치이다. 그래서 장치의 끝 부분의 움직임의 방향이 의사의 손의 움직임의 방향에서 보면 정 반대가 된다. 물론 로봇이 이런 문제를 해결하는 데 도움을 줄 것이다.

(1) 다빈치 같은 시스템은 최소침습기술의 장치보다 훨씬 능란한 다양한 자유의 정도를 갖춘 장치들이 갖춰져 있다.

(2) 로봇 최소침습기술(robotic MITs)장치는 전기로 조종된다. 조종 시스템은 자연스러운 손의 떨림을 제거할 수 있어서 부드럽고 정확한 움직임을 할 수 있다. 게다가 의사의 손과 장치의 끝 부분의 움직임 간의 일치도가 조종알고리즘을 통해 유지될 수 있을 것이다. 이와 더불어 의사는 조이스틱과 장치의 움직임 간의 비율을 변화시킬 수 있다. 예를 들어 만약 고도의 정확성이 요구된다면 조이스틱을 많이 움직여도 그것이 장치의 작은 움직임이 되도록 정할 수 있다.

원격조종기술에 대한 연구가 전문 인력이 부족한 국가의 병원이나 어려운 환경에서조차도 의료적 도움을 받을 권리를 보호하는 데 중요한 방식으로 기여할 것이라는 주장도 제기된다. 실제로 로봇원격기술은 진단, 재활, 수술 그리고 개인보조업무와 관련하여 이용될 수 있다. 광대역연결 가능성은 실제로 멀리 떨어진 수술실에 있는 로봇 시스템을 원격으로 조종하는 것을 가능하게 해준다. 이런 가능성은 실제로 2001년 뉴욕에 있는 의사가 원격조종되는 제우스 로봇을 통해 프랑스의 스트라스부르(Strasbourg)에 있는 환자에게 담낭 절제 수술을 하였다. 논의된 바와 같이(Martinelli et al., 2007), 로봇 진단 시스템 역시 다른 곳에 있는 의사에 의해 원격조종될 수 있다. 그렇지만 수술에서 로봇기술을 사용하는 것으로부터 생기는 장점을 균형 있게 평가하기 위해서는, 의료 로봇의 설치와 기술적 모니터링과 관련된 비용을 적절하게 고려해야 할 것이다. 그런데 이 비용이 매우 클 것이며, 특히 원격조종이 관련되면 더 클 것이다. 2001년에 행해진 대륙 간 담낭절제수술이 적어도 "150만 불의 장비가격, 장비와 신호의 연결을 모니터하는 80명의 전문가, 프랑스 텔레콤이 2년 반 동안 빠른 통신 속도를 확보하기 위해 사용된 1억 5천만 불의 연구개발비(Marohn & Hanly, 2004)"가 필요했다면, 이 수술이 현재까지 실행된 이런 유형의 실험 중에서 가장 비싼 수술로 평가될 것이다. 요약하자면, 원격조종로봇의 개발은 수술을 위해 필요한 인력을 축소시키는 데 기여할 것이지만, 원격조종 수술 시스템을 준비하고 실행하는 데 드는 비용 문제와 함께 로봇 시스템의 모니터링과 유지를 위한 대리인력을 배치해야 함을 알고 있어야 한다. 이런 고려사항들은 원격조종되는 로봇수술이 특히 개도국에서는 의료서비스에 대한 공정한 접근을 장려할 것인지(그리고 만약 장려한다면, 어떤 조건들에서 장려하는지)를 판단하는 데 필요하다. 원격조종로봇기술의 사용에서 나오는 알려진 장점을 고려하는 유사한 주장들이 때로는 수술로봇의 배치와 수술로봇의 유지에 필요한 기술적 인프라구조의 지원에 들어가는 비용에 대한 자세한 근거를 제공하지 않은 채 이뤄지기도 한다. 만약 이런 비용들이 개도국에게는 엄두도 못 낼 정도로 비싸다면, (원격조종)수술로봇은 보다 부유한 국가들로 제한될 것이고, 보다 부유한 사람들만의 의료적 치료를 위해 사용될 것이다.

특히 의료 로봇 기술의 비용편익분석과 연결하여 의료 로봇의 수행력과 유용성을 평가하는 기준의 선택이 흥미로운 일이다. 이러한 경우가 바로 로보닥(ROBODOC)[9]인데, 비교적 자세히 분석되어 있다(Weber, 2008). 캘리포니아의 Davis사가 만든 통합수술 시스템인 로보닥은 고관절이나 무릎관절 교체수술을 하도록 업그레이드된 산업용 로봇이다(Diodato et al., 2004). 이것은 독일과 유럽에서는 널리 사용되고 있으며, 미국에서는 장기간에 걸친 임상실험의 평가가 있을

---

9) 역자 주: 로보닥의 예

http://www. robodoc.com 참조.

때까지 식약청(FDA)이 사용을 승인하고 있지 않다. 로보닥의 수행력에 대한 몇몇 평가에 따르면, 보다 효율적으로, 정확하게, 더 빠른 회복과 같은 방식으로 수술로봇에게 거는 기대를 그리고 기타 정형외과 수술을 받는 환자들의 기대되는 이익을 여러 차례 충족시켜주지 못했다(Bargar et al. 1998). 특히 로보닥은 수술시간, 혈액손실 그리고 수술 후 병원체류의 방식에서 재래수술과 불리하게 비교되었다. 그룬드(Grund)에 의하면(2004; Weber, 2008에서 재인용), 로보닥의 수술은 재래방식의 수술과 달리 고관절의 안정성을 위태롭게 하면서 영구 절름발이를 초래할 수 있는 방식으로 중전근(musculus gluteus medius, 中殿筋)에 영향을 미친다.

이처럼 의료 로봇의 비용편익분석을 위해서는 굉장히 다양한 요인들이 고려되어야 하며 정확성은 단지 그중 하나일 뿐이라는 것을 보여줌으로써, 로보닥은 의료 로봇에 대한 윤리적인 숙고를 위한 흥미로운 사례연구가 된다. 2007년 1월 독일에 있는 정형외과 클리닉을 상대로 한 첫 소송에서 수술이 일어나기 전에 환자에게 로보닥 수술과 관련된 장단점에 대해 충분한 설명을 하지 않았다는 이유로 3만 유로의 보상이 지불되었다(Weber, 2008, p. 71).


## 3. 의료진과 환자의 자율성

로봇 시스템의 실제적인 행위를 정확하게 예측하지 못하는 데에는 다양한 이론적 그리고 실천적인 요인들이 있기 때문이다. 일반적으로 이런 인식적 어려움은 로봇 시스템의 사용자, 설계자, 제작자 모두 똑같이 가지고 있다. 로봇 시스템의 제한된 예측 가능성에 대한 인식론적 분석과 그것이 로봇윤리에 미치는 의미에 대해 흥미를 갖는 독자라면 이 책의 탬불리니(G. Tamburrini)의 글을 살펴보면 될 것이다. 의료 로봇 공학의 분야에서 보면 이런 인식적 어려움의 다양한 측면들이 원격수술로봇이나 BCI 시스템 모두와 관련하여 적절히 설명된다.

다빈치와 같은 원격조종 시스템과 관련된 제한된 예측은 다음과 같은 것을 가지고 있다.

(1) 학습알고리즘은 다빈치에 장착된 음성통제 시스템에서 사용된다. 이런 학습알고리즘은 시스템에게 의사의 음성의 특성을 인식하도록 가르치는데 사용된다. 이 시스템은 경우에 따라서 불완전하고 거의 예측불가능한 학습 결과 혹은 특징적이지 않은 목소리 등의 이유로 인식작업을 제대로 수행하지 못하기도 한다(학습알고리즘과 관련된 예측 가능성의 문제에 대한 논의는 이 책의 탬불리니(G. Tamburrini)의 글 참조)

(2) 로봇에 장착된 센서가 수집한 일종의 감각적 피드백이 없다면 효율적인 원격조종은 어렵다. 이 센서들은 수술에 관련된 장기에 대한 자료를 수집하는 데 사용될 수도 있다. 예를 들어 수술장치를 조종하기 위해 사용되는 조이스틱 움직임의 강도를 조정하여 내부 세포의 강도를 평가할 수 있다(접촉을 통해 대

상을 인지하는 기술을 촉각지각(haptic perception)기술이라고 한다).
대부분의 원격조종 수술로봇에 있는 이런 시스템이 없다면,
의사들은 관련 장기의 동적인 특징을 판단하기 위해서 오로지
시각적인 정보에만 의존할 수밖에 없다.

(3) 로봇수술 시스템의 사용은 의료진 사이의 의사소통에 부정적
인 영향을 줄 수 있다. 다빈치 사용자들은 통제 계기판에 완전
히 몰두하며, 바깥에서 로봇을 관찰할 수 없다. 더욱이 로봇의
형태와 크기로 의료진들이 환자 근처에서 수술하는 것을 어렵
게 만든다.

원격조종이 실현 가능한 거리는 상한치가 있다(upper-bounded).
이 한계는 신호변환속도와 전송선에서 신호의 질을 유지하는 데 사
용되는 알고리즘의 효율성과 관련된 대기시간(latency)에 달려 있다.
특히 사용자와 로봇 간의 거리에 비례하는 대기시간은 시스템의 반
응을 감소시키고 사용자들이 느끼기에 인간 로봇의 상호작용을 자연
스럽지 못하게 만든다.

BCI의 두뇌와 컴퓨터 간 의사소통 프로토콜은 대리행위를 필요
로 하며, 사용자가 주변장치의 부분적인 조종을 컴퓨터 시스템으로
인계한다. 분명히 말하자면, 사용자가 고차원의 행위 의도의 확인과
행위의 구체적인 실현에 대한 통제를 컴퓨터 시스템에 위임한다. 심
각한 운동기능장애를 가진 환자들은 자기가 바라는 대로 행위를 할
수 있는 과정들을 수행할 수 있는 능력의 회복을 위해 부분적인 통제

의 위임을 교환한다. 그렇지만 BCI 시스템이 제공하는 자율성의 촉진은 일반적으로 "보다 더 지능 있는 행위를 보여주는 기술이 개발되면서 보다 더 심각한 문제가 되어버리는(Hansson, 2007, p. 264)" 종속효과의 관점에서 신중하게 평가되어야 한다.

외부관찰자들이 보기에, 출력 BCI의 작동은 그것의 사용자가 행위에 대한 통제를 기계와 공유하는 결정을 선택하고 있다는 증거를 제공한다. 그렇지만 사용자의 의도에 대한 잘못된 판단들의 다양한 이유에 근거하여 관찰된 기계 행위가 그 사용자가 숙고하면서 선택하는 행위와 일치하지 않는다는 결론에 의문을 던질 수 있다. 특히 그 이유는 사용자 의도의 신경 상관(neural correlates)에서 일시적으로 발생하는 변화와 BCI의 신경 신호 분류 모듈의 불충분한 훈련도 포함된다(Tamburrini, 2009). 또는 BCI에서 이용 가능한 진술들의 구속력 있는 가치들을 물어보기 위해 사용자의 의도를 BCI에서 분류하는 것에 영향을 미치는 인식적 불확실성에 호소할 수도 있다. 결국, 일부의 정보를 전달하는 신경신호을 잘못 분류하면 BCI에 의해 작동되는 가상 키보드를 통해 작성되는 문장의 의미를 전혀 다르게 변화시킬지도 모른다. 그래서 중대한 운동기능 장애를 가진 사람들이 자율적인 행위를 할 수 있는 권리는 현재의 BCI 의사소통 프로토콜에서는 충분하게 보장되지 못하며, 적어도 인터넷 거래, 고지 후 동의, 그리고 생전유언과 관련해서도 그렇다.

이 절을 끝내면서 앞의 2절에서 언급되었던 인간-로봇 간의 대부분의 협동작업에서 행위조종의 다양한 성격이 로봇 엔지니어, 제작자, 의료진, 그리고 의료 시스템의 사용자들과 관련하여 책임 소관의 문제를 야기한다. 특히 로봇 시스템의 행위를 정확히 예측할 수 있는 능력이 현재로서는 제한되어 있기 때문에, 법적 책임과 도덕적 책임 문제를 구분하기 위해서는 의료 로봇과 관련된 해가 되는 사례들에 대한 증거를 신중하게 분석해야 한다. 이 문제는 설계, 제작, 검사 그리고 작동단계 전반에 걸쳐 신중하게 고려되어야 한다. 예를 들어 인간과 로봇의 수술협동과정에서 인간-로봇 간의 상호작용을 재구성해주는 "블랙 박스"라는 기록장치를 포함하는 설계 결정은 의사의 의도와 로봇의 행위가 일치하는지에 대한 정보의 중요한 근거와 책임, 배상 및 공정한 보상의 적절한 할당을 위한 중요한 증거의 근거가 된다.

## 4. 개성의 보호와 개인의 정체성 유지

상실했던 운동기능을 회복시켜주는 로봇 인공 기관은 자신의 고유한 개성을 유지하고 자신에 대한 지각을 하는 데 중요한 방식으로, 적어도 운동기능이 환경 안에 있는 살아 있는 혹은 그렇지 않은 대상들과의 상호작용의 공간을 형성하는 데 중요한 역할을 수행하는 한, 분명히 도움을 준다. 적어도 정체성 유지가 자신만의 능력과 상호작용에 대해 자신이 만들어내는 이야기 속에서 일련의 연속성을 요구하는 한, 이러한 연속성은 개인의 정체성을 유지하는 데에도 중요하게 작용할 것이다(Merkel, 2007).

의사소통과 행위를 위한 출력 'BCI' 시스템이 개인의 정체성을 보호하는 방법에서 보다 중요한 역할을 수행할 수 있다. 이 역할은 비침습적 'BCI'를 통해 의사소통하는 것을 배우는 근육위축성측삭경화증(ALSALS)[10] 환자들에게서 최근에 발견되어 제시되고 있다. 이것을 배웠다가 ALS가 진행되어 나중에 락트-인 상태(CLIS)에 빠진 환자들은 안정적인 의사소통 능력을 가질 수가 없었다(Birbaumer, 2006, p. 524). 이에 대해 두 가지 대립된 설명이 제시되었다. 첫 번째 설명에 의하면, 'CLIS'의 발병은 지각과 사유능력의 쇠퇴를 수반하는 데, 이것은 'CLIS'환자들이 'BCI'를 학습하는 것을 방해한다는 것이다. 두 번째 설명에 의하면, 의도적인 사유의 개발과 보존은 행위의 의도적인 결과를 고려하는 검증과 강화단계를 주로 포함하는데, 'CLIS'환자들은 여기서 요청되는 강화 단계에 접근이 불가하며, 적어도 사유 -행위-결과-검증-강화의 사슬이 연결되지 않거나 혹은 간혹 환자의 현재 욕구를 실현시켜줄 수 있는 보호자에 의해서나 수행될 수 있을 뿐이다. 그러므로 이 환자들이 생각한다는 것은 더 이상 되지 않고, 'BCI'를 학습하고 작동시킬 능력이 'CLIS'환자들에게서 사라져버린 것이다.

첫 번째 설명이 옳다면, 'BCI' 의사소통기술을 학습하는 것으로

---

10) 역자 주: 일반적으로 루게릭병으로 많이 알려져 있음. 루게릭병은 운동신경세포만 선택적으로 사멸하는 질환으로 대뇌 겉질(피질)의 위운동신경세포(upper motor neuron, 상위운동신경세포)와 뇌줄기(뇌간) 및 척수의 아래운동신경세포(lower motor neuron) 모두가 점차적으로 파괴되는 특징을 보인다. 임상 증상은 서서히 진행되는 사지의 위약(weakness, 쇠약) 및 위축으로 시작하고, 병이 진행되면서 결국 호흡근 마비로 수년 내에 사망에 이르게 되는 치명적인 질환이다.

인해 지각, 사유 그리고 집중 능력의 일반적인 쇠퇴로 인해 고통받는 것을 피할 수 있게 할 것이다. 그러나 만약 두 번째 설명이 옳다면, 'ALS'의 진행으로 인해 'CLIS'가 발병하기 전에 'BCI'의 사용법을 학습하게 되면, 적어도 사유-행위-결과-검증-강화의 사슬이 'BCI'의 작동을 통해 유지되는 한, 사유능력이 사라지지는 않을 것이다. 그래서 이런 환자들의 사유능력과 궁극적으로 정체성을 유지하기 위해 그리고 목표지향적 사유가 한 사람의 핵심적인 특징이라고 생각한다면, 'ALS'환자들에게 그들이 'CLIS'상태가 되기 전에 'BCI'의 작동을 가르쳐야 한다. 이런 조건적인 결론은 두 번째 설명이 추론되는 경험적 가설에 대한 과학적 연구를 해야 한다는 윤리적인 동기를 제공하게 된다.


## 5. 결론

의료 로봇공학에 대한 현재의 연구는 인간과 반자동적인 정보처리 과정에 의해 조종되는 로봇 행위에 대하여 신체의 통일성을 유지할 권리의 촉진과 보호, 자율성, 그리고 책임 소급문제와 관련된 윤리적인 문제뿐만 아니라 BCI를 통해 로봇장치와 연결된 환자들의 개인적 정체성의 문제까지도 제기한다.

의료 로봇은 신체의 통일성에 대한 권리를 촉진하는 방식에서 새로운 관점을 제공해준다. 로봇은 의사들의 지각-운동 능력의 한계를 뛰어넘을 수 있으며, 인간보다 빠르고 매우 정확하게 수술이나 재활

업무를 수행할 수도 있고, 로봇을 적절하게 사용한다면 환자들이 겪는 수술 후 고통이나 의료진들의 과로를 줄일 수 있을 것이다. 더욱이 BCI 기술은 완전 락트인 상태에 빠진 환자들의 사유능력이 소멸되는 것을 비교해볼 때 매우 중요한 역할을 할 수도 있으며, 이들 환자가 사람으로서 자신의 지위를 보존하는 데 기여할 것이다. 사람과 반자율적인 정보처리 시스템이(수술용, 재활용이나 진단용) 로봇 조종을 분담할 때, 특수한 고지에 입각한 동의의 문제가 제기된다. 수술, 재활, 개인 보조기구, 진단업무를 위한 원격수술기술의 매우 비싼 비용은 디지털 격차의 문제와 의료기술에 대한 불공정한 접근의 문제를 야기한다. 보조 로봇 시스템과 'BCI' 로봇 시스템이 지각 능력과 운동 능력이 제한되는 장애나 고령의 사람들이 하지 못했던 일을 하게 해주는 한, 이 로봇들이 개인의 자율성을 유지하는 데 기여할 수도 있다. 그렇지만 사용자의 자율성은 어떤 경우에서는 로봇을 예측하고 통제하는 데 있어서의 현재 수준의 한계를 보면 예기치 않게 나올 수 있는 로봇의 행위로 인해 절충될 수도 있다. 앞에서 현대 의료 로봇공학에 대하여 간략하게 살펴본 것과 관련되어 검토된 이런 문제들에 대한 숙고가 윤리적인 목표와 제약을 이행할 수 있는 로봇의료 시스템의 발전을 촉진하는데 요청된다.

# 참고문헌

Adler Jr., J. R., Chang, S. D., Murphy, M., Doty, J., Geis, P., & Hancock, S. L. (1997). The Cyberknife: a frameless robotic system for radiosurgery. *Stereotact Funct Neurosurg*, 69: 1~4, Pt. 2, pp. 124~8.

Agarwal, R., Levinson, A. W., Allaf, M., Makarov, D. V., Nason, A., & Su, L.- M. (2007), The RoboConsultant: Telementoring and Remote Presence in The Operating Room During Minimally Invasive Urologic Surgeries Using a Novel Mobile Robotic Interface, *Urology*, 70:5, pp. 970~974.

Bargar, W., Bauer, A., & Martin, B. (1998). Primary and revision total hip replacement using the Robodoc system. *Clinical Orthopaedics and Related Research*, 354, pp. 82~91.

Birbaumer, N. (2006). Breaking the silence: Brain–computer Interfaces for Communication and Motor Control, *Psychophysiology*, 43, pp. 517~532.

Courreges, F., Vieyres, P., Poisson, G. (2008). Robotized tele–echography. In S. Kumar, & E.A. Krupinski (eds.), *Teleradiology* (pp. 139~154), Berlin Heidelberg: Springer.

Dario, P., Guglielmelli, E., & Laschi, C. (2001). Humanoids and personal robots: Design and experiments. *Journal of Robotic Systems*, 18:12, pp. 673~690.

Diodato, M. D., Prosad, S. M., Klingensmith, M. E., & Damiano, R. J. (2004). Robotics in Surgery. *Current Problems in Surgery*, 41:9, pp. 752~810.

Drexler, K. E. (2004). Nanotechnology: from Feynman to Funding. *Bulletin of Science, Technology and Society*, 24, pp. 21~27.

Grund, J. (2004). Wissenschaftlicher Fortschritt im Operationssaal. Strukturelle Probleme in der experimentellen Phase. Beispiel: Robodoc.

*Patientenrechte*, 3, pp. 63~68.

Hansson, S. O. (2007). The ethics of enabling technology. *Cambridge Quarterly of Healthcare Ethics* 16, pp. 257~267.

Harris, S. J., Arambula-Cosio, F., Mei, Q., Hibberd, R. D., Davies, B. L., Wickham, J. E. A., Nathan, M. S., & Kundu, B. (1997). The Probot-an active robot for prostate resection. *Proceedings of the Institution of Mechanica Engineers*, Part H: Journal of Engineering in Medicine, 211:4, pp. 317~325.

Hochberg, L. R., Serruya, M. D., Friehs, G. M. et al. (2006). Neuronal ensemble control of prosthetic devices by a human with tetraplegia. *Nature* 442, pp. 164~171.

Horgan, S., Vanuno, D. (2001). Robots in Laparoscopic Surgery. *Journal of Laparoendoscopic & Advanced Surgical Techniques*, 11:6, pp. 415−419.

Jezernik, S., Colombo, G., Keller, T., Frueh, H., & Morari, M. (2003). Robotic Orthosis Lokomat: A Rehabilitation and Research Tool. *Neuromodulation*, 6:2, pp. 108~115.

Johnson, M. J., Guglielmelli, E., Di Lauro, G., Laschi, C., Carrozza, M. C., & Dario, P. (2006). GIVING−A−HAND System: The Development of a Task−Specific Robot Appliance. *Advances in Rehabilitaion Robotics*, 306:2004, pp. 127~141.

Lebedev, M. A., & Nicolelis, M. A. L. (2006). Brain−machine interfaces: past, present and future. *Trends in Neurosciences* 29:9, pp. 536~546.

Marohn, M. R., & Hanly, E. J. (2004). Twenty−first century surgery using twenty−first century technology: surgical robotics. *Current Surgery*, 61:5, pp. 466~473.

Martinelli, T., Bosson, J.−L., Bressollette, L., Pelissier, F., Boidard, E.,

Troccaz, J., & Cinquin, P. (2007). Robot-based Tele-Echography. *Journal of Ultrasound Medicine*, 26, pp. 1611~1616.

Merkel, R. et al. (2007). *Intervening in the Brain. Changing Psyche and Society*. Berlin: Springer.

Piogiia, G., Ahluwalia, A., Carpi, F., Marchetti, A., Ferro, M., Rocchia, W., & De Rossi, D. (2004). FACE: Facial Automaton for Conveying Emotions. *Applied Bionics and Biomechanics*, 1:2, pp. 91~100.

Quirini, M., Menciassi, A., Scapellato, S., Stefanini, C., & Dario, P. (2008). Design and Fabrication of a Motor Legged Capsule for the Active Exploration of the Gastrointestinal Tract. *IEEE/ASME Transactions on Mechatronics*, 13:2, pp. 169~179.

Tamburrini, G. (2009). Brain to Computer Communication: From Interaction Models to Ethical Reflection. Forthcoming in *Neuroethics*.

Taylor, R., Menciasii, A., Fichtinger, G., Dario, P. (2008). Medical Robotics and Computer-Integrated Surgery". In B. Siciliano & O. Khatib (Eds), *Springer Handbook of Robotics* (pp. 1199~1222), Berlin-Heidelberg, Springer.

Van der Loos, H. F., Reinkensmeyer, D. J. (2008). Rehabilitaion and Health Care Robotics. In B. Siciliano & O. Khatib (Eds), *Springer Handbook of Robotics* (pp. 1123~1151), Berlin-Heidelberg, Springer.

Velliste, M., Perel, S., Spalding, M. C., Whitford, A. S., Schwartz, A. B. (2008). Cortical control of a prosthetic arm for self-feeding. *Nature* 453, 1098~1101.

Wada, K., Shibata, T., Saito, T., Sakamoto, K., & Tanie, K. (2005). Psychological and Social Effects of One Year Robot Assisted Activity on Elderly People at a Health Service Facility for the Aged. *ICRA 2005*.

*Proceedings of the* 2005 *IEEE International Conference on Robotics and Automation*, pp. 2785~2790.

Warwick, K. (2003). Cyborg morals, cyborg values, cyborg ethics. *Ethics and Information Technology*, 5, pp. 131~137.

Weber, J. (2008). Robotic Surgery. In Capurro, R., Tamburrini G., & Weber, J. (Eds.). *Emerging Technoethics of Human Interaction with Communication, Bionic and Robotics System. Deliverable D5: Techno −Ethical Case−Studies in Robotics, Bionics, and related AI Agent Technologies* (pp. 65~83). April 2008, VI Framework Programme Project ETHICBOTS. Retrieved May 19, 2009, from: http://ethicbots.na.infn.it/restricted/doc/D5.pdf.

# 전쟁 로봇: 위험과 윤리의 문제

패트릭 린(Patrick Lin)[1]

California Polytechnic State University, San Luis Obispo, USA

United States Naval Academy, Annapolis, USA

조지 베키(George Bekey)

California Polytechnic State University, San Luis Obispo, USA

University of Southern California, Los Angeles, USA

키스 애브니(Keith Abney)

California Polytechnic State University, San Luis Obispo, USA

1) Cal Poly, Ethics+Emerging Technologies Group, Philosophy Dept., San Luis Obispo, CA, 93407, USA, palin@calpoly.edu, http://ethics.aclpoly.edu. 이 글은 미국 해군의 Office of Naval Research의 지원(#N00014-07-1-1152와 N00014-08-1-1209)을 받아 작성되었다. 우리는 또한 Cal Poly의 문과대학과 공과대학 및 조사 연구에 많은 논의와 도움을 준 동료들, 특히 Colin Allen, Ron Arkin, Peter M. Asaro, Wendell Wallach에 고마움을 전한다.

요약: 전쟁 로봇이 수많은 장점-우리 군인들의 생명을 구하는 것에부터 도로의 폭탄을 안전하게 제거하며, 산속의 동굴들과 심해와 같이 접근할 수 없고 위험한 환경에서도 운영되기에 이르기까지-을 갖고 있다는 점은 분명하다. 전쟁 로봇은 전장에서 감정과 다른 법적 책임들 없이도, 과민반응, 분노, 보복, 피로, 사기 저하로 의심을 받는 인간 군인들보다 더 윤리적이며 효과적으로 전쟁을 수행할 수 있다. 그러나 로봇의 사용, 특히 자율적 로봇의 사용은 윤리와 위험의 문제들을 제기한다. 여기서는 새롭게 그러나 매우 급격하게 진보하는 기술 분야에서 나타나는 이 문제에 관한 탐구를 진행한다.

주제어: 사회적 로봇, 자율적, 군사용, 전쟁, 윤리, 위험, 책임, 장점, 이익, 법적 책임, 피해

진보된 로봇들이 투입된 전쟁 국면을 상상해 보자: 우리의 군인들이 국기로 덮힌 관 속에 묻혀 집으로 돌아왔을 때 가슴 아파하는 부모들의 모습 대신에, 자율적 로봇(autonomous robots)-인간의 간섭 없이도 어떤 대상에 관한 공격을 감행하는 것과 같은 결정을 내릴 수 있는 움직이는 기계-이 증가하는 위험한 임무들에서 인간 군인들을 대체하는 모습. 터널에서 어두운 동굴을 거쳐 테러리스트를 쫓는 것부터, 저격으로부터 도시 거리들을 보호하며, 공격에 거의 무방비로 노출된 하늘과 수로를 경계하며, 도로와 해상에서 급조폭파물(improvised explosive devices, IEDs)을 제거하며 생화학 무기의 피

해를 조사하며 경계 지역과 건물들을 보호하며 잠재적으로 적대적인 군중들을 통제하는 것까지 심지어 최전선 보병의 역할까지 인간 군인을 대체할 수 있다.

이러한 로봇들은 현재 인간만이 할 수 있는 결정들을 내릴 수 있을 만큼 충분히 "지능적"이다. 그리고 빠른 속도로 갈등이 증가하고, 이에 따른 더 신속한 정보 처리와 대응이 요구될 때, 로봇들은 우리 호모사피엔스가 갖는 제한된 그리고 실패할 수도 있는 인지 능력들보다 나은 장점을 분명히 갖고 있다. 로봇들은 어렵고 규모가 큰 지역의 전투 지형에 대해 전투 공간을 확대할 수 있을 뿐만 아니라 동시에 우리보다 두 배 이상의 힘을 발휘할 수 있다.–각 로봇은 많은 인간 군인의 작업을 하면서도, 잠 부족, 피로, 낮은 사기, '전쟁의 안개' 속에서 인지와 의사소통의 문제와 임무 수행에서 발생하는 여러 다른 상황의 제약을 전혀 받지 않는다. 그러나 정신없는 교전에서 생명을 구하고 명석한 조치를 하는 것이 중요하다는 이유만으로 로봇을 배치할 수는 없다. 로봇 배치가 필요하다고 가정하는 경우는 로봇이 인간 생명을 구하는 데 있어서 우월적인 효율성 또는 효과성을 보일 때이다.

나아가 로봇들은 군인들로 하여금 과도하게 반응하게 하거나 고의로 교전 규칙들을 넘어서서 잔인한 행위, 즉, 전쟁 범죄를 행하게 만드는 정서들, 아드레날린 그리고 스트레스에 어떤 영향도 받지 않는다. 우리는 더 이상 전투에서 전사한 동료들에 대한 복수를 하기 위해 적군들 또는 외국 시민들을 야만스럽게 다루는–중요한 정치적 희생을 수반하는 불법 행위들을 범하는—우리 군인들에 관한 (많은) 보고서들을 읽지 않게 될 것이다. 실제로 로봇은 전장에서 객관적이고, 눈 깜짝이지도 않는 관찰자로서 행동할 수 있는데, 최초 명령에 대한 어떤 비윤리적인 행동도 보고한다. 무엇보다 단순한 이들의 출현 자체가 모든 인간의 잔인한 행위들을 막을 것이다.

하지만 기술은 이익과 위험, 비판과 옹호의 양날을 가진 칼이다. 어떤 조사를 통해서든 이러한 양날의 모습에 대해 예외를 갖는 진보적인, 자율적인 군사용 로봇들은 없다. 여기에서는 다음의 우려들이 제기된다. 의도되지 않은 또는 불법적인 가해의 경우들에 대한 책임은 어디에 있는가? 이 책임 소재는 제조자로부터 명령권자, 심지어 기계 자체, 중대한 결함과 로봇 오작동의 가능성, 우리의 통제를 벗어나 대항하는 군사용 로봇들의 생포와 조작, 군인의 생명을 위태로움에서 더 많이 보호하기 위해 전투와 전쟁 개시 기준을 낮추는 것, 만약 로봇이 소대원의 모든 행동을 기록하고 보고할 때 소대 단결력에 미치는 영향, 합법적인 명령을 거부하는 것, 그리고 다른 가능한 가해에 이르기까지 걸쳐 있다.

이번 연구에서 우리는 자율적 군사용 로봇공학에서 '로봇윤리 (robot ethics)'의 원동력과 그 필요를 중심으로 여러 관심사를 평가할 것이다. 비록 우리가 미국 국방부에서 나오는 여러 보고서를 채택하면서 미국의 전망에서 말하겠지만, 우리의 논의는 여러 국가가 개발하고 있는 군사용 로봇공학의 발전에도 적용될 수 있다.

# 일러두기

첫째, 이번 연구에서 우리는 완벽한 윤리적 로봇, 즉 모든 경우에서 또는 거의 대부분 경우에서 '옳은' 결정을 내릴 수 있는 로봇을 만드는 것이 기술적으로 가능한지에 관한 문제에는 관심을 두지 않는다. 우리는 아킨(Arkin)의 입장에 따라 우리의 목적을 (만약 가능하다고 하더라도) 윤리적으로 항상 올바른 기계에 두어서는 안 된다. 오히려 우리의 목적은 보다 더 실제적이고 즉각적이어야 한다. 특히 우리의 목적은 인간들이 전투에서 임무를 수행하는 것보다 훨씬 더 불법적 행위 또는 전쟁 범죄를 감소시키는 기계를 설계하는 것이다(Arkin, 2007). 불법 행위의 발생 건수들을 고려해 보자. 여기서 말하는 '불법'은 제네바와 헤이그 협정(the Geneva and Hague Conventions)에서 마련된 것과 같은 다양한 전쟁법(LOW: 또한 Laws of Armed Conflict 또는 LOAC로 언급되기도 한다) 또는 교전 규칙(Rules Of Engagement, ROE)의 위반을 의미한다. 이러한 불법 행위의 발생 건수는 낮은 수준이다. 비록 만족할 수 있는 수치이지만, 이 행위들은 근본적으로 제거되어야 할 중대한 장애물이다. 이를 제거하기 위해 과학자들과 공학자들은 최소한 예측할 수 있는 미래에서 무엇보다 진실로 '윤리적인' 로봇을 만들어야 한다는 매우 힘든 과제를 해결할 필요는 없다. 오히려 그들은 (비록 로봇이 처음 등장할 때처럼 수월하고 간단하지 않겠지만) 단지 전쟁법과 교전 규칙에 따라 행동하는 로봇 또는 제한된 상황들에서 윤리적으로 행동하는 로봇을 계획할 필요가 있다.

둘째, 우리는 이번 연구의 목적이 자율적인 군사용 로봇공학 연구를 제약하는 것이 아니라 오히려 책임 있는 연구가 되는 데 도움을 제공하는 것이라는 점을 밝혀야 한다. 기술의 두 가지 국면들, 즉 이익과 위험이 있다는 점은 역사가 보여주는 것처럼 그리 놀라운 일은 아니고 그 자체로 그 기술에 반대하는 논거가 아니다.[2] 그러나 만약 대중이 진보를 이끄는 기술에 반발하게 된다면(그리고 생명공학 음식〔biotech food〕의 경우처럼, 반발했다면), 이러한 위험들을 무시하는 것 또는 적어도 단지 반응의 차원에서만 이 위험들을 알려서 공적 대응을 기다리는 것은 그리 현명한 일은 아닌 것 같다.

이외에도 군사용 로봇공학에 관한 최근의 종합적인 보고서들 가운데 하나인 『무인 시스템 로드맵 2007~2032』(Unmanned System Roadmap 2007~2032)가 '윤리'란 단어를 한 번도 언급하지 않는 점, 그리고 심지어 언급된 이슈들을 논의하지 않은 채, 단지 "일부에서 프라이버시 이슈들을 제기〔해 왔다〕"(US Department of Defense, 2007, p. 48)는 점을 인식하는 문장만을 예외로 하고, 로봇공학의 위험들을 제기하지 않는 점은 놀라운 일이다. 이러한 제외가 공적 관계의 입장에서는 이해될 수도 있겠지만, 최근의 기술 윤리에서의 교훈을 고려한

---

2) 예를 들면, 생명공학(Biotechnology)은 더 큰 규모의 그리고 더 영양분이 풍부한 농산품과 축산품의 생산을 촉진함으로써 세계의 굶주림(world hunger)을 감소시킬 수 있다고 약속한다. 하지만 토착 식물과 작물을 대신하고 있는, 생명공학기술을 통해 야생에 주입된 씨앗들(또는 '유전자 변형 식물들〔Frankenfoods〕')의 확산 가능성에 대한 지속적인 우려는 이 산업에 대해 보다 신중한 접근을 유발했다(Thompson, 2007 참조). 정보, 사회적 네트워크에 우리를 연결시키고, 새로운 삶의 양식들을 가능하게 만드는 데 있어서 가치 있는 인터넷 기술들도 온라인 사기, 프라이버시 침해, 표절, 바이러스, 그리고 다른 문제를 갖고 있는 더 어두운 세계를 보여준다. 하지만 어느 누구도 우리가 사이버 공간을 폐지해야 한다고 제안하지 않는다(Weckert, 2007 참조).

다면, 그것은 근시안적인 것으로 보인다. 그래서 우리의 연구는 이 간격을 표명하고, 정책 입안자들과 대중들이 이 간격을 객관적이고 선제적으로 다루게 하여, 이 간격이 사람들의 관심사가 될 수 있도록 잠재적인 장애물을 제거하고자 한다.

셋째, 이 글이 진보된 그리고 자율적인 군사용 로봇공학과 관련된 이슈들에 초점을 맞추고 있지만, 주요 논의 또한 진보된 그리고 자율적인 군사용 시스템, 예컨대, 컴퓨터 네트워크와 관련된 이슈들에 적용 및 중첩될 수 있다. 나아가 우리는 전투 현장의 애플리케이션들에도 관심을 가질 것이다. 군사용 프로그램들이 이러한 애플리케이션들을 제공하더라도, 이들은 제조업 또는 의학 분야에서 로봇공학과는 상당히 다른 것이다. 여기에는 다음과 같은 이유가 있다. 가장 논쟁적인 이유는 군사용 로봇이 무기를 갖춘 로봇이 될 것이기 때문이다. "무기를 갖춘 무인 시스템은 상당히 논쟁적인 이슈로서, 각 애플리케이션의 신뢰성과 성과가 증명될 때까지 참을성 있는 '준비-실행-도약(crawl-walk-run)'의 접근을 요구할 것이다"(US Department of Defense, 2007, p. 54). 이들의 배치는 의도적이든 비의도적이든 본질적으로 인간의 생사에 관한 것이고, 그래서 이들은 즉각적으로 윤리(예를 들면, 무엇보다 공정한 전쟁 이론[just-war theory] 또는 LOW/ROE는 자율적인 전투 시스템의 배치를 허용하는가?) 뿐만 아니라 다른 로봇공학 애플리케이션보다 더 많은 관심을 필요로 하는 위험(예를 들면, 오작동과 긴급한, 예기치 못한 행위)과 관련된 중대한 관심사가 된다.

마지막으로 상대적으로 적은 수의 군사 인원이 전장에 노출된다고 하더라도, 교전에서 생명과 재산의 손실은, 특히 '부수적인' 또는 의도되지 않은 피해를 입는다면, 그리고 심지어 그것이 우리 군인들에 의해 남용된 불법적 행위의 결과라고 한다면, 결코 하찮은 정치적, 환경적 그리고 경제적 희생이 아니다. 한 국가가 전쟁 또는 교전을 수행하는 방식은 미디어와 대중으로부터 특별한 조사를 받는다. 그리고 이들의 의견들이 전장에서의 사건들과는 균형을 잡지 못한 채로 도출되더라도, 군사 외부 분야보다는 오히려 군사 및 외교 정책에 영향을 미친다. 그러므로 자율적인 전투 또는 무장 로봇들이 먼 미래의 이야기일 수 있고, 전체 군사용 로봇공학의 집단 가운데 오직 한 부분만을 고려할 수 있다고 하더라도, 이 로봇들과 관련된 이슈들을 분류하는 것은 먼 미래보다는 곧 부딪힐 실제적 가치를 가진다.

## 1. 시장의 힘과 고려

일부 산업 경향들과 최근의 전개들—아마도 보다 진보된 시스템들을 가진 선구적인 도전들로서 준자율적 시스템(semi-autonomous systems)에 관한 뛰어난 실패들도 포함한다.—은 이 분야와 관련된 다른 윤리적 그리고 사회적 이슈들에 관한 보다 넓은 연구뿐만 아니라 기술 위험 평가에 대한 필요도 강조한다. 여기서 우리는 윤리적 지침들에 대한 필요뿐만 아니라 군사용 로봇의 전개를 주도하고 있는 근본적인 일곱 가지 시장의 힘들도 간략하게나마 논의할 것이다.

대체로 이러한 대략적인 도식을 '밀기(기술)'와 '당기기(사회적 그리고 문화적)' 요인들로 명명하고 있다(US Department of Defense, 2007, p. 44).

## 1. 1. 강력한 군사적 유용성

우리가 앞서 일부 언급했던 것처럼, 전 세계의 방어 기구들은 일정한 이익들 때문에 로봇의 사용에 매료되고 있다. 우선적으로 로봇의 사용은 일정 수준의 "힘들고, 더러우며, 위험한" 임무들에서 인간을 벗어나게 할 수 있다(US Department of Defense, 2007, p. 19). 여기에는 각종 임무가 포함되는데, 첫째, 극단적인 제약을 받는 정찰 임무의 확대가 있다. 둘째, 핵무기 또는 생화학 공격 이후 환경 표본 추출 임무인데, 이는 과거에 조사팀에게 죽음과 장기간 악영향을 미친 임무였다. 셋째, 급조폭파물(IEDs)을 무력화하는 것으로써 2003년 이후 이라크에서 미군 사상자 가운데 40% 이상(Iraq Coalition Casualty Count, 2008)이 이 임무에서 비롯되었다. 공식적인 통계를 알기 어렵지만, 뉴스 매체는 미국이 이라크와 아프가니스탄에 5,000대 이상의 로봇들을 배치했고, 2007년까지 10,000개의 급조폭파물을 제거했다고 보도한다(CBS, 2007).

앞서 언급했던 것처럼, 군사용 로봇은 인간보다 더 식별력이 높고 더 능률적이며 더 효과적일 수 있다. 이 로봇의 임무에 대한 냉정하고 공정한 접근이 전시에서 발생하는 비윤리적 행위의 사례들—교전에 임하게 되는 최초의 이유가 아무리 공정하더라도, 교전 수행에 부정적 영향을 미치고, 상당한 정치적 희생을 수반하는 남용들-을 뚜렷하게 감소시킬 수 있을 것이다.


## 1. 2. 미국 의회의 데드라인

전장에서 로봇을 사용함으로써 거대한 이익들을 얻고, 미국 정부가 이를 실현하고 있다는 점은 분명하다. 두 가지 의회의 핵심 명령들이 미국의 군사용 로봇공학의 사용을 이끌고 있다. 즉 2010년까지 모든 작전 가능한 정밀 타격 항공기의 3분 1은 무인이고, 2015년까지 모든 육지 전투용 운송수단들의 3분 1은 무인이어야 한다(National Defense Authorization Act, 2000). 로봇공학의 활용과 전개에서 모든 경우는 아니지만, 대부분은 준자율적(semi-autonomous)이다. 그리고 완전히 자율적인 로봇들을 (책임 있게) 만드는 기술 실현이 가깝지만, 그리고 아직 상당한 시기가 필요하다고 하지만, 우리는 실용적인 '준비-실행-도약' 접근을 채택할 것이다. 이 접근은 본래부터 심각한 위험들을 제공하는 무기 시스템에 대한 미국 국방부의 접근과 동일하다.

그럼에도 불구하고, 이 데드라인은 자율적인 운송수단들을 포함한 로봇공학의 전개와 배치의 증가에 대한 압력이 적용된 것이다. 그리고 여전히 '시장으로의 쇄도(rush to market)'는 불충분한 기획 또는 프로그램에 대한 위험을 증가시킨다. 더욱더 문제인 것은 자율적인 시스템에서 윤리적 통제들을 확립하려는 노력 또는 윤리와 위험에 관한 관련된 분야들을 토론하려는 지속적이고 중요한 노력 없이는, 이 시스템과 로봇에 관한 초기 세대들이 인간 삶을 희생시킬 수도 있는 실수들을 범하면서도 적절하게 나아갈 것이라는 희망이 거의 없다는 점이다.

## 1. 3. 지속적인 비윤리적 전투 행위

미군 의무감실(US Army Surgeon General's Office)은 군인들에 의해 자행된 의도적인 비윤리적 행위에 관한 대중의 뉴스와 이미지를 넘어서, 이라크에서 미군의 전투 윤리의 이슈를 조사하였고, 우려의 결과들을 발견하였다. 이에 관한 통계들을 요약하면 다음과 같다. "절반 이하의 육군과 해군은 비전투원들이 존경심과 존엄성으로 대우받아야 한다고 확신했고, 3분의 1 이상이 고문은 동료 팀 구성원의 생명을 구하기 위해 허용되어야 한다고 믿었다. 육군과 해군의 약 10%가 고문이 필요하지 않았을 때에도, 이라크의 비전투원들을 학대했다. (중략) 절반 이하의 육군과 해군은 팀 구성원이 비윤리적 행위를 범한다고 보고하였다. (중략) 비록 윤리 훈련을 했다고 하더라도, 이라크에서 육군과 해군의 거의 3분 1이 어떻게 대응해야 하는지를 몰랐던 윤리적 상황들에 직면했다."(US Army Surgeon General Office, 2006) 미국 의무감실의 가장 최근의 조사에서도 이와 비슷한 결과들을 보였다(US Army Surgeon General Office, 2008).

인간의 역사가 시작된 이후, 전쟁에서 잔인한 행위가 발생해 왔고, 그래서 우리는 이러한 행위들이 사라질 수 있다(그리고 무장 전투가 최소한 가까운 미래에 사라질 수 있다)는 환상에 젖어 있지 않다. 그러나 군사용 로봇이 전장에서 비윤리적 행위를 상당히 감소시킬 수 있다─인간적 그리고 정치적 희생들을 상당히 감소시킨다─는 점은 윤리적으로 행동할 수 있는 로봇의 능력을 연구해야 하며 동시에 이들의 발전을 추구해야 하는 강력한 이유이다.

## 1. 4. 군사용 로봇공학의 실패

군사용 로봇공학은 이론적인 문제들을 넘어서, 이미 전장에서 실패했다. 이러한 실패는 공적 담론에서 숙고, 불완전한 정보, 그리고 속임수를 먼저 다루기보다는 로봇 배치의 관심(그리고 아마도 더 진보된, 복합적인 시스템들에 관한 관심)이 먼저 표명되어야 한다는 점을 환기시켰다.

2008년 4월, 이라크에서 일부 탤론 스워드(Talon Sword)─기관총으로 무장한 자동 로봇─부대가 로봇 무기 사용이 금지되었는데 그 이유는 완전히 공개되지 않았다. 일부 공개된 초기 보고서에 따르면 이 로봇이 어떤 명령을 받지 않았는데도 '우호적인' 군인들로 총구를 향했다고 한다(예를 들면, Page, 2008). 그런데 이후 보고서는 이런 내용 확인을 거부하면서 개발과 우선적 배치를 위한 시험 기간에 일부 오작동이 있었음을 인정했다(예를 들면, Sofge, 2008). 이 오작동 사건은 아직 알려지지 않은 이야기이지만 전투 현장에서 로봇공학의 사용에 대한 공적 불안-그리고 군사적 민감성-을 강화시킨다(다음의 '공적 인식' 참조).

나아가 이 로봇들이 실패할 수 있다는 점을 제시하는 것은 비현실적인 일이 아니다. 왜냐하면, 이런 실패가 다른 곳에서도 발생했기 때문이다. 남아프리카 육군은 2007년 10월, 준자율적 로봇포(semi-autonomous robotic cannon)를 배치했을 때, 이 로봇포는 오작동을 일으켰다. 이에 따라 9명의 '우호적인' 군인들이 사망하고, 14명의 부상자가 발생했다(예를 들면, Shachtman, 2007). 스리랑카 공군과 미국 국경수비대 간의 의사소통의 실패와 잘못으로 무인 정찰기의 충돌이 발생했다(예를 들면, BBC, 2005; National Transportation Safety Board, 2007). 일반적으로 컴퓨터 관련 기술은 복합성으로 인해 그리고 심지어 많은 세대가 한 상품 주기를 다 소진한 후에도 특히 오작동과 '오류(bugs)'에 대한 의심을 받는다. 그래서 로봇공학에도 이와 유사한 문제들을 예상하는 것이 합당하다.

## 1. 5. 관련 민간 시스템의 실패

자율적 로봇과 같은 기술발달 과정에서 볼 때, 민간 컴퓨터 시스템은 실패했고, 이들의 실패가 군사 분야의 적용에서도 수반될 수 있다는 우려를 낳았다. 예를 들어 민간 시스템은 다음과 같이 대량의 정전 사태 주범으로 커다란 비난을 받았다. 2008년 초, 미국 플로리다 주에서는 전체 지역의 대량 정전 사태가 발생했다. 이는 어떤 전기변전소의 스위치 고장에서 비롯된 작은 불꽃이 전력 공급 컴퓨터 시스템의 작동을 자동적으로 멈추게 하여 전력 공급선이 변경되면서 발생했다(예를 들면, Padgett, 2008). 그리고 2003년 여름, 떨어진 나뭇가지 하나가 컴퓨터들의 연쇄적인 정전 쓰나미를 일으켰다. 이 정전은 수 주일 동안 미국 동부와 캐나다에 거주하는 천만 명의 소비자들에게 영향을 미쳤고, 당시에는 이처럼 재앙스러운 연쇄 반응을 멈추기 위해서 단지 그 나뭇가지가 실제 문제라는 점을 단언하려는 인간 개입의 시간적 여유가 없었다(예를 들면, US Department of Energy, 2004). 그러므로 엄청난 속도를 가진 무인 항공기처럼, 우리가 이해할 수 없을 정도로 상당한 속도로 정보를 처리하고 조치를 할 수 있는 자율적 군사용 시스템들이 야기하는 일련의 (잠재적으로-치명적인) 연쇄 사건들을 또한 멈출 수 없을 것이라는 우려가 있다.

나아가 민간에서 로봇공학은 점차 널리 확대되고 있다. 외면상으로 아무런 해가 없는 것으로 보이는 엔터테인먼트 로봇들은 별문제가 되지 않고(애틀랜타, 런던, 파리, 코펜하겐과 같은), 일부 주요 도시들에서는 이미 무인 운송 시스템을 자랑스럽게 여기고 있지만, 다시 잠재적인 우려들과 윤리적 딜레마들이 발생하고 있다(예를 들면, 철학에서 유명한 생각-실험을 생명에 적용하기, 즉 빠르게 이동하는 기차가 오직 무고한 한 사람만을 죽이기 위해 선로를 변경해야 하는지 아니면 선로를 변경하지 않고 그대로 나아가 그 선로에 있는 다섯 명의 사람들을 죽여야 하는가?). 그래서 민간의 로봇공학과 자동화된 의사결정으로부터 변경될 수 있는 군사용 로봇공학에 대한 교훈들이 있을 수 있고 그 반대의 변경에서도 마찬가지이다. 또한, 로봇들이 공적 시장에서 널리 확대된다면-로봇들은 이미 제조업과 기타 산업 분야들에서 널리 사용되고 있다-, 군사 용도로 사용될 때 반드시 발생할 수 있는 혁신들, 우려들과 관련된 위험과 윤리적 이슈들에 관한 공적 인식의 범위가 더욱더 확대될 것이다.

## 1.6. 복합성과 예측 불가능성

아마도 로봇윤리(robot ethics)는 우리가 로봇들이 해야 하는 것을 프로그램으로 만들었던 것만을 로봇이 수행할 것이라는 일반적인 오해를 고려해 보면, 로봇윤리 분야에 필요한 만큼의 주목을 충분히 받지 못했다. 불행하게도 그와 같은 확신은 상당히 낡은 것으로, 컴퓨터들이 더 단순했고, 오직 한 사람만이 그 프로그램들을 이해하고 활용할 수 있었던 시기에서나 볼 수 있었다. 오늘날 수백 개의 코드 라인들을 가진 프로그램들이 프로그래머들로 구성된 팀들에 의해 기록되고 있다. 이들 중 누구도 전체 프로그램을 모른다. 그래서 어떤 사람도 절대적인 확실성을 가지고 제공된 명령의 영향을 예측할 수 없다. 왜냐하면, 거대한 프로그램들의 부분들이 예기치 못한, 검증되지 않은 방식들에서 상호작용할 수 있기 때문이다(그리고 아시모프의 로봇 3원칙〔1950〕과 같은 직접적이고 단순한 규칙들도 예기치 못한 딜레마들을 만들 수 있기 때문이다). 나아가 증가하는 복합성은 새로운 행위자들, 즉, 프로그램화되지는 않았지만 완전한 복합성에서 등장하는 행위자들로 이끌 수도 있기 때문이다(예를 들면, Kurzweil, 1999).

또한, 이와 관련된 주요 연구들은 로봇이 학습할 것을 우리가 합리적인 확실성으로 예측하는지에 관한 문제를 제기하면서 로봇이 경험으로부터 학습할 수 있다는 점에 매진하고 있다. 그 문제에 대한 대답은 부정적인 것 같다. 왜냐하면, 만약 우리가 그것을 예측할 수 있다면, 우리는 학습이 필요한 로봇보다는 우선 로봇을 단순하게 프로그램화할 것이기 때문이다. 설계자의 입장에서 볼 때, 모든 예측 불허의 상황들을 예측하는 것이 비실제적이고 불가능하다면, 학습은 로봇으로 하여금 새로운 상황들에 대응하게 할 수 있다. 그래서 복합적인 로봇들의 행위에서 예측 불가능성은 우려의 주요 원천이다. 특히 로봇이 어떤 시설의 세밀한 시스템보다 오히려 시스템과는 동떨어진 환경들에서 운용이 될 때, 우려는 더 심각해진다.


## 1.7. 공적 인식

아시모프(Asimov, Isaac)의 공상 과학 소설에서부터 (최근에 개봉된 상징적인 일부 영화들을 들자면) 「월-E(Wall-E)」, 「아이언 맨(Iron Man)」, 「트랜스포머(Transformers)」, 「블레이드 러너(Blade Runner)」, 「스타워즈(Star Wars)」, 「터미네이터(Terminator)」, 「로보캅(Robocop)」, 「2001 스페이스 오디세이(2001: A Space Odyssey)」, 「아이 로봇(I, Robot)」과 같은 할리우드 영화들에 이르기까지, 로봇은 최근 십여 년 간 전지구의 상상을 사로잡았다. 그러나 이 작품들에 종사하는 거의 모든 사람이 볼 때, 사회에서 로봇의 사용은 윤리와 심지어 인류의 생존과도 긴장 상태에 있다. 공적인 사람들은 과학과 기술에서 전례가 없는 수준에서 로봇들에 의해 부과되는 위험들-로봇에 대한 관심들이 실제로 정당화되거나 그럴듯한 것인지 또는 아닌지-에 이미 민감하다. 현재 로봇공학에서 기술적 진보는 문학 및 연극의 내용까지도 따라 잡고 있고, 그래서 장기간 공적 의식에 뿌리내렸던 우려의 씨앗들이 성장하면서 그러한 윤리적 이슈들의 측면에서, 예컨대, 인간-로봇 관계를 합리적으로 예상하는 저서, 『로봇과의 사랑과 섹스(Love and Sex with Robots)』"(Levy, 2007)처럼, 로봇공학에 관한 정밀한 조사를 하게 될 것이다.

## 2. 이슈들

이상의 내용을 통해, 자율적인 군사용 로봇공학과 관련해서 무수히 많은 위험과 윤리 이슈들이 있다는 점을 분명하게 볼 수 있다. 여기서 우리는 이 문제들을 다음과 같이 주제별로 느슨한 하위 범주에서 다루기로 한다. 법적 문제, 공정한 전쟁의 문제, 기술적 문제, 로봇-인간의 문제, 사회적 문제, 그 외 다른 문제 및 미래 문제이다. 이는 기술 분야가 전개되고, 현장 사용이 확대되어 이슈들이 확실하게 다루어질 수 있는 포괄적인 항목을 의미하는 것이 아니다.[3] 마찬가지

---

3) 예기치 못한 정책 변화의 사례로는 다음과 같다. 2차 세계대전 기간에 독일군은 침몰된 적의 함선의 선원들을 구하기 위해 해군 잠수함을 사용하는 것이 실제적이지 못하다

로 이는-특별히 어떤 쉬운 답도 분명하지 않기 때문에-실질적인 담론을 의미하는 것도 아니다. 다만 오히려 이슈들에 관해 하나의 광범위한 탐구일 뿐이고, 각 분야는 보다 세밀한 조사가 필요할 것이다.

## 2. 1. 법적 문제

### (1) 불확실한 책임

우리는 (실수에 의해서든 의도적이든) 자율적인 로봇이 일으키는 부적절한 행동과 부당한 피해들로 인해 비난-그리고 처벌-을 부과하고자 한다. 과연 누구를 비난 또는 처벌할 것인가? 설계자, 로봇 제작자, 공급자, 로봇 관리자 및 감독자, 현장 관리자, 한 국가의 대통령 또는 수상, 또는 로봇 자체인가?(Asaro, 2007; Sparrow, 2007; Sharkey, 2008)

군사용 시스템에서 단지 책임의 사슬, 예를 들어 궁극적으로 명령권자가 책임을 갖는다는 점을 규정하는 것은 가능한 일이다. 그러나 이는 문제를 너무 단순화시킬 수 있다. 가령, 부적절한 테스트로 설계 문제가 드러나지 않게 되면, 이는 올바르지 못한 로봇의 행위를 일으키는 원인이 된다. 이 경우 공급자 또는 제조자가 책임을 져야

---

는 점 -잠수함 내부의 협소한 공간뿐만 아니라 수면에 떠오를 때 레이더망 감지와 공격의 노출- 을 인식했을 때, 독일군은 군사적 필요성에 토대를 둔 1942년의 라코니아 명령(Laconia Order)을 내렸다. 이 명령은 잠수함들이 생존자들을 구하기 위해 지속했던 선박에 대한 도덕적 의무로부터 벗어나게 했다. 뒤이어 다른 국가들도 이러한 변화를 수용하였다(Walzer, 1977. pp. 147~151).

할 것이다. 이 상황은 자율성을 가진 로봇과 관련해서 훨씬 더 복잡하고 흥미롭고 보다 넓은 수준으로 전개된다. 만약 미래 어느 시점에 완전한 도덕적 행위자가 아니라면, 이 상황은 그 로봇을 유사-인간(quasi-persons)으로서 간주하는 것을 타당하게 만들 수 있다. 쿠르츠바일(R. Kurzweil)은 2029년까지 "기계들이 의식적일 수 있고, 주로 이 기계들의 주장들이 채택될 것이다"(R. Kurzweil, 1999)고 예측했다.

### (2) 명령 거부

갈등은 다음의 상황에서 발생할 수 있다. 명령권자가 로봇으로 하여금 반란군의 은신처로 알려진 한 가옥을 공격하도록 명령을 내리지만, 로봇에게는 〈교전 규칙(ROE)을 근거로〉 민간 희생자들을 최소화하도록 프로그램화된 지침서가 부여되어 있다. 로봇은-벽을 통해 "볼 수 있는" 센서를 장착하고 있다-가옥 내부에 많은 아이를 탐지하고, 그래서 가옥 공격에 대한 명령을 거부하는 상황이다. 이 상황은 어떻게 진행되어야 하는가? 즉, 우리는 더 나은 상황의 인식을 가질 수 있는 로봇의 결정에 따라야 하는가 아니면 (명령권자가 누군지 알고 있는 한) 합법적인 명령을 내리는 그 명령권자의 결정에 따라야 하는가? 이 딜레마는 또한 책임의 문제와 다시 관련이 있다. 즉, 만약 로봇이 명령을 거부한다면, 이에 관련해서 발생하는 사건들에 대한 책임은 누구에게 있는가? 합법적인 명령을 따르는 것, 이는 군사 조직이 기능하기 위한 본질적인 원칙이다. 그러나 만약 우리가 로봇이 어떤 명령을 거부하는 것을 허용한다면, 이는 상황이 확대되어 인간 군인들도 (이유야 좋든 나쁘든) 명령 자체를 거부할 수 있다.

### (3) 군인들이 동의하는 위험

우리는 앞서 남아프리카 육군에 배치된 준 자율적 로봇포가 오작동을 일으켜 9명의 '우호적인' 군인들을 죽이고, 14명을 부상자들로 만들었다고 언급하였다. 그러한 사고들이 다시 일어나지 않을 것이라고 기대하는 것은 너무 순진한 생각이다. 예컨대, 군인들이 폭발물 또는 탄저균과 같은 위험한 항목들을 다루거나 이들을 가지고 작업을 할 때, 그들에게 비정상적인 또는 새로운 위험이 존재한다는 정보를 알려주어야 하는가? 만약 군인들이 어떤 작업 명령을 거부할 권리를 일반적으로 갖고 있지 않다면, 위험에 대한 동의는 어떤 식으로든 문제가 되는가?

## 2. 2. 공정한 전쟁의 문제

### (1) 공격 결정

책임에 관한 위의 이슈는 누가 또는 무엇이 로봇으로 하여금 공격하도록 결정을 내리는지를 결정하는 데 중요할 수 있다. 일련의 상황들은 매우 빠르게 전개될 수 있고, 중대한 결정들을 내리기 위해서는 로봇과 시스템에 대한 우리의 신뢰를 바탕으로 한 신속한 정보 처리가 필요하다. 그러나 전쟁에 관한 법률(LOW)과 교전 규칙(ROE)은 모두 실시간으로 사람이 하든 또는 전자식으로 그리고 가상으로든 '목표물에 관한 시선(eyes on target)'이 있어야 한다는 점을 요구한다(이런 점은 지뢰에 관한 포괄적 금지의 또 다른 이유이다. 목표물에 관한 시선이 없다면, 우리는 그 무기에 의해 피해를 받는 사람이 누군지 모르고, 그래서 전투원들을 비전투원들로부터 구별해야 하는 우리의 책임을 이행하지 못한다). 만약 인간 군인들이 각 로봇이 움직일 때 그 행동을 주시해야 한다면, 이는 무엇보다 로봇을 설계한 이유인 로봇의 효과성, 즉 로봇은 인간이 할 수 있는 것보다 더 좋은 정보를 가지고 더 빠르게 행동할 수 있기 때문에, 정확하게 배치될 수 있다는 점을 제약할 수 있다.

하지만-미 해군의 팰렁스(Phalanx CIWS)와 같은-일련의 군사용 로봇들은 이미 그리고 완전히 자율적으로 작동하는 것 같다. 즉이 로봇들은 인간의 목표물에 관한 시선 또는 승인 없이도 공격 결정을 내린다. 이는 우리가 '목표물에 관한 시선' 요건을 얼마나 엄격하게 갖추어야 하는지에 관한 문제를 제기한다. 이 요건을 확대 해석하는 한 가지 그럴듯한 주장은 팰렁스가 예를 들어 칠흑 같은 밤에 다가오는 미사일들처럼, 일촉즉발의 위협들에 대항하는 방어의 마지노선으로서 작동하고, 그래서 이 경우에는 위험보다 이익이 분명히 더크다는 것이다. 또 다른 논거는 아마도 직접적이든 또는 원격 카메라에 의해 잡힌 이미지들을 모니터링 하든, '목표물에 관한 시선'이 인간의 시선일 필요는 없다는 주장일 것이다. 즉 반드시 인간이 직접어떤 목표물을 확인하거나 타격을 공식화할 필요가 없다는 것이다. 공학자들이 프로그램으로 만든 로봇의 목표물-확인 모듈-대체로테스트를 통해 정확성을 갖는 것으로 간주한다-은 분명히 인간 시선의 대리인이다. 적어도 이런 점은 예를 들어 지뢰와는 달리, 목표물들을 구분할 수 있는 합리적인 능력을 시스템에 부여한다. 목표물 확인에 대한 100%의 정확성의 요구는 너무 지나친 부담이다. 왜냐하면, 100%의 정확한 목표물 확인은 인간 군인들도 완벽하게 할 수 있는 것이 아니기 때문이다.

### (2) 보다 낮은 전쟁의 방해물

자율적인 로봇공학과 같이 진보된 무기 기술의 사용은 한 국가가 전쟁을 수행하거나 다른 국가들을 분개시킬 수 있는 공격적인 국외(그리고 국내) 정책들을 채택하는 것을 더 용이하게 하는가? 만약 그렇다면 이는 전쟁 개전에서의 정의(jus ad bellum) - 한 국가가 도덕적으로 전쟁에 돌입할 수 있게 하는 조건들 - 의 위반이 아닌가?(Asaro, 2008; Kahn, 2002) 만약 우리 내부의 위험들을 감소시킨다면, 새로운 전략들, 교의들, 그리고 기술들이 어떤 국가에 대한 군사 갈등을 선택하는 데 있어서 더 쉬운 통로로 이끈다는 점은 사실일 수 있다. 하지만 각 국가가 사상자를 감소시켜야만 한다는 점이 분명하더라도 전쟁에는 상당히 치명적인 희생이 따른다는 점이 우선적으로 전쟁 개전의 방해물로서 인식된다. 이런 점이 바로 정의로운 전쟁 이론(just-war theory), 즉 전쟁은 끔찍한 희생이 따르는 최후 수단이 되어야 한다는 주장의 토대가 된다(Walzer, 1977).

그러나 이에 고려되는 반대 의견 - 진보된 로봇공학이 부도덕하게도 전쟁에 대한 장벽을 더 낮추게 된다 - 은 우리가 군사 갈등을 우리에게 더 유리한 쪽으로 조장하게 하는 어떤 것도 해서는 안 된다고 주장한다. 즉 우리는 우호적인 사상자들을 감소시키거나 전쟁 의료 시설을 증진시키거나 승리를 더 가능하고 빠르게 만드는 조사를 수행하도록 노력해서는 안 된다는 논리적 함축을 숨긴다. 극단적으로 보자면, 이 반대 의견은 우리가 (예컨대, 갑옷 없이 원시적인 무기들을 사용하는 것처럼) 싸움을 가능한 한 야만적인 것으로 만들기 위해 전쟁에 대한 방해물들을 세워야 하고, 그래서 최종 수단이 아니고서는 결코 전쟁에 임하지 않을 것이라는 점을 함축하는 것 같다. 특히 만약 우리가 다른 국가들이 기꺼이 포기 정책을 채택하지 않을 것이라고 기대한다면, 이러한 입장은 기껏해야 반직관적이고 최악의 경우에는 위험할 정도로 어리석게 보인다. 아마도 국가를 진보된 로봇공학 없이 만들어 경쟁에서 매우 불리한 상황에 놓이게 할 것이다.

(3) 전쟁에 관한 법률과 교전 규칙의 부정확함

아시모프의 법칙은 자율적 로봇에 대해서 프로그램화할 수 있는 규칙들처럼 단순한 것으로 보이지만, 그의 이야기들에서 놀랍고 의도되지 않은 함축들이 등장했다(Asimov, 1950 참조). 이와 마찬가지로 우리는 교전에 관한 각각의 규칙을 이해할 수 있고, 이 규칙과 법률이 납득될 것이라고 확신할 수 있다. 그러나 이 규칙과 법률이 진실로 또 다른 규칙이나 법률과 일치하는 것인가? 그리고 충분히 명확한가?—이 가운데 어떤 규칙과 법률이 프로그램화되기 위해 더 필요한 것인가? 전쟁에 관한 법률(LOW)과 교전 규칙(ROE)은 아시모프의 법칙보다 상당히 더 복잡하기에 모순적이거나 모호한 명령들의 여지가 많이 남아 있다. 이는 욕구 되지 않은 그리고 예기치 않은 로봇 행위자에서 비롯될 수 있다.

예를 들어 부수적 피해(collateral damage)를 최소화하라는 교전 규칙은 모호하다. 이것은 만약 민간인의 죽음이 전투원의 죽음-또는 전투원 절반의 죽음-보다 훨씬 더 큰 것으로 예상한다면, 우리는 어떤 지점을 공격해서는 안 된다는 규칙인가? 5명의 민간인이 죽더라도-또는 천만 불에 이르는 불필요한 피해가 발생하더라도-한 명의 (상당히 높은 지위의) 적을 죽여야 하는가? 교전 규칙을 따르기 위해, 로봇은 이 규칙이 정확히 어느 지점에 있는지를 아는 특수한 구성원들을 필요로 할 수 있다. 불행하게도 이는 정확히 정량화되거나 그러한 결단이 용이한 분야가 아니다.

## 2.3. 기술적 문제

### (1) 목표물 식별

일부 전문가들은 특히 반란군이 민간인으로 위장하는 상황에서 전쟁에 관한 법률과 교전 규칙이 요구될 때, 전투원과 비전투원 사이를 구별할 수 있는 기계를 제작하는 것이 매우 어렵다고 주장한다 (Sharkey, 2008; Sparrow, 2007; Canning et al., 2004 참조). 나아가 로봇은 활동하는 전투원들과 부상을 당해 싸울 수 없거나 항복을 한 전투원들을 구별할 필요가 있다. 이 또한 복합적인 기술적 과제인데, 우리는 이러한 식별이 얼마나 정확해야 하는지를 분명히 해야 한다. 즉 목표물 식별은 인간 군인들에게도 어렵고 실수하기 쉬운 임무이기 때문에, 우리는 적어도 가까운 시일 안에 우리가 성취하지 못했던 것보다 더 높은 기준을 가진 기계들을 간직해야만 하는가?

다음을 고려해 보자. 로봇이 테러리스트 은신처로 알려진 건물에 들어감과 동시에 무고한 소녀가 그 로봇의 방향에서 구르고 있는 공을 쫓아 (비의도적으로) 로봇을 향해 달려오고 있다. 이 로봇은 철수 해서 그 어린아이를 공격해서는 안 되는 것을 알고 있는가? 만약 그 로봇이 공격한다면, 물론 그것은 반대 세력과 심지어 우리의 대중 매체 및 공공으로부터 폭력 행위를 일으킬 것이다. 그러나 이 시나리오는 대상 목표물을 잘못 확인할 수 있는, 매우 긴장하고 흥분한 인간 군인에게도 마찬가지일 것 같다. 이런 상황에서 로봇은 그 어린아이를 공격하지는 않을 것 같다. 왜냐하면, 그 로봇은 인간 군인들을 괴롭히는 정서들과 두려움의 영향으로부터 과민반응을 일으키지 않기 때문이다. 그러나 예를 들어 로봇의 임무 수행이 인간 군인의 임무 수행과 같은 수준이라면, 목표물을 식별할 수 있는 기술적 능력이 진보하는 동안에도 인간의 임무 수행만으로도 충분하다. 하지만 비록 우리가 그러한 식별 기술이 존재하기 이전에 이처럼 상당히 높은 기준을 가진 로봇들을 간직해야 하는 이유가 불분명하더라도(만약 일련의 비평가들의 입장이 우리가 로봇들을 완벽하게 할 때까지 로봇들을 결코 사용해서는 안 된다는 것이 아니라면-이 또한 논쟁거리이지만-), 일련의 비평가들은 여전히 완벽한 식별 또는 최소한 인간들이 할 수 있는 것보다 훨씬 나은 식별을 주장한다.

## (2) 1세대의 문제

우리는 앞서 군사용 로봇들과 관련한 또 다른 사고가 다시 발생하지 않을 것이라고 확신하는 것은 너무 순진하다고 보았다. 다른 기술들에서도 마찬가지이지만, 실수 또는 오류는 반드시 존재하고, 다음 세대의 기술에서 올바르게 수정될 수 있다. 예를 들어 인터넷 기술을 가진 1세대의 실수는 너무 신중하지 못해서 소프트웨어 패치 또는 업데이트에 갇혀 있었다는 점이다. 그러나 군사용 로봇공학에서 그 실수는 매우 심각하다. 인간 생명이 프로그램 또는 다른 실수의 결과로 사라질 수 있기 때문이다. 그래서 신중하고 또는 도덕적으로 옳은 행위 과정을 위해서는 로봇 배치 이전에 로봇에 대한 테스트를 엄격히 해야 한다.

하지만 오늘날 로봇에 대한 테스트가 이미 시행되고 있지만, 어떤 시험 대상 로봇이 실수하지 않을 것임을 보증하는 것이 불가능하기 때문에, 여전히 이 테스트는 어렵다. 그 이유는 다음과 같다. (a) 테스트 환경들은 우리가 모든 가능한 우발적 사건들을 기대할 수 없는 복합적이고, 구조화되지 않은, 그리고 역동적인 전투 상황들과 실질적으로 다를 수 있기 때문이다. (b) 로봇의 보드 컴퓨터(로봇의 '뇌')에 사용되는 컴퓨터 프로그램은 수백만 개의 코드 라인들로 구성되어 있기 때문이다.

어떤 프로그램에 대한 베타 테스트(beta-testing, 공식적인 상품 판매에 앞서 로봇공학, 실무 적용과 관련한 테스트)가 오늘날 시행되고 있지만, 소프트웨어에서 새로운 실수들이 공식적인 상품 판매 후에도 실사용자들에 의해 일상적으로 발견되고 있다. 테스트에서 모든 가능한 사용을 해본다고 해서 복합적인 소프트웨어를 정상적으로 운영할 수 있다는 것은 가능한 일이 아니다. 실제 사용 기간에 놀라운 일들이 발생할 수 있다. 이와 마찬가지로, 로봇에 관한 테스트가 모든 결점을 잡을 것이라고 기대하는 것은 합리적이지 않다. 로봇은 실제 현장 사용 기간에 예기치 못한 그리고 의도되지 않은 방식들로 행동할 수 있다. 다시 말해, 로봇을 배치하려는 기준점은 매우 높아야 한다. 어떤 실수도 치명적일 수 있기 때문이다. 이런 점이 1세대 문제뿐만 아니라 지속적인 안전과 의존 가능성을 특별히 민감한 이슈로 만든다 (Van der Loos, 2007 참조).

### (3) 날뛰는 로봇

일부 사람들은 공상 과학 소설과 영화가 묘사하는 것처럼, 로봇이 스스로 학습하기, 또는 어떤 제약들 없이도 다른 로봇들을 만들기 (자기 개정과 자기 수정) 또는 오작동 또는 프로그램 오류 또는 의도적인 해킹과 같은 방식들을 통해 인간이 주입한 프로그램에서 벗어날 가능성을 상상한다(Joy, 2000 참조). 이런 시나리오들에서 로봇을 전력 승수(force multipliers)로써 사용하는 입장에서 본다면, 로봇은 튼튼하고 공격 능력들을 갖춘 채로 제작되기 때문에, 로봇을 패배시키는 것은 극단적으로 어렵게 설정이 되어 있다. 이 가운데 일부 시나리오들은 다른 시나리오들보다 더 그럴듯하다. 즉 우리는 다른 로봇들을 완전하게 제조할 수 있거나 자신들의 지성을 급격히 진화시켜 장기간 프로그램화된 어떤 도덕성에서도 벗어날 수 있는 로봇들의 능력을 볼 수 없다. 그러나 특히 로봇들이 강력한 자기 방어의 능력을 갖추고 있지 않다면, 해킹과 같은 다른 시나리오들은 가까운 시기에 가능한 것으로 보인다.

로봇이 날뛸 수도 있다는 점은 적들이 우리가 만든 것들을 사용해서 우리에게 대항할 수 있다는 우려도 포함된다. 그러나 이 또한 이전의 무기 시스템들이 그 약점, 즉 시스템의 '급소'인 인간 운용자를 여전히 필요로 한다는 점에서 새로운 요인을 소개하는 것이다. 자율적 로봇은 인간의 통제 없이도 운용되도록 설계될 것이다. 어떤 로봇이 사로잡혀서 역으로 모방 설계되거나 다시 프로그램화되어 우리를 공격하는 일을 막기 위해서 우리는 어떤 예방 조치를 취할 수 있는가? 만약 우리가 자동적으로 로봇을 멈출 수 있는 '킬 스위치(kill switch)'를 설계한다면, 이는 적에게 악용당할 수 있는 치명적인 약점을 선물하는 것일 수 있다.


(4) 무단 결정(unauthorized overrides)

이러한 우려는 핵무기에 관련한 우려와 비슷하다. 독자적으로 행동하는 담당자가 충분히 그 치명적인 무기들을 통제할 수 있고, 어떤 승인 없이도 그 통제를 해제할 수 있고, 프로그램을 무시해서 일련의 불법적인 행위를 범할 수 있다. 이는 어떤 새로운 파괴적인 기술에 관한 지속적인 우려로서, 많은 측면에서 문제가 있다. 즉 윤리적이고 유능한 담당자들을 계발하는 것은 인간의 문제이다. 절차적 안전장치를 마련하는 것은 구조적 문제이다. 그리고 시스템상의 안전장치를 마련하는 것은 기술적 문제이다. 그래서 이 우려가 다른 기술들의 발전에 영향을 미치지 않는 범위에서, 진보된 로봇공학의 전개 또는 배치를 막아야 한다는 우려에 관한 특별한 고려는 아직 보이지는 않는다. 그럼에도 불구하고, 설계와 배치의 측면에서 발생할 수 있는 우려는 고려될 필요가 있다.

(5) 경쟁적인 윤리적 틀

만약 우리가 로봇의 행동을 위해 윤리적 틀을 만들려고 한다면, 우리의 모델로 어떤 윤리 이론을 사용해야 하는지는 분명하지 않다(Anderson and Anderson, 2007 참조). 의무론적 윤리, 결과주의, 덕윤리 등을 포함하는 어떤 세련된 이론도 일관적이지 못하고 서로 모순되는 방향들로 나아가는 약점에 노출될 것 같다(아시모프의 단순한 제3규칙 또는 제4 규칙처럼 완전하게 작동할 수 없다면, 특히 그렇다). 그래서 혼합 이론이 필요하다(Wallach and Allen, 2008). 이러한 관심은 여기서 설명했던 1차적으로 기술적 문제와 관련이 있는 것으로 이러한 행위들의 규칙이나 프로그램을 어떤 기계 속에 주입하는 것은 너무나 어렵다.

(6) 통합된 공격(coordinated attacks)

일반적으로 의사 결정을 내릴 때, 특히 군사적 타격과 같은 중대한 결정을 내릴 때, 정보를 더 많이 가진 것이 덜 가진 것보다 더 낫다. 로봇은 다른 로봇들과 시스템들에 쉽게 연결하도록 설계될 수 있다. 그러나 이는 로봇공학자뿐만 아니라 명령권자에게도 문제를 복잡하게 만들 수 있다. 로봇들이 한 팀으로 운용되면서, 이들이 확실하게 협동하면서 행동할 때, 우리는 그 로봇들 내에서 명령의 사슬을 확립할 필요가 있다. 여기서 위험은 어떤 시스템의 복합성이 증가하면 할수록 오류가 발생할 기회들은 점점 더 많아지고, 다시 말하지만, 군사용 로봇에 의한 오류들은 치명적일 수 있다.

## 2. 4. 인간-로봇의 문제

(1) 분대 단결에 관한 효과(effect on squad cohesion)

「밴드 오브 브라더스(Band of brothers)」 시리즈에서처럼, 군인들 사이에는 강한 신뢰와 지원이 필요하다는 점은 이해할만하다. 이런 점은 경찰관, 소방관 사이에서도 마찬가지다. 그러나 때로는 이러한 동지애(sense of camaraderie)는 너무 지나쳐서 한 팀의 구성원이 또 다른 팀의 구성원의 불법적인 또는 부적절한 행동에 공모하거나 그 행동을 은폐하는 데 상당한 도움을 제공하는 데까지 이를 수 있다. 우리는 현재 인간 군인들이 보여주는 것보다 더 윤리적인 행위의 측면에서 군사용 로봇의 이익들을 논의하고 있다. 그러나 로봇은 또한 비디오 카메라와 기타 센서들을 갖추어 전장에서 행동들을 기록하고 보고할 수 있을 것이다. 이는 모든 것이 기록되고 있다는 점을 알고 있기에 서로 각자를 지원하거나 하지 않을 수 있는 동료 군인들 사이에서의 신뢰뿐만 아니라 로봇들과의 신뢰도 떨어뜨림으로써 팀원들 또는 분대원들의 단결에 부정적인 영향을 미칠 수 있다. 물론 군인들과 다른 전문가들은 어떤 식으로든 서로에게 불법적인 '지원'을 제공해서는 안 된다. 그러나 어떤 군인이 동기부여, 명령 또는 다른 관련된 사항에 관해 불명확하거나 제대로 알지 못해서 지나치게 주의하는 상황, 예를 들어 지원이 정당하고 필요한 데도 지원을 제공하지 않는 상황이 있을 수 있다.

### (2) 자기방어

아시모프의 법칙은 로봇의 자기방어 행위가 더 높은 의무들과 갈등하지 않을 때, 예컨대, 인간(또는 인간애)을 해치지 않거나 인간이 내린 명령과 갈등하지 않을 때, 로봇이 스스로 방어하는 것을 허용한다. 그러나 아킨은 군사용 로봇이 자신의 행동들에서 더 보수적일 수 있다고 주장한다. 즉 군사용 로봇은 자기 보존의 자연적 본능을 갖지 않고, 이에 따라 프로그램화되지 않을 수 있기 때문에, 무작정 발포를 하지 않는다는 것이다(Arkin, 2007). 그러나 적어도 경제적으로 보면, 10만 불에서 수백만 불의 비용이 들 수 있는 로봇에게 자체 방어 능력을 부여하지 않는 것이 어떻게 실용적이라 할 수 있는가? 만약 한 사람이, 말하자면, 한 시민이 우리가 낸 비싼 세금을 투자 재원으로 해서 만들어진 어떤 로봇을 파괴하고자 한다면, 그 로봇은 자신을 보호할 수 있는 능력이 있으면 안 되는가?

나아가 자기방어 능력들은 앞서 논의했던 것처럼, 로봇이 사로잡히고 해킹을 당하는 것을 방지하기 위해서도 중요할 수 있다. 로봇은, 예컨대, 탱크와 비행기와는 달리, 쉽게 덫에 걸리더라도 완전히 본래 상태로 되돌아올 수 있다. 만약 로봇을 사로잡기 위한 전체 피해를 보지 않는다면, 로봇은 대체로 상당기간 존속한다. 이러한 고려들은 로봇들을 전쟁에 관한 윤리적 고발을 위해 사용하는 것과 대립한다. 왜냐하면, 무작정 발포를 하지 않는 것을 선호하는 것은, 예를 들어 실수로 비전투원들에게 발포하는 것처럼, 사고에 의한 사망률에 대항하는 주요한 안전장치이기 때문이다. 그러므로 다음의 목적들, 즉 로봇을 더 윤리적으로 만들고, 피해와 사로잡힘으로부터 로봇을 보호하는 것에서 상쇄 또는 타협이 필요할 수 있다.

(3) 마음과 정신을 얻기(winning hearts and minds)

정의로운 전쟁 이론, 특히 전쟁 이후의 전쟁(jus post bellum)은 우리로 하여금 교전 이후 평화에 대한 가능성을 열어두는 방식에서 전쟁을 수행하도록 요구한다(Orend, 2002). 즉, 역사적으로 알려진 것처럼, 우리는 적군을 잔인하게 다루어서는 안 된다. 그 행위로 교전이 끝난 후에도 나쁜 느낌들이 계속 남아 있을 수 있고, 평화로운 화해를 이루는 것을 가장 어렵게 만들기 때문이다. 로봇은 반드시 전쟁 수행의 부도덕적인 또는 전반적으로 잔인한 방식을 나타낼 필요가 없지만, 통행금지를 집행하기 위해 위험 거리를 순찰하고 또는 점령 군을 신뢰하고 선의의 관계를 확립하기 어려운 지역 및 사람들을 보호하는 것과 같은 도시 운용을 위해서는 필요하다(Sharkey, 2008). 마음과 정신을 얻는 것은 외교와 인간관계에서 요구되는 것으로 현재 기계들은 이를 수행할 수 없다.

### (4) '위안' 로봇

윤리학자들은 이미 애인 또는 대리관계의 파트너(surrogate relationship partners)로서 로봇의 충격에 관해 언급하고 있다(Levy, 2007). 이는 일련의 사람들이 이미 현실에서 증가하는 섹스 인형들과 관계를 맺고 있고 로봇공학이 성 관련 산업에서 다음 단계의 기대 분야로 보인다는 점을 고려해 보면, 그렇게 생각조차 할 수 없는 지적은 아닌 것 같다. 실제로 오늘날 사람들은 신체적으로 접촉하는 파트너 없이도, 온라인에서 성적 활동에 종사하고 있다.

이전의 전쟁들에서 여성은 군인에게 '위안(comfort)'을 제공하기 위해 군사적 목적으로 다루어졌다. 즉 강제적으로 성적인 노예 또는 매춘부로 전락했다. 제2차 세계대전 동안 악명 높은 일본군은 많은 여성을 군인들의 억압된 육체적 욕구들을 만족시키기 위해, 표면상으로 계급별로 가능한 반란과 불만족을 막기 위해 활용하였다. 나치 독일 또한 여성들을 노동 또는 강제 수용소에서 '기쁨조'로 활용했다는 기록이 있다. 그리고 강간의 사례들이 – 오늘날에도 계속해서 – 아프리카에서 아메리카와 아시아에 이르는 군사 갈등 지역에서 보고되고 있다.

그러면 로봇은 보다 더 인간적인 방식에서, 즉, 전쟁 포로와 여성의 착취 없이 군대에게 '위안'을 제공하는 동일한 기능을 수행할 수도 있다. 하지만 이러한 기능이 (오늘날 많은 군대는 군대 매춘부를 사용하지 않고 있지만 타당한 운용으로 보이는 선에서) 정말 필요한지 또는 군대에서 섹스와 비인간의 사물과의 섹스 모두가 가장 금기시된 주제인데, 이에 대한 기존의 공적 금지 또는 태도를 극복할 수 있는지는 분명하지 않다.

## 2. 5. 사회적 문제

### (1) 비대칭 전쟁에서 역전술(counter-tactics in Asymmetric War)

앞서 전쟁의 방해물들을 낮추거나 전쟁의 위험을 더 자유롭게 만드는 것에 관한 이슈에서 논의했던 것처럼, 로봇은 군사 조치들을 더 효과적이고 효율적으로 만드는 데 도움이 될 수 있다. 이는 정확히 그러한 기계를 배치하자는 입장이다. 아마도 로봇이 점점 더 자율적일수록, 더욱더 치명적일 수 있다(예를 들어 목표물들을 식별하기 위한 요구사항들을 고려해 보면 그렇다). 이런 점은 우리에게 더 빠르게 더 결정적인 승리로 번역되지만, 다른 점에서 본다면, 더 신속한 그리고 아마도 더 탈도덕적인 패배를 의미한다. 점차 우리에게 유리한 비대칭 전쟁의 결과가 상대편으로 하여금 오늘날 '테러리스트'의 행위 수준을 넘어, 비협약적 전략과 전술마저도 수행하게 하는 원인이 된다고 예상하는 것은 합리적일 수 있다(Kahn, 2002 참조). 우리의 군대와 진보된 군사 기술과 무기만을 놓고 본다면, 우리가 사용하는 동일한 방식들을 사용함으로써 군사 우위의 상태로 성공적인 전쟁 수행을 기대할 수 있는 국가는 거의 없다.

이는 전쟁과 교전이 진행되는 방식과 관련되기도 하지만 동시에 우리의 군대와 시민을 우리 사회를 근본적으로 변화시킬 수 있는 새로운 형태의 공격에 노출시키는 것이다. 예를 들어 더 절망적인 적군들은 더 절망적인 조치들, 즉 핵무기 또는 생화학 무기를 획득하려는 노력을 강화하는 것에서부터 우리에게 상당한 타격을 줄 뿐만 아니라 자신의 군대나 국민도 상당한 희생을 치르게 하는 '초토화' 또는 '독약' 전략(이익 없는 승리, a Pyrrhic victory)을 고안하는 것에 이르는 조치들에도 의존할 수 있다.

(2) 확산(proliferation)

위의 이슈와 관련해서 역사는 또한-갑옷과 활에서부터 대륙 간 미사일과 '스마트형' 폭탄에 이르는-군사 기술의 혁신이 발명의 측면에서는 단기적인 이익을 주지만, 시간이 흐르면서 이 기술을 복제하려는 다른 국가들이 이러한 단기적인 이익을 침식시킨다는 점을 우리에게 보여준다. 현대 기술이 이전보다 더 어려워져서 역으로 모방 설계하거나 복제하는 것이 어렵지만, 그럼에도 불구하고 특히 만약 최초 샘플을 갖게 된다면, 무인 항공기 격추를 위한 지상 로봇 고정과 같은 기술들이 복제될 수 있다는 점은 불가피하게 보이거나 적

어도 가능한 것 같다. 그래서 우리는 군사용 자율적 로봇의 발전과
더불어 미래에서는 다른 국가들에서도 이 로봇의 확산을 예상할 수
있다. 이는 이 로봇-우리가 현재 치명적이고, 중립화하기 어려운 기
계들로서 설득하고 있는 로봇-이 결국 우리에게 등을 돌릴 수도 있
다는 점을 의미한다.

　불행하게도 무기의 확산은 파기하기 어려운 극단적인 순환이다.
많은 국가는 자율적인 로봇을 개발하기 위해 노력하고 있고, 이러한
개발에 관한 일방적인 금지는 세계에 대해 그 국가를 비교적 불리하
게 만드는 것을 제외하고는 별다른 효력을 발휘하지 못할 것이다. 그
래서 이런저런 새로운 기술들을 개발하려는 노력이 급증하는 것은
적어도 오늘날의 세계에서 보면, 이해할만하고 거부할 수 없다. 어떤
이기적인 이유가 아니라, 우리가 추구하는 방향에서 한 가지 가능한
방어는 우리가 (다시 당신 각자의 나라에서) 먼저 이를 주도하는 기술들
을 개발하고, 이후에 이 기술들의 확산을 막을 수 있는 지렛대를 가
질 수 있으며, 나아가 우리가 고상한 도덕적 근거가 있기 때문에, 우
리가 먼저 기술들을 개발하는 것이 가장 책임 있는 일이라는 점을 확
신하고자 한다는 점이다.

　물론 여기서 문제는 모든 국가가 스스로를 도덕적이거나 '올바른
일을 행하는 것'으로 간주하기 때문에, 미국을 포함한 기존의 모든
국가에게 도덕적 명령을 객관적으로 부여하는 것이 어렵다는 점이
다. 이 문제를 해결하기 위해서는 전쟁 법률에 대한 국제적 조약이나
수정에서 발생하는 것처럼, 부가적인 법적 그리고 윤리적 이론화가

필요하다.

### (3) 우주개발 경쟁(Space Race)

로봇은 지구에서처럼, 우주 탐사에서도 많은 이익을 가질 수 있다(Jónsson et al., 2007). 또한 확산은, 특히 만약 군사용 로봇공학 기술이 우주 공간에 대해 개발될 때, 상당한 재정적 그리고 환경적 비용들을 요구한다. 첫째, 발사 비용은 여전히 천문학적인데, 어떤 물체를 저지구 궤도에 올리기 위해서는 파운드 무게(pound)당 수천 달러의 비용이 들고, 지구 정지 궤도의 경우에는 (주기적인 교체 비용과 궤도 안에서의 수리비용을 제외하고) 이보다 몇 배의 비용이 든다. 실현되기 힘든 '스타 워즈' 시나리오—무한궤도에 있으면서, 통신 위성들을 위협하는 수많은 우주 파편들을 만든다—외에도, 예를 들어 달과 다른 행성들을 탐사하고 개발하는 것처럼, 심지어 조사 목적으로 로봇을 사용하는 것조차도 궁극적 우위의 보호라는 군사적 이익들을 제공한다면 또 다른 우주개발 경쟁에 불을 붙일 수도 있다. 이는 세계의 국가들이 주로 저항했던 군국화를 위해 우주 공간을 개방하는 것일 뿐만 아니라 다른 곳에서는 보다 더 가치 있는 기여들이 될 수 있는 한정된 자원들을 유용하는 것이다.

### (4) 기술 의존

우리가 기술에 의존하거나 집착하게 될 가능성은 기술의 역사를 통해서 그리고 로봇공학의 측면에서도 나타난다. 오늘날 윤리학자들은 예를 들어 우리가 어려운 수술에 대해 로봇에 더욱 의존하면서 인간이 생명 구하기 기술과 지식을 잃어버리기 시작할 수 있거나 우리가 힘들고 어려운 노동에 대해 로봇에 더욱 의존하게 되면서 우리 경제가 다소 영향을 받게 되고, 우리는 그 노동에 관한 일부 기술들을 잊을 수 있다고 우려한다(Veruggio, 2007). 군사적 측면에서 일부 군인들이 자신들의 생명을 구하기 위해 이미 로봇에 대해 집착하고 있다(Garreau, 2007).

이러한 우려는 기술에 대한 일반적인 반대 의견이지만, 그리 많은 영향력을 발휘할 것으로 보이지는 않는다. 왜냐하면, 지금 다루는 기술의 이익들이 종종 다른 어떤 손실을 능가하기 때문이다. 예를 들면, 수학 계산을 수행하는 우리의 능력은 전자계산기와 컴퓨터 계산 프로그램의 발명으로 다소 고통을 받을 수 있지만, 우리는 그 희생을 대가로 그 기구들을 사용하려고 할 것이다. 우리의 모든 중대한 수술을 수행하는 로봇에 의존하게 되면, 일련의 사건-말하자면, 테러리스트의 공격 또는 거대한 전자기 펄스-이 어떤 지역의 전력 공급을 방해해서 기계들을 불능 상태로 만들고, 누구도 수술을 받지 못 하게 할 수 있다(왜냐하면, 로봇들이 수술을 더 잘하면서, 우리는 수술 절차상 훈련을 받지 못해 수술을 어떻게 해야 하는지 잊어버렸기 때문이다)는 가상의 또는 미래의 시나리오는 확실히 가능하다. 그러나 예를 들어 수학 계산을 수행하는 것처럼, 기술이 향상시키는 능력들이 완전히 사람들에게서 또는 개인들의 삶에 충격을 주는 수준에서도 사라지지 않는다. 그런데도 우리가 뇌 또는 심장 수술과 같은 기술이 주로 사라지게 될 것이라고 예상하는 이유는 분명하지 않다. 이와 마찬가지로 육체노동에 대해 로봇에 의존하게 되더라도 기술 의존은, 말하자면, 땅에 구멍을 파서 나무를 심어 일정한 영향력을 미칠 수 있는 우리의 능력을 지울 수 없을 것이다.

### (5) 시민 안전과 프라이버시

앞서 언급했던 것처럼, 방어 기술은 종종 공공 또는 소비자 기술로 변경된다. 그래서 군사용 로봇의 발전 단계에서 이 로봇이 시민 안전 로봇으로서의 생애를 갖는 것은 당연한 것 같다. 이 로봇은 공공건물을 보호하고, 군중을 통제하며, 범죄자를 쫓을 수 있다. 위에서 논의된 동일한 우려들—기술적 문제들과 책임에 관한 문제들—또한 더 큰 사회적 우려가 될 수 있다. 만약 로봇이 비의도적으로, 사고(차에 치이는 사고)든 또는 실수(식별 오류)든, 어린아이를 죽인다면(이는 로봇이 의도적으로 이렇게 하도록 로봇을 프로그램화하는 인간은 없다는 것을 의미한다), 이 로봇은 다소 발생하기 힘든 갈등이지만, 비의도적으로 비전투원을 죽이는 로봇보다 더 큰 반향을 일으킬 것으로 보인다. 그러므로 이러한 군사적 이슈들이 공적 영역으로 들어올 수 있다는 점을 알려야 한다.

그리고 정부 재산으로써 군인들은 프라이버시 기대치와 권리 행사에 상당한 제약을 받지만, 일반 시민에 대해서 이러한 제약이 발생하면 문제가 심각해진다. 로봇이 사회에서 사용될 때, 그리고 로봇이 네트워크에 쉽게 연결될 때, 불법적인 모니터링과 감시에 관한 우려

-프라이버시 침해-는 다시 표면에 등장할 수 있다. 왜냐하면, 이 로봇은 게놈 배열에 대한 DNA 테스트 기술부터 나노 기술의 통신감시 소프트웨어에 이르는 가장 현대적인 기술을 가지고 있기 때문이다. 이런 점은 사회에 이러한 기술을 배치하기 이전에 일반 시민으로부터 어떤 종류의 합의를 필요로 하는지에 관한 문제를 제기한다.

## 2. 6. 미래의 다른 문제들

(1) 군사적 용도에 따른 윤리적 정당화의 노력(Co-Opting of Ethics Effort by Military for Justification)

위의 범주들에 분명하게 포함되지 않은 한 가지 가능한 문제는 다음과 같은 실제적 우려이다. 방어 조직들은 (지금) 위의 우려들을 알 수 있지만, 이 문제들을 제기하여 자신들은 책임이 없음을 선언하고, 그 위험을 경감시키려고 하지 않을 수 있다. 이 조직들은 관련된 이슈들을 연구하고 있는 윤리학자들과 로봇 과학자들에게 적어도 일련의 위험들을 표명하려는 어떤 실제적 계획을 하지 않은 채, 단지 절차 진행의 정당화를 위해서만 그 위험들을 제시할 수도 있다 (Sharkey, 2007).

이는 로봇윤리의 흥미로운 메타-이슈(meta-issue)이다. 즉 로봇윤리의 연구와 목적에 관한 것으로 자율적 로봇의 사용과 직접적으로 관련된 이슈에 관해서는 그렇게 많이 관여하지 않는다. 조직들이 단지 비평가들과 감시 기구들을 달래기 위해 로봇윤리의 기획을 '말로만' 제시할 가능성도 분명하지만, 이 문제들을 진지하게 표명하면서부터 얻는 실제의, 현실 세계의 이익들을 드러내기 위해 상당한 노력을 기울여 계몽하거나 예측하지 않는다. 나아가 우리는 조직들이 마련한 이 연구에 대한 기금을 통해서 조직들이 로봇윤리에 대해 갖는 헌신을 가늠할 수 있다. 그리고 예를 들어 만약 방어 조직들이 이 분야에 종사하는 전문가들의 조언과 권고를 무시하는 경우도 분명히 있을 수 있다. 말하자면, 이때까지 (피해를 받은 사람들 또는 사회 일반에 대해서는) 너무 늦었을 수 있겠지만, 전문가들의 참여는 상대적으로 확인을 위한 투명한 활동이다.

### (2) 로봇 권리

현재 로봇은 단지 인간이 사용하는 (금융 가치를 제외하면) 도덕적으로 망치나 소총과 아무런 차이가 없는 하나의 도구-이들의 가치는 우리의 목적들에 대한 수단으로써 도구적이다-로 간주한다. 그러나 로봇에게서 인간 의사결정 능력의 양상을 가정하기 시작하면, 그 문제는 로봇의 본래적 가치에 관한 것으로 제기될 수 있다. 로봇은 (자신의 금융 또는 전술 가치를 넘어서) 그 자신의 도덕적 고려를 할 가치가 있는가? 그리고 로봇의 발전에서 로봇은 (인간 생명이 가진 것과 같은) 그 본래적 가치를 어떤 입장으로 성취할 것인가? 로봇이 스스로 자기 목적들을 설정하는, 칸트의 자율적인 행위자가 되는 시기는 언제인가? 또는 본래적 가치는 또한 의식과 정서를 필요로 하는가?

일부 기술자들은 2029년까지 로봇은 법 앞에 인간과 동등한 대우를 요구할 것이라고 주장하는데, 이들은 이러한 요구가 당연시될 것으로 확신한다(Kurzweil, 1999 참조). 이러한 결과를 피할 수 있는 유일한 방법은 로봇을 어떤 '노예 도덕성(slave morality)'도 아닌 것으로 프로그램화하는 것, 간단히 말해, 칸트의 자율적 로봇이 프로그램화되거나 만들어지는 것을 금지하는 것이다(비록 이러한 금지가, 특히 국제적으로 적용될 때, 집행되기에는 상당히 어렵더라도 말이다). 미래에도 이러한 금지가 폐지되어야 하는지에 관해서도 신중한 고려가 필요할 것이다. 다행스럽게도 쿠르츠바일과 같은 '기술 낙관주의자들'도 이런 상황이 적어도 2020년대까지는 하나의 쟁점이 될 것으로 기대하지 않는다.

지금까지 우리는 로봇에게 권리를 제공할 가능성을 정말 믿기지 않는 일을 하는 것(예를 들면, 우리는 기업과 같은 비생물 개체들에게 권리를 제공하는 것)처럼 또는 (다시 예를 들어 철학적으로 말하면), 기업 또는 선박 또는 돌고래와 같은 일부 동물들을 사람들로 간주하는 것처럼 논의했던 것이 아니다. 우리의 논의는 권리의 전제 조건이 진보된 소프트웨어 또는 인공 지능을 필요로 한다는 점인데, 이는 우리가 완전히 예측할 수 있는 이해의 범위가 아니다. 특히 만약 사람임(personhood)에 관한 우리의 관념이 오직 사람들에게만 권리가 허용될 수 있고, 사람들만이 자유 의지를 가져야 하며 또는 자유 의지의 능력을 가져야 한다고 규정한다면, 우리가 기계들에게 자유 의지 또는 완전한 자율성을 제공할 수 있는 기술들을 개발할 것인지는 불분명하다. 그리고 실제로 우리는 어떤 다른 생물학적 종들이 그러한 완전한 자율성을 가질 것인지 또는 현재 가질 수 있는지를 전혀 모른다. 그래서 여기서는 그와 같은 사변적인 이슈를 깊이 숙고하지는 않을 것이다. 우리는 언젠가 로봇에게 권리를 부여하고자 할 수 있거나 논리적으로 그러한 권리 부여가 필요하게 될 가능성을 열어 두고자 한다.

### (3) 예방 원칙(The Precautionary Principle)

앞서 제시한 우려들의 항목들과 관련해서, 일부 학자들은 이미 비평가들이 생명기술 또는 나노기술 분야에서 했던 것처럼, 로봇공학 연구에서도 하나의 예방 원칙-우리가 가능한 비상 재해(catastrophic risk)를 완화시키거나 다룰 때까지 연구를 천천히 진행하거나 멈추어야 한다-을 따라야 한다고 주장할 수 있다. 예를 들면, 영화 「터미네이터」는 기계들이 덜 인간화되어 우리에게 대항하고 있다는 점에서 두려운 시나리오인데, 현재 자율적인 로봇공학 연구는 아마도 이와 유사한 가능한 재앙으로 향하는 길을 표상할 수도 있다. 그래서 기술이 윤리를 추월하기 전에 우리가 이러한 이슈들을 충분히 고려할 수 있을 때까지, 연구를 금지시키거나 그 속도를 상당히 느리게 해야 한다는 매우 주의 깊고 신중한 접근이 필요한 것이다. 우리가 예방 원칙이 일부 기술 사례들에 대해 타당한 행위의 과정이 될 수도 있다는 점을 확신하는 반면, 앞서 논의되는 많은 사례는 가까운 시기에 연구 중단 또는 연기를 선언할 만큼 충분히 절박하지는 않다. 진보된 로봇공학을 발달시키고자 하는 노력은 이 기술을 충분히 검토하는 조사 연구와 병행되어야 한다.

나아가 진보된 시스템의 발달에서 한 가지 유의해야 하는 부분은 로봇을 개발하는 과학자들과 공학자들이 취하는 접근 방법과 전쟁 수행 임무를 위해 매우 효과적인 신속한 도구들을 연구하는 군사 기획자들의 전망이 상호 긴장 관계에 있다는 점이다. 우리는 언젠가 로봇공학에서 예방 원칙의 역할을 신중하게 고려해야만 할 것이라는 가능성을 다시 열어 두고자 하지만, 이는 먼 미래의 이야기이기에 지금 당장 여기서 포괄적으로 논의하기에는 역부족이다.

## 3. 상세 조사 연구의 필요성

이상으로 우리는 군사용 로봇공학에서 위험과 윤리에 관련된 모든 가능한 이슈들을 해결하고자 하는 것이 아니다. 기술과 이것이 의도한 사용을 어떻게 전개하느냐에 따라 새로운 이슈들이 출현할 것이라는 점은 확실하다. 이런 과정에서 우리는 특히 책임과 관련해서, 먼저 위험을 해결하기 위한 가장 긴급하고 중요한 이슈들 그리고 목표물들을 식별하기 위한 로봇의 능력을 확인하면서, 논의를 진행했다. 이런 점은 이제 로봇윤리에서 대화의 시작에 불과하기에, 더 상세한 조사 연구들이 진행되어야 한다.

보다 더 포괄적인 논의를 위해서 우리의 완성된 보고서, Autonomous Military Robotics: Risk, Ethics, and Design(Lin, Beckey, and Abney, 2008), www.robotethics.com을 참조. 여기에는 로봇공학의 현재와 미래, 서로 다른 접근 방법들, 전쟁에 관한 관련 법률들,

법적 책임, 생산품 책임 그리고 기술 위험 평가를 위한 기본 틀을 포함하고 있다.

# 참고문헌

Anderson, M., & Anderson, S. L.(2007). Machine Ethics: Creating an Ethical Intelligent Agent. *AI Magazine* 28. 4: 15~26.

Arkin, R. C.(2007). *Governing Lethal Behavior: Embedding Ethics in a Hybrid Deliberative/Hybrid Robot Architecture*. Report GIT−GUV−07−11, Atlanta, GA: Georgeia Institute of Technology's GVU Center. Retrieved September 15, 2008 from: http://www.cc.gatech.edu/ai/robot−lab/online−publications/formalizationv35.pdf.

Asaro, P.(2007). *Robots and Responsibility from a Legal Perspective*. Proceedings of the IEEE 2007 International Conference on Robotics and Automation, Workshop on RoboEthics, April 14, 2007, Rome, Italy. Retrieved September 15, 2008, from: http://www.peterasaro.org/writing/ASARO%20Legal%20Perspective.pdf.

Asaro, P.(2008). How Just Could a Robot War Be? In Briggle, A., Waelbers, L., & Brey, P.(Eds.). *Current Issues in Computing and Philosophy* (pp. 50~64). Amsterdam, The Netherlands: IOS Press.

Asimov. I.(1950). *I, Robot*(2004 edition), New York, NY: Bantam Dell.

BBC(2005). *SLA Confirm Spy Plane Crash*. BBC.com. Retrieved September 15, 2008, from: http://www.bbc.co.uk/sinhala/news/story/2005/10/051019−uav−vavunia.shtml.

BBC(2007). *Robotics Age Poses Ethical Dilemma*. BBC.com. Retrieved September 15, 2008, from: http://news.bbc.co.uk/2/hi/technology/6425927.stm

Bekey, G.(2005). *Autonomous Robots: From Biological Inspiration to Implementation and Control*. Cambridge, MA: MIT Press.

Canning, J., Riggs, G. W., Holland, O. T., & Blakelock, C.(2004). *A Concept for the Operation of Armed Autonomous Systems on the Battlefield.* Proceedings of Association for Unmanned Vehicle Systems International's (AUVSI) Unmanned Systems North America, August 3−5, 2004, Anaheim, CA.

CBS(2007). *Robots Playing Larger Role in Iraq War.* Retrieved September 15, 2008, from http://cbs3.com/topstories/robots.iraq.army.2.410518.html.

Garreau, J.(2007). *Bots on the Ground, Washington Post,* May 6, 2007. Retrieved September 15, 2008. from: http://www.washingtonpost.com/wp−dyn/content/article/2007/05/05/AR2007050501009−pf.html.

Iraq Ooalition Casualty Count(2008). *Deaths Caused by IEDs and U.S. Deaths by Month webpages.* Retrieved September 15, 2008, from: http://icasualties.org/oif/IED.aspx and http://icasualties.org/oif/USDeathByMonth.aspx.

Jónsson, A., Morris, R., & Pedersen, L.(2007). Autonomy in Space: Current Capabilities and Future Challenges, *AI Magazine* 28:4, 27~42.

Joy, B.(2000). Why the Future Doesn't Need Us, *Wired* 8:04, 238~262.

Kahn, P.(2002). The Paradox of Riskless War, *Philosophy and Public Policy Quarterly,* 22, 2~8.

Kurzweil, R.(1999). *The Age of Spiritual Machines: When Computers Exceed Human Intelligence,* New York, NY: Viking Penguin.

Kurzweil, R.(2005). *The Singularity is Near: When Humans Transcend Biology,* New York, NY: Viking Penguin.

Levy, D.(2007). *Love and Sex with Robots: The Evolution of Human−Robot Relationships,* New York, NY: HarperCollins Publishers.

Lin, P., Beckey, G., & Abney, K.(2008). *Autonomous Military Robotics: Risk,*

*Ethics, and Design*, a report commissioned under US Department of the Navy, Office of Naval Research, award #N00014−07−1−1152, San Luis Obispo, CA: California Polytechnic State University. Retrieved May 10, 2009, from http://www.robotethcis.com.

National Defense Authorization Act(2000). *Floyd D. Spence National Defense Authorization Act for Fiscal Year* 2001, Public Law 106−398, Section 220. Retrieved September 15, 2008, from: http://www.dod.mil/dodgc/olc/docs/2001NDAA.pdf.

National Transportation Safety Board(2007). NTSB Cites Wide Range of Safety Issues in First Investigation of Unmanned Aircraft Accident. NTSB press release, October 16, 2007. Retrieved September 15, 2008, from: http://www.ntsb.gov/Pressrel/2007/071016b.html

Orend, B.(2002). Justice After War. *Ethics & International Affairs*, 16:1, 43−56.

Padgett, T.(2008). *Florida's Blackout: A Warning Sign?* Time.com, February 27, 2008. Retrieved September 15, 2008, from: http://www.time.com/time/nation/article/o,8599,1717878,00.html.

Page, L.(2008). *US War Robots 'Turned Guns' on Fleshy Comrades*, The Register(UK), April 11, 2008. Retrieved September 15, 2008, from: http://www.theregister.co.uk/2008/04/11/us−war−robot−rebellion−iraq/

Shachtman, N.(2007). *Robot Cannon Kills 9, Wounds 14*, Wired.com, October 18, 2007. Retrieved September 15, 2008, from: http://blog.wired.com/defense/2007/10/robot−cannon−ki.html.

Sharkey, N.(2007). *Automated Killers and the Computing Profession*, Computer 40, 122−124, Retrieved September 15, 2008, from:

http://www.computer.org/portal/site/computer/menuitem.5d61c1d591162e4b0e
fibd108bcd45f3/index.jsp?&pName=computer−level1−article&TheCat=1
015&path=computer/homepage/Nov07&file=profession.xml&xsl=article.
xsl&.

Sharkey, N.(2008). *Cassandra or False Prophet of Doom: AI Robots and War*, IEEE Intelligent Systems, July/August 2008, pp. 14~17. Retrieved September 15, 2008, from: http://www.computer.org/portal/cms−docs− intelligent/intelligent/homepage/2008/X4−08/x4his.pdf.

Sofge, E.(2008). *The Inside Story of the SWORDS Armed Robot 'Pullout' in Iraq*: Update, PopularMechanics.com April 15, 2008. Retrieved September 15, 2008, from: http://www.popularmechanics.com/blogs/technology− news/4258963.html.

Sparrow, R.(2007). Killer Robots, *Journal of Applied Philosophy*, Vol. 24:1, 62~77.

Thompson, P. B.(2007). *Food Biotechnology in Ethical Perspective*, 2nd ed., Dordrecht, The Netherlands: Springer.

US Army Surgeon General's Office (2006). *Mental Health Advisory Team (MHAT) IV: Operation Iraqi Freedom* 05−07, November 16, 2006. Retrieved September 15, 2008, from: http://www.globalpolicy.org/security/ issues/iraq/attack/consequences/2006/1117mhatreport.pdf.

US Army Surgeon Gerneral's Office(2008). *Mental Health Advisory Team (MHAT) V: Operation Iraqi Freedom* 06~08, February 14, 2008. Retrieved September 15, 2008, from:http://www.armymedicine.army.mil/reports/ mhat−v/Redacted1−MHATV−OIF−FEB−2008Report.pdf..

US Department of Defense(2007). *Unmanned Systems Roadmap* 2007~2032. Washington, DC: Government Printing Office. Retrieved September

15, 2008, from: http://www.acq.osd.mil/usd/Unmanned%20System%20 Roadmap.2007−2032.pdf.

US Department of Energy(2004). *Final Report on the August 14, 2003 Blackout in the United States and Canada: Causes and Recommendations*. Washington, DC: Government Printing Office. Retrieved September 15, 2008, from: http://reports.energy.gov/BlackoutFinal−Web.pdf.

Van der Loos, H. F. M.(2007). *Ethics by Design: A Conceptual Approach to Personal and Service Robot Systems*, Proceedings of the IEEE Conference on Robotics and Automation, Workshop on Roboehtics, April 14, 2007, Rome, Italy.

Veruggio, Gianmarco(2007). EURON Roboethics Roadmap, Genova, Italy: European Robotics Research Network. Retrieved September 15, 2008, from: http://www.roboethics.org/icra07/contributions/VERUGGIO%20 Roboethics%20Roadmap%20Rel.1.2.pdf.

Wallach, W. & Allen, C.(2008). *Moral Machines: Teaching Robots Right from Wrong*. New York, NY: Oxford University Press.

Walzer, M.(1977). *Just and Unjust Wars: A Moral Argument with Historical Illustrations*. New York, NY: Basic Books.

Weckert, J. (Ed.)(2007). *Computer Ethics*, Burlington, VT: Ashgate Publishing.

# 무인 군용 수송수단에 대한
# 예방 차원의 무기 통제

위르겐 알트만(Jürgen Altmann)[1]

Experimentelle Physik III, Technische Universität Dortmund

요 약: 점차 군대는 승무원 없이도 거의 정찰을 할 수 있는 수송수단을 활용하고 있다. 하지만 일부 무인 항공기들은 이미 무기를 갖추고 있다. 무엇을 또는 누구를 공격할 것인지는 현장에서 멀리 떨어져 그 수송수단에 장착된 비디오 카메라를 통해 전송되는 이미지를 보면서 결정한다. 그러나 이 결정은 인간에 의한 원격 조정에서 자율적인 살인 결정으로 변하는 추세이다. 무인 군용 수송수단들이 예방

---

1) Experimentelle Physik III, Technische Universität Dortmund, 44221 Dortmund, Germany; Email: altmann@e3.physik.tu-dortmund.de; WWW: http://www.ep3.rub.ed/bvp/.

차원의 무기 통제 기준에서 평가될 때, 일부 지역에서는 이에 대한 반박의 이유가 제시되기도 한다. 즉, 군축 협정과 국제 전쟁에 관한 법으로 인해 위험이 등장할 수 있다. 잠재적인 반대자들 사이에서 이런 상황은 더 불안정해질 수 있고, 군비 경쟁과 확산이 예측될 수 있다. 소규모 시스템들은 테러리스트의 공격을 포함하는 범죄에 사용될 수 있다. 이러한 위험들을 피하고자 예방 차원의 제한들이 국제적으로 협상되어야 한다. 낙관적으로 본다면, 이 제한들은 무기를 갖춘 무인 시스템들의 전면 금지를 포함할 것이다; 적어도 핵심 일원이 인간이 아닌 기계에 의한 공격 결정은 금지되어야 한다.

주제어: 무기 통제, 군비 경쟁, 무장 해제, 평화, 군비 확산, 안전성, 기술 평가, 무인 수송수단, 확인, 전쟁, 무기

## 서론

기술을 군사 목적으로 사용하는 것과 민간인을 위해 사용하는 것은 전혀 다른 것이다. 후반 부분에서 살펴보겠지만, 피해와 파괴를 방지하기 위한 많은 노력이 전개되었기 때문에, 주로 거의 우연한 사고에서 문제가 발생한다. 의도적인 악용은 일부 극소수 범죄에 국한된다. 다른 한편으로, 군사용 기술은 조직적인 파괴를 이끌기 위해 (또는 지원하기 위해), 적의 의지를 깨뜨리기 위해 강력한 힘을 매우 효과적으로 적용하기 위해 의도적으로 설계된다. 여기에는 최근 새

로운 기술을 위한 군사적 압박으로 주로 무인 항공기(UAVs)로 명명되는, 승무원이 없는 수송수단들을 포함하는 것이 점차 증가하고 있다. 현재 무인 항공기들은 50개국 이상에서 생산되고 개발되고 있다(Jane, 2007). 그리고 거의 정찰과 감시 목적으로 사용되고 있다. 그렇지만 초기 모델들은 무기를 갖추고 있어서, 미국 공군은 현재 일상적으로 이라크, 아프가니스탄과 파키스탄에서 무인 항공기에 미사일을 장착, 목표물 공격에 활용하고 있다(Weber, 이 책의 8장 참조). 대부분 비행 통제는 기계에 탑재된 프로세싱에 따라 진행되지만, 일반적인 감시와 특별한 공격 결정은 위성을 통해 수백에서 수천 킬로미터 떨어진 곳을 연결해 주는 원격 조정으로 진행된다. 하지만 미래에는 자율적인 기계가 무엇을 또는 누구를 공격할지를 결정할 것이라고 상상하기도 한다.[2] 자율적인 기술 시스템에 인간의 살인이 근본적인 윤리적 문제를 제기한다는 점은 분명하다.[3] 그러나 아래와 같이 더 문제가 되는 경우들도 있다.

또한 지상, 해상, 공중 그리고 우주 공간에서 움직이는 무인 수송수단들이 개발되고 있다. 현재 수송수단들과 관련된 통제 시스템, 통

---

2) "무인 시스템들을 무기화했던 초기 적용 모델들(예컨대, MQ-1B Predator, MQ-1C Sky Warrior, 그리고 MQ-5 Hunter UASs)은 그 기계와 무기의 긍정적인 통제를 보장하기 위해 '인간 결정(man in the loop)'을 필요로 할 수 있다." 미국의 Army Research Office와 Office of Naval Research는 군사용 자율적 로봇에 관한 윤리 연구를 지원하고 있다(Arkin & Moshkina, 2007; Arkin, 2007; Moshkina & Arkin, 2008; Lin et al., 이 책의 5장).

3) 어떤 군사 비평가는 이러한 기획을 "공포(frightening)"라고 부른다(Metz, 2000). 또한 Sharkey, 2007, 2008, 2008a, 2008b 및 이 책의 5장 Lin et al.에서 제시된 이슈들의 목록을 참조하고, 다음과 같은 미 국방부의 언급에도 주목해 보자. "무기를 갖춘 무인 시스템은 상당히 논란이 되는 이슈이다. 이는 각 적용 시스템에 대한 신뢰와 수행을 증명하기까지 참을성 있는 '준비-실행-도약'의 접근이 필요할 것이다."

신 연결, 그리고 기타 기반 시설과의 결합은 무인 시스템(unmanned systems, UMS)으로 표시된다. 10~20여 년 사이에 마이크로시스템 기술과 나노 기술이 운용되면서, 이 가운데 일부 수단들은 작아지거나(센티미터 단위) 또는 매우 작아질 수(밀리미터 또는 그 이하 단위) 있다 (Jürgen Altmann, 2001, 2006).

외면상으로 보기에 사람이 없는 군사용 시스템들은 매력적인 것 같다. 이들은 인간 군인들보다 단순하고, 더럽고 또는 위험한 임무들을 수행할 수 있거나 군인들의 생명을 구할 수도 있다. 그러나 군인들의 생명을 구할 수 있다는 전망은 정확히 국가를 전쟁으로 더 쉽게 몰아갈 수 있다. 특히 (산업화된) 민주주의 국가들은 아군의 사상자들이 너무 많다는 이유로 무이 군사 시스템에 의한 전쟁에 대해 찬성할 위험이 크다(Müller, 2004). 이와 같은 일반적인 정치적 문제 외에도, 다음과 같이 보다 더 직접적인 결과가 있다. 즉, 무기를 갖춘 무인 시스템은 잠재적 적군들과의 군사적 상황을 불안정하게 만들 수 있다. 그리고 일부 시스템이 확산되면서 테러리스트들에 의해 사용될 수 있다.

여기서는 후자의 문제들을 논의할 것이다. 우선 명명법(nomen-clature)에 관한 일부 비평들에 따라 예방적 차원의 무기 통제를 새로운 군사 기술을 평가하기 위한 일반적인 기본 틀로 살펴보고, 이를 통해 예비 권고를 검토하여 마지막으로 결론을 내리고자 한다.

## 1. 명명법

무인 수송수단들, 특히 항공기에 대해 "원격조종 비행체" 또는 "드론"과 같이 다양한 이름들이 사용되고 있다. "로봇"의 용어는 다소 모호하다. 한편으로 움직이지 않는 산업용 로봇을 포함하고, 다른 한편으로는 지상에서의 움직임, 종종 다리를 가지고 걷기와도 연결되기 때문이다. 최근에 미군은 무인 수송수단의 범주를 시스템화했다. 즉, 전반적인 무인 시스템(UMS) 외에도 "무인 지상/수면/수중/항공 수송수단들(unmanned ground/surface/underwater/air vehicles)"에 관해 각각 머리글자를 따서 UGV/S, USV/S, UUV/S로 명명했다. 하지만 미 국방부는 이 결정을 통해 무인 시스템(UMS)에 관한 정의에서 일부 시스템들, 즉 "탄도형 또는 준탄도형 수송수단, 크루즈 미사일, 포탄, 어뢰, 지뢰, 위성, 무인 감지기"를 제외했다(Deparment of Defense, 2007, p. 1). 이는 지뢰와 무인 감지기와 같은 움직이지 않는 물체들과 스스로 궤도 통제 없이 순전히 탄도로 이동하는 포탄의 경우에 해당하는 것들이다. 하지만 크루즈 미사일과 어뢰는 각각 무인 항공 수송수단(UAVs)과 무인 수중 수송수단(UUVs)에서 기존의 또는 앞으로 예측할 수 있는 많은 특징을 공유하고 있다. 이러한 중첩은 시간이 지나면서 점점 더 커지게 될 것이다. 탄도 미사일의 움직임은 적어도 발사 단계에서 통제되고, 위성-전통적으로 대부분 위성에는 승무원이 탑승하지 않는다- 은 시간이 지나면서 자신의 궤도를 바로 잡아야 한다. 그래서 일반적인 정의에서 우리는 움직이는 동안 통제될 수 있고, 인간 작동자를 수반하지 않는 모든 유형의 탄도형 수송수단들을 포함해야 한다. 활주로에 조종사 없이 이착륙할 수 있는 무인 비행기와 같은 확대된 능력을 갖춘 새로운 유형들이 나타날 수 있지만, 크루즈 미사일은 목표물에 대한 특별한 발사 장치와 자기 파괴를 사용하고 또는 위성은 대부분 자신의 궤도를 바로 잡을 수 있는 능력이 있는 다른 위성들과 도킹하고 이들을 조종할 수도 있다. 이러한 유형들은 "더 새로운" 또는 "좁은 의미에서"의 구절을 사용함으로써 포괄될 수 있다. "무인(unmanned)"이란 단어는 중성적인 성격(gender-neutral)이 자연적인 성의 어휘가 아니기에, 나는 여기서 "사람이 없는(uninhabited)"[4] 용어를 사용하기로 한다.[5]

## 2. 예방 차원의 무기 통제

특히 냉전 시대의 군비 경쟁의 역사에서 보면, 한쪽이 군사 혁신을 도입하면, 잠재적인 상대방들은 불과 몇 년 이내에 그 기술을 따라 했다. 많은 경우에서 상호 위협이 증가했고, 경고와 대응의 시간은 감소했으며, 안정성은 줄어들었다. 이런 상황들이 정반대로 진행될 수 있었던 일부 경우에서는 협상을 시작해서 조약을 맺을 때까지

---

4) 역자주: 여기서는 편의상 이 두 단어를 모두 무인으로 사용하고, 저자의 의도에 따라 이 두 단어를 구분해야 할 경우에는 각각 "무인의", "사람이 살지 않는"으로 뜻을 구분하기로 한다.

5) 그러므로 머릿글자를 딴 무인 항공 수송수단(UAVs), 무인 지상 수송수단(UGVs), 무인 수면 수송수단(USVs), 무인 수중 수송수단(UUV)은 각각 사용될 수 있다. "무인의(unmanned)"란 단어 대신에 "사람이 없는(uninhabited)"이란 단어를 사용하는 것은 이미 미군의 전통에서 따른 것이다.

수년이 걸렸다. 예를 들면, 1970년대 초반, 불안을 조장할 것이라는 전문가들의 경고에도 불구하고, 장거리 탄도 미사일에 관한 다핵 탄도 미사일(MIRVs)이 도입되었다.-이 미사일 시스템은 1차 공격에서 상대방의 지상 미사일을 더 많이 파괴하는 우선적 가능성으로 인해, 공격자는 더 많은 미사일의 수적 우위를 점하면서 상대방으로부터 얼마 남지 않는 미사일의 보복 공격을 차단할 수 있다. 이러한 상황을 막기 위해서 상대방의 공격 미사일이 도착하기 이전, 10분 내지 30분 이내에 자신의 핵미사일을 발사할 수 있다. 이러한 "즉각적 경계 대응 상태"는 실수로 핵미사일이 발사될 잠재적인 위험을 안고 있고, 실제로 미국과 구소련(러시아) 사이에서 경계 및 컴퓨터 시스템 오류로 인해 일촉즉발의 심각한 핵전쟁의 위기들이 있었다. 미국과 구소련(USSR)은 1993년 제2차 군축 협정(START II)에서야 대륙 간 장거리 탄도 미사일에서 다핵 탄도를 제거하기(de-MIRVing)로 합의할 수 있었다.[6]

국제 시스템은 이른바 안전 딜레마의 특징을 보여준다. 즉 국가들의 안전을 보장하는 압도적인 힘이 사라지면, 각 국가는-자구책으로-군사력을 확립함으로써 자신의 안전을 유지하고자 노력한다. 이렇게 함으로써 각 국가는 차례대로 각자의 안전을 위해 자신의 군

---

[6] 하지만 현재 이러한 긍정적 전개가 위험에 놓여 있다. 왜냐하면 2002년 START II가 모스코바 전략 무기 감축 협정(Moscow Strategic Offensive Reductions Treaty)에 의해 2012년까지만 유효한 것으로 변경되었기 때문이다. 다핵 탄도를 다시 탑재하는 것(re-MIRVing)은 러시아가 폴란드와 체코에 배치된 미국 탄도 미사일 방어 시스템으로부터 보복 공격을 당할 수 있다는 위협의 인식에 대응할 수 있는 수단이다.

사력을 강화시키면서, 다른 국가에 대한 위협은 증가하게 된다. 이에 따라 모두의 안전은 오히려 약화한다. 이 안전 딜레마에서 벗어나는 한 가지 방식은 무기와 군사력의 상호 합의된 제약, 간단히 말해, 무기 통제이다.[7] "통상적인(usual)" 무기 통제는 이미 갖추고 있는 군비의 양과 질을 제한하는 것이지만, 예방 차원의 무기 통제는 진척 단계에서 이뤄지는 조치이다. 즉, 아직 도입된 적이 없는 새로운, 군사적으로 유용한 기술, 물질 또는 군사 시스템들을 금지하거나 규제하는 것이다. 종종 이러한 규제의 직접적인 대상은 개발과 시험 단계에 있고, 때로는 조사 연구도 간접적으로 포함되기도 한다(Jürgen Altmann, 2006, 2008, Ch. 5).

비록 예방 차원의 무기 통제가 냉전 기간에 높은 우선성을 갖지 못했지만, 일련의 합의들은 이 통제의 요소들을 포함하고 있다. 핵 실험 조약(지하 핵 실험을 제외한 1963년 핵 실험 금지 조약, 그리고 1996년의 포괄적 금지 조약)은 새로운 핵무기의 폭발 실험을 금지시켰고, 생명을 대상으로 하는 핵폭발 연구 조사를 배제했다. (2002년 미국에 의해 폐지된) 1972년의 탄도 요격 미사일 조약(Antiballistic Missile Treaty of 1972)은 "해상 기반, 공중 기반, 우주 기반 또는 지상 이동 기반"(Art. V) 탄도 요격 미사일의 배치뿐만 아니라 개발과 시험도 금지했다. 이 미사일은 당시에 존재하지도 않았는데 말이다.

1972년의 생물학 무기 협약(Biological Weapons Convention of 1972)

---

7) 무기 통제 조약과 수출 통제 협정에 관한 전문들을 다음 사이트에서 참조할 수 있다. http://www.armscontrol.de/, "Dokumente".

뿐만 아니라 1993년의 화학 무기 협약(Chemical Weapons Convention of 1993)에서는 각각 무기의 개발과 생산 단계들의 금지가 포함되었다. 전쟁에 관한 국제법에서 레이저 무기에 관한 협정(Protocol on Blinding Laser Weapons, 1995)은 레이저 무기가 무분별하게 생산되어 사용되는 것을 금지했는데, 이는 이 무기가 배치되기도 전에 사용되는 것을 금지했던 것일 뿐만 아니라, 관련 국가들에서 각 무기를 연구 조사, 개발 및 실험을 중단하도록 이끌었다.

일부에서는 구소련의 해체와 냉전의 종식과 더불어 급격한 군사 기술의 혁신을 위한 많은 이유가 사라졌다고 생각할 수도 있지만, 실제로는 그렇지 않다. 1990년대 초반까지 군사 연구 개발 비용은 다소 감소되었지만, 1996년과 2000년에는 69억 달러, 2004년에는 85억 달러에 이르기까지[8] 그 비용은 다시 증가했다. 이 분야에서 미국은 최대 비용 지출국이다. 이러한 미국의 군사 연구 개발 비용은 전 세계의 3분 2에 해당한다(Brzoska, 2006). 전통적으로 미국은 모든 잠재적인 군사적 적들에 대한 기술적 우위성 확보라는 분명한 목적을 갖고 있다. 2001년 9월 테러 이후, 이 목적만이 더욱 강화되었다. 무인 수송수단/시스템은 이른바 "전 지구적 대테러 전쟁"과 미래 군사 전력의 핵심 구성 요소로서 간주된다(Department of Defense, 2007, p. 6).

하지만 오늘날 국가 군사력 강화에 우리의 희망을 두면, 우리는 과거 냉전 시대의 문제와 같은 경험을 할 수 있다. 현재 50개 이상의

---

8) 이 비용은 계속 증가하고 있다. 예를 들면, 2008년 미국 단독으로 사용한 비용은 76억 달러였다(U.S. Government Printing Office, 2008).

나라들이 무인 항공기(UAVs)를 개발하거나 생산하고 있다. 미국(무기명: Predator, Sky Warrior, Hunter, Reaper), 이스라엘(무기명: Harpy, CUTLASS), 이란(무기명: Ababil-T)이 무기를 갖춘 무인 항공기를 갖추고 있다. 현재 미국(무기명: UCAS-D), 영국(Corax), 프랑스(및 기타 공동개발, 무기명: nEuron), 독일(무기명: Barracuda), 러시아(무기명: Skat)에서는 근거리 지상 목표물 공격의 수준을 넘어선 임무를 수행할 수 있는 무인 전투기를 개발 중에 있다(Jane's, 2007). 우리는 선지자처럼 중국, 인도, 파키스탄, 브라질과 같은 군사 비행기와 무인 항공기의 다른 생산자들도 무인 항공기에 무기를 장착하거나 완전한 무인 전투기를 개발할 것이라고 예언할 필요는 없다. 물론 그러한 시스템들이 또한 테러리스트들을 포함한 상대 적들에 의해 활용될 수도 있다. 예를 들어 곰리(Gormley, 2003)와 잭슨 외(Jackson et al.) (2008)는 미국 본토 또는 해상에 배치된 미군에 대해 개조된 대함 미사일(anti-ship missile)을 사용한 크루즈 미사일 공격의 가능성을 지적하였다. 소형 무인 항공기는 생물학 작용제를 퍼뜨리려고 하거나 주요 인물을 암살하려는 테러리스트들에게 효과적인 도구일 수 있다.[9] 나중에는 무인 지상 및 해상/수중 수송수단들도 이와 유사하게 개발될 수 있다. 대형 수송수단들은 정규군을 위해 개발될 수 있고, 소형 수송수단들은 비대칭적 전쟁과 테러를 위해 개발될 수 있다. 그

---

9) 2006년 영국 특수 부대는 아프가니스탄 리크(Leake)에서 탈레반에 대항하기 위해 소형 뇌관을 장착한 무인 소형 항공기(무기명: Wasp, 날개 길이는 40cm)를 사용했다(Hambling 2007 참조).

래서 무엇보다 국제적 안전-그리고 개별 국가들의 국가 안전-이 그러한 시스템들을 방지하거나 제약함으로써, 즉, 예방 차원의 무기 통제를 통해 더 개선될 수 있다는 점을 권고해볼 만하다.

비록 세계가 더 이상 이데올로기 갈등 속에 있는 초권력들로 기술되지는 않지만, 군비 경쟁의 근본적인 메커니즘은 여전히-현재는 더 많은 참여자 사이에서-작동하고 있기 때문에 위험한 새로운 무기 기술에 대한 예방 차원의 제약은 여전히 설득력이 있다. 특히 국가 간의 금지는 해당 국가들이 개발할 수 없는 기술과 시스템에 테러리스트들이 접근하지 못 하게 함으로써 지속 될 수 있을 것이다.

다음의 네 단계를 거치면서, 간학문적 조사 연구를 통해 예방 차원의 무기 통제를 준비할 필요가 있다.

(1) 예측 가능한 적용 및 관련 기술의 특성에 관한 미래의 과학적-기술적 분석: 무기의 보급, 무기의 목표 대상에 관한 영향, 새로운 민간 활동에서 자산을 군사용으로 사용할 수 있는 잠재적 유용.

(2) 목표물에 대한 군사적 운용의 측면 및 현실적으로 발생 가능한 사용에 관한 미래 분석: 비정상적 사용 형식들, 잠재적인 부수적 피해.

(3) 예방 차원의 무기 통제 기준에 따른 위의 두 결과에 대한 평가. 부정적인 판단의 경우를 고려하기.

(4) 제한을 위한 선택, 이것의 준수 여부 확인을 위한 수단 및 절

차의 고려: 과도하게 제약되어서는 안 되는 긍정적 사용과 실행과 확인을 위해 요구되는 조치의 조화를 고려.

이상적인 경우에서 보면, 국가들은 이러한 분석의 토대에서 만나 서로 협상하고자 할 것이다. 만약 합의가 이루어진다면, 그 합의는 이행되어야 하고, 나중에 필요하다면, 새로운 전개들이 채택되어야 한다.

시스템적으로 다룬다면, 예방 차원의 무기 통제의 기준은 다음과 같이 세 가지 범주로 나눌 수 있다(Neuneck & Mölling, 2001; Jürgen Altmann, 2006, Ch. 5).

I. 효과적인 무기 통제, 군축 및 국제법의 고수 및 세부 조치 전개
   (1) 기존의 또는 의도된 무기 통제 및 군축 조약에 대한 위험 예방
   (2) 기존의 인도주의 법 규범 준수.
   (3) 대량 파괴 무기의 사용 불능.

II. 안정성의 지속과 증진
   (1) 군사적 상황의 불안정화 예방.
   (2) 무기 기술 경쟁 예방.
   (3) 군사 관련 기술, 물질 또는 지식의 수평적 또는 수직적 확산/유포 예방.

III. 인간, 환경과 사회 보호

    (1) 인간에 대한 위험 예방.

    (2) 환경과 지속적 개발에 대한 위험 예방.

    (3) 사회적 그리고 정치적 시스템의 개발에 대한 위험 예방.

    (4) 사회 기반 시설에 대한 위험 예방.


I과 II는 군사 갈등의 예방 또는 그 갈등이 수행되는 방식을 다루지만, III은 평화 시에 등장하는 위험들, 예컨대, 테러리스트에게 확산될 수 있는 새로운 오염 물질 또는 시스템과 같은 위험에 관한 것이다.[10]


## 3. 예방 차원의 무기 통제 기준에서 무인 수송수단에 대한 평가

예방 차원의 무기 통제의 기준에서 무인 군사용 수송수단의 다양한 잠재적인 유형들에 관한 심층적인 분석이 여전히 필요하다. 여기서는 우선 오늘날 가장 시급한 문제들을 지적하고, 그 기준을 살펴보면서, 간략한 평가를 제시하기로 한다.


---

10) 이러한 기준들과 뒤따르는 고려들은 린 외(Lin et al.)(이 책의 5장)가 제시한 이슈들의 항목의 범위를 넘어선다.

I-(1) 무기 통제와 군축[11]

무인 군사용 시스템을 직접 겨냥한 무기 제한 합의는 전혀 없는 반면, 이 시스템들과 관련된 합의들은 있다. 예를 들어 1972년의 생물학 무기 협약과 1993년의 화학 무기 협약은 각각 생물학 및 화학 무기를 금지했다. 이에 따라 무기 수송수단들은 그러한 물질들을 옮겨서도 안 되고, 방출해서도 안 된다. 무인 수송수단에 그러한 물질들을 장착하려는 의도가 없거나 준비를 하지 않는 한 이 협약들에 대한 위험은 존재하지 않는다.

핵무기 분야에서 1987년 미국과 구소련 간의 중거리 핵전략 조약(Intermediate Nuclear Forces Treaty of 1987)은 사정거리 500km에서 5,500km에 이르는 지상 탄도 미사일과 지상 크루즈 미사일(공중 및 해상/수중 크루즈 미사일은 포함되지 않는다)을 금지시켰다. 만약 (이 사정거리에서 운용되는) 무인 항공기가 핵무기를 장착할 수 있다면, 관련 국가가 핵무기는 크루즈 미사일이 아니며, 그래서 이 조약의 금지 조항에 해당되지 않는다고 주장할 것이라는 점은 확실하다.－미국은 크루즈 미사일이 무인 수송수단이 아니라고 주장하였다는 점에 주목해 보라(Department of Defense, 2007, p. 1).

1991년과 1993년의 전략 무기 감축 조약(Strategic Arms Reduction Treaties of 1991 and 1993)은 전략 핵무기와 이것의 운반 장치 즉, 탄도 미사일, 크루즈 미사일과 폭격기를 제한하였다. 이 조약뿐만 아니라

---

11) 괄호 안의 숫자는 앞서 제시한 예방 차원의 무기 통제의 세 가지 범주와 그에 속한 번호를 지시하는 것이다.

뒤이은 2002년의 전략 무기 감축 조약(Strategic Offensive Reduction Treaty of 2002)은 다른 보다 새로운 무인 수송수단의 유형들에 대한 규정들을 포함하지 않았다. 특히, 무인 항공기는 가능한 크루즈 미사일과 폭격기에 관한 제약 조항들을 피해 가며, 핵무기를 운반하는 데 사용될 수 있었다.

1990년의 재래식 무기 조약(Treaty of Conventional Armed Forces of 1990)은 NATO 회원국들과 러시아에 대해 다섯 가지 종류의 무기들을 유지하는 것을 제한하였다. 여기서 전투용 전차, 전투용 장갑차, 대포, 전투기와 공격용 헬기에 대한 정의들은 국제적으로 탑승병력을 거론하지 않는다. 그래서 이 무기들의 무인 버전들은 그 지시문들과 동일하게 적용될 것이고, 국가적 유지 품목들에 포함될 것이며, 조약국들은 이 버전들을 알고 있어야 하며, 감시의 대상이 되어야 할 것이다. 하지만 우리는 무기를 갖춘 무인 항공기의 유형들이 전투기를 구성할 것이라는 논쟁을 예측할 수 있다. 전투기에 관한 정의는 매우 일반적인 반면,[12] 개조된 감시기 또는 매우 작은 무인 항공기는 이 정의에 포함되지 않는다는 논란이 있을 수 있다. "전투 헬기"와 관련된 상황도 이와 유사하다. "전투용 전차"와 "중장비 전투용 수송수단"은 허용 무게(각각 16.5톤과 6.0톤이다)를 포함하고 있기 때문에,

---

12) Art II, Section 1, Par. (K)는 다음과 같다. "전투기"란 용어는 유도 미사일, 비유도 로켓, 폭탄, 총, 포, 또는 다른 파괴 무기를 갖추고, 목표물과 교전하기 위해 이들을 사용하는 고정된 날개를 가진 또는 가변기하날개를 가진 항공기뿐만 아니라 정찰 및 전자전과 같은 다른 군사용 기능을 수행하는 항공기에 관한 모델 또는 버전도 의미한다. "전투기"란 용어는 초등훈련기를 포함하지 않는다.

미래에는 잠재적으로 더 낮은 허용 무게의 무인 전투용 수송수단들이 전통적인 분류 범주들에 포함되지 않을 수 있다. 그러므로 무수히 많은 그리고 무제한적인 전투용 시스템들이 정확히 무엇인지는 모호하게 전개될 수 있다. 한 가지 근본적인 문제는 협약에 따른 군비 제약들이 다른 대륙들에서는 힘을 발휘하지 못하고 있다는 점이다.

1967년의 우주 조약(Outer Space Treaty, 1967)은 위성 또는 우주 정거장에 승무원이 있는 것과는 별개로, 지구 궤도에서 핵무기와 다른 대량 파괴의 무기들을 금지했다.[13] 하지만 다른 무기들은 법적으로 금지되지 않았다. 심지어 10여 년 전부터 국제 사회가 우주 공간에서 지속적인 군비 경쟁에 대한 금지를 찬성했는데도 말이다(예컨대, United Nation, 2008). 직격 파괴 위성 요격 무기를 개발하고 시험하는 것에는 일정한 제한이 있는 반면, 일반적으로 승무원 없이 도킹하고, 작업을 수행하며, 조종하는 위성/우주 로봇들에 대한 최근의 계획들은 위성에 대한 공격의 가능성을 열어둠으로써, 오랫동안 포괄적 금지를 추구했던 여러 진전을 위험에 빠뜨린다.

일련의 무인 수송수단들이 국제 전략물자 수출 통제 체제에 포함되어 있다는 점에 주목할 가치가 있다. 34개국이 참여한 미사일 기술 통제 체제(Missile Technology Control Regime)는 500kg 이상의 무게를 싣고 300km 이상을 날아갈 수 있는 탄도 미사일, 크루즈 미사일 그리고 무인 항공기, 이들의 구성 요소들의 수출들을 제한한다. 여기서

---

13) 단지 일시적으로 우주 공간을 지나는 탄도 미사일은 금지 무기에서 제외되었다.

만약 자율적이거나 장거리 원격조작 운항과 설비를 갖춰서 연무제를 뿌리는 무인 항공기가 있다면, 그것은 탑재량과 거리에 상관없이 이 제한에 포함된다. 129개 회원국이 참여한 헤이그 행동규약(Hague Code)은 단지 탄도 미사일만을 다루고, 수출 제한을 요구한다. 40개 회원국이 참여한 와세나 협정(Wassenaar Agreement)은 대부분 무인 항공기와 관련된, 무기 기술과 민감한 이중용도 기술의 수출을 제한한다. 이러한 조치들이 수평적 확산에 제한적 영향을 미치지만,[14] 수출 통제는 모든 국가가 참여하지 않는다는 점과 소유 국가들이 자신들의 사용 및 시스템과 기술에 관한 미래 개발을 제한하지 않는다는 점, 이 두 가지 원칙적인 문제에 직면한다.

## I-(2) 국제적 인도주의 법

미국이 지금까지 아프가니스탄, 이라크와 파키스탄에서 일상적으로 사용하는 무기를 장착한 무인 항공기(무기명: Predator, Reaper)에서 보이는 것처럼, 전쟁에서 차별의 원칙은 많은 사례에서 위반된다. 즉, 시민들은 공격을 당해 살해된다(이 책의 7장에서 베버[Weber]가 제시한 보기 참고). 현장이 아니라 비디오 이미지들을 통해 제공되는 주요 정보를 가지고서 원격조정 공격을 하는 것은 오판의 실수를 저지르기 쉽다. 또한 멀리 떨어진 사무실 여건과 컴퓨터 게임과 같은 접속은 군인이 현장에서 희생자를 바로 앞에 두고 총을 발사하는 것

---

14) 수평적 확산은 기존 기술/시스템의 다른 나라들로의 확대를 의미하고, 수직적 확산은 각 국가 내에서 질적 변화를 나타낸다.

보다 버튼을 누르는 것을 더 쉽게 만든다(Cummings, 2004; Webber, 이 책의 7장).[15] 이런 점에서 군인은 신원을 확인하고, 무기들을 조사하며, 상대방을 체포할 수 있다. 원격으로 조정되는 항공기를 사용하면서 이러한 모든 임무를 수행하는 것은 불가능하다.

심지어 더 문제가 되는 것은 무기를 장착한 무인 수송수단들이 언제 그리고 누구를 또는 무엇을 공격해야 하는지에 관해 자율적으로 결정을 내릴 때이다. 기계의 결정에 따라 인간을 죽이는 것은 근본적인 윤리 문제를 제기한다. 한 가지 쟁점은 기술적 실패의 가능성이 다양한 기계의 형식들에서 발생할 수 있다는 점이다. 또 다른 문제는 전쟁에 관한 모든 수단과 방법에 대해 간섭하는 국제적인 인도주의 법의 준수 여부이다. 자율적인 무기 시스템이 허용된다면, 활동하는 전투원과(예컨대, 의식이 없거나 투항을 한) 전투력을 상실한 대원, 전투원과 안전을 보장받아야 하는 시민을 구별할 수 있는 이 시스템의 능력, 또는 부수적 피해에 비해 군사적 이익을 취할 수 있는 이 시스템의 능력은 인간 군인의 능력과 동일한 수준을 가져야 할 것이다(Sharkey, 2007, 2008). 이처럼 인간의 수준에서 매우 복합적인, 매우 다양한 상황들을 판단할 수 있는 알고리즘의 능력은 현재 "인공 지능"의 수준은 결코 아니고, 심지어 수십 년 후에도 실현되지 못할 것이다.[16]

---

15) 물론 이와 같은 일부 결과는 무기가 멀리서 발사되거나 허용되면서 이미 발생했다. 그러나 집에서부터 통근하면서 도착하게 되는 사무실은 전장에서부터 상당히 더 멀리 정서적으로 떨어져 있음을 의미한다.

16) "앞으로 25년 이상 전쟁에서 로봇기술을 사용하는 것은 기껏해야 BLU-108과 같은 소형

I-(3) 대량 파괴 무기

무인 수송수단은 대량 파괴 무기들의 수송수단으로 사용될 수 있다. (위에서 보았던 것처럼) 생물학과 화학 무기들이 포괄적인 협약에 의해 금지되는 반면, 핵무기는 (아직) 금지되지 않았다.[17] 원칙적으로 핵무기는 무인 수송수단들에 의해 운송될 수 있다. 그러나 핵 무장 잠수함뿐만 아니라 수면 위의 선박도 승무원에 의해 지속적으로 운용될 것 같다. 핵무기로 무장한 육지 수송수단은 군대에 대해 일련의 문제들을 일으킬 것이다.―이 수송수단이 탈취될 경우를 피하기 때문에, 장거리 이동에는 상당한 시간이 걸릴 것이다. 그래서 탄도 또는 크루즈 미사일(사정거리 10km 이하, 또한 대포, 수류탄)이 선호될 것이다. 대부분 핵무기 운반 매체는 무인 항공기일 것이다. 크루즈 미사일의 형식에서 볼 때, 이 미사일은 이미 실재하는 것이지만, 미래 무인 전투기는(발사 장치에서가 아니라, 활주로에서 이륙하면서 재사용할 수 있을 것으로 보이는데) 또한 지하 관통 핵탄 또는 원거리 공격 미사일을 장착할 수 있을 것이다.

II-(1) 군사적 상황의 불안정화

기존의 맥락에서 "불안정화"는 전쟁 개시 또는 공격에 대해 증가

---

폭탄을 사용하는 수준에 불과할 것이다. 즉, 목표물을 감지할 수 있지만, 전투원으로부터 무고한 사람들을 식별할 수는 없다."(Sharkey, 2008a)

17) 그러나 다음을 참고해 보라. 1968년의 핵확산 방지 조약의 4조는 당사자들이 핵무기 해체를 위한 협상을 의무적으로 진행하도록 규정한다. 전 미국의 고위관계자들에 따르면, 핵무기로부터 자유로운 세계의 필요성은 2007년 이후에 나타났다(Shultz et al., 2007, 2008).

하는 동기 또는 압박을 의미한다. 특히 일부 무인 항공기들은 적진에 깊이 침투해서 정밀한 기습 공격을 할 수 있을 것이다. 낮은 고도에서 느린 속도로 비행하는 이들을 발견하는 것은 매우 어렵다. 이들에 대한 포괄적인 방어는 아직 존재하지 않는다. 여기에는 어떤 승무원도 없기 때문에, 이들을 침투시켜 매우 위험한 임무들을 수행하게 만드는 것은 매우 쉬울 수 있다-조종사의 상실 또는 감금은 제외된다. 만약 공격을 받는 쪽이 그 비행기들이 대량 파괴의 무기들을 운송할 것인지에 대해 불확실하다면, 이 또한 불안정화의 원인일 수 있다.[18]

공격에 대한 압박은 특히 위기와 관련이 있다. 만약 너무 늦게 조치를 취하는 것이 임박한 무력 전투에서 결정적인 불이익을 의미한다면, 이는 재빨리 조치를 취하려는 강력한 동기들을 만들 것이다. 잠재적인 상대편들이 가진 무인 전투 수송수단들이 단거리에서, 국경 지대에 또는 국제 영토에서 만날 때마다 그러한 상황을 예측할 수 있다. 서로의 비행 함대가 강렬한 적개심으로 상대방을 주시하고 있다고 보자. 한쪽에 의한 협조된 공격이 상대방의 시스템이 가진 중요한 부분을 전멸시킬 수 있기 때문에, 이들은 비상경계 태세에 있을 것이다. 공격의 어떤 징후도-아마도 태양 반사를 대공 미사일 또는 컴퓨터 오류로부터 배출되는 불꽃으로 오판될 수 있는 징후도-실제로 방아쇠를 당기게 할 수 있다. 비록 당사자들 모두 전쟁을 원하

---

18) 화학 및 생물학 무기에 관한 공포가 있을 때, 이러한 불안정화가 유지된다. 왜냐하면 핵무기의 악화는 조종사가 조종하는 핵 탑재 가능한 항공기보다 핵 탑재 가능한 무인 항공기가 있을 때, 발생할 것이기 때문이다.

지 않더라도, 전쟁은 경고와 공격의 두 시스템 사이에 통제되지 않는 피드백 순환에서 시작할 수 있다. 탑승 조종사들을 통해서 위협이 실제적인지 일련의 맥락과 기다림에 관해 더 나은 판단을 기대할 수 있다.–하지만 인간들이 통제하는 경우, 벼랑 끝 정책의 위험이 있다. 이런 상황에서 통신과 반응 지연이 따르는 원격 조정이 너무 느려서 자신의 전투 시스템의 생존을 보장하지 못할 수도 있다는 점을 인식하는 것이 중요하다. 그래서 만약 무인 전투 수송수단의 무리가 일부 국가들에 의해 만들어진다면, 시스템 자체에 조치 권한을 위임하려는 강한 동기가 뒤따르게 될 것이다. 두 번째 동기는 군인 한 명이 다수의 무인 전투 수송수단들을 통제하려는 의도에서 비롯된다.

자신의 중앙 군사 시스템이 불안전한 상태를 동반할 수 있다는 우려는 무인 수송수단들의 일련의 다른 잠재적인 적용들에서 나타날 수 있다. 이 적용들 가운데 한 부류는 적의 중요한 위성들을 도킹해서 조종할 수 있는 소형 위성들이다. 이 위성들은 짧은 시간에 전략적 경고, 감시와 통신의 수행 능력들을 파괴할 수 있다. 좀 더 미래로 가자면, 비밀리에 잠재적 적의 군사 시스템에 침투 및 정착해서 언제든 전자 장치에 방해할 수 있는 소형 로봇들에 관한 시나리오도 있다.[19] 상당히 정확한 재래식 무기를 탑재한 소형 무인 항공기 편대는 최상의 결과들의 수준에서 불안전성을 수반함으로써 핵전략 목표

---

19) 이러한 시나리오는 원래 적들에 대항하는 미군의 조치들에서 유래한 것인데, 중국 군사 전략의 부분으로서 부정적으로 기술되었다(Pillsbury, 2000, Ch. 6). 이와 관련해서는 Altman & Gubrud(2004) 및 Altman(2006, Section 3.4.) 참조.

물들을 방해하는데 사용될 수도 있다. 이런 점은 적의 핵보복 능력의 중요 부분을 제거하기 위한 재래식 공격의 전망에서 매우 위험한 행위로 진행될 수 있다.[20]

II-(2) 무기 기술 경쟁

오늘날 무인 항공기 분야에서 양적 무기 경쟁이 이미 진행하고 있다는 점은 분명하지만, 대다수 시스템에는 아직 무기가 장착되지 않고 있다. 앞서 말했던 것처럼, 일부 국가들은 무인 전투기를 개발하고 있고, 미국은 이미 미사일을 장착한 무인 항공기를 개발해서 이라크, 아프가니스탄과 파키스탄에서 사용하고 있다. 이제 우리는 이와 동등한 힘을 갖춘 다른 강력한 군사력이 등장할 것이라고 예견하는 선지자가 될 필요가 없다. 이 경쟁은 자재, 엔진, 통신 회선과 소프트웨어를 포함할 것이다. 공중전의 능력을 개발함에 있어서 기술적 우위들은 일시적일 뿐이다.[21]

아마도 시간이 지나면서 이와 유사한 발전들이 해양(수중 및 수면) 시스템과 지상 수송수단들에도 일어날 것 같고, 특히 지상 수송수단들의 발전에서는 군사적 효용성과 비용 효용성을 입증해야 한다.

II-(3) 수평적 또는 수직적 확산

(다른 국가들에게로) 기술과 시스템의 수평적 확산은 이미 비무장

---

20) 핵전략 시설물들에 대한 재래식 정밀 공격에 관해서는 Miasnikov, 2000 참조.

21) 공중전의 능력은 미군의 2020~2025 계획에서 예측되고 있다(Department of Defense, 2007, p. 3).

무인 항공기들에서 관찰할 수 있다.―지금까지 50개 이상의 국가들이 이들을 사용하고, 생산하거나 개발하고 있고, 20개 국가는 이들을 수출하고 있다. 미국, 이스라엘, 이란, 이 세 국가는 무기를 갖춘 무인 항공기를 소유하고 있다(Jane's 2007). 앞으로 위험 지역들에서도 이 수출품을 더 많이 보게 될 것이다. 이란의 Ababi-T(45kg 폭탄 탑재)가 대표적인 사례이다. 이 무인 항공기는 2004년과 2005년 레바논에서 헤즈볼라가 이스라엘에 대항하면서 등장하였다(Jane's 2007, p. 75 f). 또한, 수평적 확산은 이스라엘과 인도가 협력해서 개발한 세 가지 무인 항공기의 유형들처럼, 협동 개발의 형식을 취할 수 있다 (Raghuvanshi 2005).

많은 국가에서 무인 항공기 분야의 수직적 확산, 군사 기술 혹은 시스템의 양적 개선을 볼 수 있다. 이미 미국이 진행했지만, 다음 단계에서 커다란 개선은 무인 항공기들에 무기를 탑재하는 것이다. 이에 따라 폭탄 투하 또는 공중전과 같이 현재는 조종사가 있는 항공기가 수행하는 모든 임무를 전담하는 무인 전투기가 등장할 것이다. 다른 미디어들도 무인 수송수단들의 성공적인 개발을 다룸으로써, 수직적이고 수평적인 확산이 등장할 수 있다.

### III-(1) 인간에 대한 위험

만약 군사용으로 개발된 무인 시스템들이 광범위하게 확산될 경우, 이들 중 일부는 범죄에 악용될 수도 있다. 이런 점은 무인 전투기처럼 규모가 크고 비싼 시스템들에게는 별로 해당하지는 않지만,

소규모 무인 항공기는 테러리스트의 이상적인 도구가 될 수 있다. 1~2m의 날개폭에 수십 킬로그램을 탑재하고, 10cm의 사물도 측정하는 소형 항공기는 폭발물을 운반할 수 있다. 이처럼 제한된 탑재량이 폭발물의 형식을 제약하지는 않겠지만, 화학적 그리고 특히 생물학적 폭발물은 대량 파괴를 성공할 수 있다. 만약 주요 인물들이 공격을 받는다면, 심지어 소량의 폭발물도 강력한 영향을 미칠 수 있다. 고위급 정치인의 제거 또한 단순한 기계적 타격에 의해 또는 독약을 주입함으로써 성공할 수 있다.

테러리스트들과 다른 범죄자들에게 비행 수송수단들은 대체로 가장 실용적인 선택이지만, 이들은 또한 수상 또는 육지 시스템들을 사용할 수 있다. 예를 들면, 빌딩의 벽을 기어 올라가 창문을 통해 침투해서 공격 목표 대상자에게 폭발물을 전달할 수 있는 소형 로봇을 사용할 수 있다.

이러한 위험들은 점차 더 커질 것이고, 이로 인해 군사 시스템들은 이미 상당히 개선되고 있다. 하지만 많은 무인 시스템들은 보편적이게 될 것이다.―많은 특수한 목적의 모듈들이 주입되거나 부착될 수 있다.


III-(2) 환경과 지속적 발전에 대한 위험

이 분야는 이번 논의에 적합한 것은 아니지만, 한 가지 예외가 있다. 비의도적으로 (새로운) 화학적 또는 생물학적 전쟁 대리인이 허용되면, 이 대리인이 무인 시스템을 통해 유포되는 경우이다. 하지만 이런 점은 수송수단들의 연관성이 강한 것은 아니다. 오히려 상응하는 협약들이 계속해서 유지될 수 있는지의 여부에 관한 것이다. 연료 또는 다른 에너지 공급원으로부터 특수한 새로운 위험들은 발생하지 않는다. 자원의 소비 또한 커다란 이슈가 되지 않을 것이다.

### III-(3) 사회적 그리고 정치적 시스템에 대한 위험

사회적 그리고 정치적 시스템은 'III-(1) 인간에 대한 위험'에서 논의했던 것처럼, 테러리즘을 위해 사용되는 무인 시스템에 의해 위험에 처할 수 있다. 사람들을 도청하고 산업을 정찰하는 데 사용되는 이러한 시스템과 더불어 또 하나의 문제가 있다. 이런 점이 보다 더 적절하게 될수록, 로봇 시스템은 점차 더 소형화될 것이다. 10년 내지 15년 내에, 소형 로봇들이 문 아래의 틈을 통해 은밀하게 기어갈 수도 있고, 또는 일부분 열린 창문을 통해 날아들어 갈 수 있다 (Jürgen Altmann, 2006, Section 6.1.3.3). 오늘날 이미 카메라를 장착한 벌들을 사용하고 있다. 이 벌들은 폐쇄된 지역의 벽 또는 울타리를 넘어 비행하면서 내부를 촬영할 수 있다.

### III-(4) 사회 기반 시설에 대한 위험

'III-(1) 인간에 대한 위험'에서 언급했던 것처럼, 테러리스트들은 일정한 유형의 무인 시스템들에 접근할 수 있다. 이 시스템들은 많은 양의 탑재물을 싣고 (전력공급소, 상수도와 같은) 기반 시설물들에 직접 피해를 주거나 이들을 파괴하는 데 사용될 수 있다. 보다 소규모 시스템들은 중앙 통제소, 그리고 안테나와 조작기와 같은 통신 시설들을 목표로 삼을 수 있다. 또한, 이 시스템들은 보다 규모가 큰 시스템들 또는 인간이 추후 공격을 할 수 있는 정보를 제공하는 데 사용될 수 있다.

이러한 고려들이 특히 무기를 갖춘 군사 로봇/무인 수송수단에 관해 강력한 우려를 표하는 이유가 된다. 소형 지상 수송수단들은 수십 미터 떨어진 곳에서 원격으로 조정되면서, 사제폭탄 장치들을 검사하고 파괴하는 데 사용될 수 있다. 언뜻 보면, 이러한 수송수단들은 아무런 해를 끼치지 않는 것 같지만, 만약 무기를 탑재한 상태에서 자율적이거나 멀리 떨어진 곳에서 조종된다면, 위험하게 될 수 있다. 국제적 차원에서 가장 커다란 문제들이 교전 법규들과 관련해서 그리고 불안정과 확산에서 발생한다. 이런 문제들은 모든 규모의 군사 시스템들과 관련된다. 사회에서 가장 중요한 이슈들은 더 작은, 더 가격이 저렴한, 더 쉽게 접근할 수 있는 시스템들, 그래서 테러리스트들 또는 다른 범죄자들이 사용할 수 있는 시스템들에서 발생한다.

## 4. 예비 권고

우리는 예방적 차원의 무기 통제에 관한 기본 틀의 범위에서 로봇/무인 시스템들의 군사용 사용에 관한 상세한 분석을 진행해야만 한다. 앞으로의 탐구는 민간의 이익 대 군사적 위험에 대한 군사-민간의 접점과 조화를 연구해야 할 것이고, 제한할 수 있는 선택 사항들과 준수의 검증 여부를 분석해야 할 것이다. 이런 점은 로봇/무인 수송수단들이 점차 공적 영역으로 확대될 때, 더욱더 힘들어질 것이다. 현재 알트만(Jürgen Altmann 2006, 6장과 7장)에 토대를 둔 일반적인 사유들은 다음과 같다.

(1) 일부 적극적인 사용으로 인해, 모든 유형의 로봇/무인 시스템에 관한 전면적인 금지를 정당화하는 것이 아니라, 예방적 차원에서 가장 위험한 군사적 사용을 금지해야 한다.

(2) 민간 로봇/무인 시스템을 통한 속임수를 방지하기 위해, 이 시스템도 제한과 검증의 영역에 포함되어야 한다.

(3) 검증에 관한 간섭을 못 하게 하기 위해 그리고 대체로 특별한 장치 없이도 그 검증을 수행하기 위해, 매우 작은 로봇/무인 시스템은 금지되어야 하는데, 20cm에서 50cm 사이의 크기 제한을 두어야 한다(협소한 범위에서 제한적인 예외들이 예컨대, 완전히 무너진 건물들을 조사하는 것처럼, 중요한 시스템에 대해서는 유효할 수 있다). 그러므로 우리는 유럽 재래식 무기 조약(Treaty on Conventional Armed Forces in Europe)의 현장 사찰과 같은 검

증에 의지할 수 있다. 위성 감시는 적어도 규모가 더 큰 시스템과 기본 설비에 대해 부가적인 정보를 제공할 수 있다.

(4) 군사적 용도로 또는 민간용으로 이 규모를 넘어서는 비무장 로봇/무인 시스템의 수는 규제되어야 하고 제한되어야 한다.

(5) 기존의 무인 수송수단(탄도 미사일과 크루즈 미사일)을 넘어서는 다른 유형들의 로봇/무인 수송수단들에 관한 핵무기들은 금지되어야 한다. 기존의 수송수단들은 핵 군축의 새로운 출발의 과정에서 감소되어야 한다.

(6) 무기로서 또는 무기를 장착한 무인 위성은 우주 무기들에 관한 포괄적 금지의 기본 틀에서 금지되어야 한다. 도킹 및 조종 위성은 국제적으로 규제되어야 한다.

(7) (이미 존재하는 탄도 미사일과 크루즈 미사일을 제외하고) 무기를 탑재한 로봇/무인 수송수단들은 전면 금지되어야 한다. 이는 주로 미국의 Predator, Reaper처럼 이미 배치된 일부 시스템의 철수를 의미한다. 이러한 금지는 대부분의 다른 국가에 오직 합의를 더 쉽게 해야 하는 미래 시스템에만 영향을 미칠 것이다. 경우에 따라 이러한 금지는 성공적이지 않을 수 있지만, 국제 인도주의 법은 결정의 사슬 고리에서 절대적으로 인간을 필요로 하는데, 누구를 또는 무엇을 공격해야 하는지에 관해 기계가 자율적으로 결정하는 것을 금지하는 특별한 규칙을 통해 증진되어야 한다.

위에서 권고한 금지들이 포괄적으로 적용되기 위해 그리고 재빨리 파기되는 것을 막을 수 있는 높은 차단벽을 설치하기 위해, 이러한 금지들은 개발, 시험, 배치 그리고 사용의 단계들에서 유지되어야 한다.

## 5. 결론

감시 목적으로 하는 군사용 무인 항공기(UAVs)가 이미 십여 개의 나라에 배치된 반면, 여기에 무기를 탑재하는 것은 최근에 비롯된 것이다. 만약 예방적 무기 통제의 점검을 받지 않는다면, 이러한 전개는 더 많은 나라로 확산될 것이다. 그리고 이어 육지 그리고 해양과-보다 제한된 범위에서-우주 공간의 무인 수송수단들에서도 이와 유사한 전개들이 가능하게 될 것이다. 좁은 견지에서 국가 군사력을 살펴본다면, 이러한 전개들은 전쟁을 더 잘 수행하고 전쟁에서 더 잘 확산할 가능성들을 제공할 것이다. 하지만 만약 누군가 국가 군사력의 상호 대응에서 국제적 시스템을 검토한다면, 특히 무기를 갖춘 로봇/무인 시스템과 관련해서, 그 판단은 매우 다를 것이다. 불안정과 확산은 커다란/불확실한 세력 간의 전쟁뿐만 아니라 대부분의 전쟁을 더 가능하게 만들 수 있다. 범죄자들과 테러리스트들 역시 공격을 위해 더 강한 도구들을 확보할 수 있다.

국가 이익에 관해 한 가지 진일보한 이해에서 볼 때, 국가들은 대부분 위험한 유형들의 무인 수송수단들에 관한 국제적인 예방적 제약이 추진되어야 한다는 결론을 내릴 수 있다. 여기서 미국은 중심적인 역할을 담당해야 한다. 그래서 군사-기술의 우선성에 대한 자신의 매진을 미래의 보다 나은 안전을 확보하는 것으로 환원시켜야 할 것이다.

로봇공학자들과 인공 지능 연구자들은 군사적 전개들과 이들의 위험들을 인식해야 하고, 자신들의 연구 결과를 적대적으로 사용하는 것에 대한 목소리를 내야 하며, 국제적 제약을 옹호해야 한다.

# 참고문헌

Altmann, J. (2001). *Military Applications of Microsystem Technologies —
Dangers and Preventive Arms Control*. Münster: agenda.

Altmann, J. (2006). *Military Nanotechnology: Potential Applications and
Preventive Arms Control*. Abingdon/New York: Routledge.

Altmann, J. (2008). Präventive Rüstungskontrolle. *Die Friedens — Warte*, 83 (2
— 3), 105~126.

Altmann, J., & Gubrud, M. (2004). Anticipating Military Nanotechnology.
*IEEE Technology and Society Magazine*, 23 (4), 33~40.

Altmann, J., & Neuneck, G. (2008). US Missile Defense Plans in Europe —
Implications for Russia and Europe. *INESAP Information Bulletin*, no. 28,
pp. 29~34.

Arkin, R. C. (2007). *Governing Lethal Behavior: Embedding Ethics in a
Hybrid Deliberative/Reactive Robot Architecture*. Technical Report GIT
— GVU — 07 — 11, College of Computing, Georgia Institute of Technology.
Retrieved June 1, 2008, from: http://www.cc.gatech.edu/ai/robot — lab/
online — publications/formalizationv35.pdf.

Arkin, R. C., & Moshkina, L. (2007). *Lethality and Autonomous Robots: An
Ethical Stance*. Retrieved Dec. 15, 2008, from: http://www.cc.gatech.edu/
ai/robot — lab/online — publications/ArkinMoshkinsISTAS.pdf.

Brzoska, M. (2006). Trends in Global Military and Civilian Research
and Development and their Changing Interface. *Proceedings of the
International Seminar on Defence Finance and Economics*, New Delhi, 13
— 15 November 2006, pp. 289~302.

Cummings M. L. (2004). Creating Moral Buffers in Weapon Control Interface

Design. *IEEE Technology and Society Magazine*, 23 (3), 28~33, 41.

Department of Defense (2007). UMS Roadmap 2007—2032, Washington DC: US Department of Defense.

Gormley, D. M. (2003). UAVs and Cruise Missiles as Possible Terrorist Weapons. In: J. C. Moltz (Ed.), *New Challenges in Missile Proliferation, Missile Defense and Space Security*.

Occasional Paper No. 12, Southampton: Mountbatten Centre for International Studies.

Gormley, D. M. (2003a). Missile Defence Myopia: Lessons from the Iraq War. *Survival*, 45 (4), 61—86.

Hambling D. (2007). Military Builds Robotic Insects. *Wired News*, 23 Jan. 2007. Retrieved December 16, 2008, from: http://www.wired.com/science/discoverises/news/2007/01/72543.

Jackson, B. A., Frelinger, D. R., Lostumbo, M. J., & Button, R. W. (2008). *Evaluating Novel Threats to the Homeland—Unmanned Aerial Vehices and Cruise Missiles*. Santa Monica CA: RAND National Defense Research Institute.

Jane's (2007). *Jane's Unmanned Vehicles and Aerial Targets*. Coulsdon: Jane's

Metz S. (2000). The Next Twist of the RMA. *Parameter*, 30 (3), 40~53.

Miasnikov E. (2000). *Precision Guided Weapons and Strategic Balance (in Russian)*. Dolgoprudny: Center for Arms Control, Energy and Environmental Studies at MIPT. Retrieved December 16, 2008, from: http://www.armscontrol.ru/start/publications/vto1100.htm

Moshkina, L., & Arkin, R. C. (2008). *Lethality and Autonomous Systems: The Roboticist Demographic*. Retrieved June 2, 2008, from: http://www.cc.gatech.edu/ai/robot—lab/online—publications/MoshkinaArkinISTAS.

pdf.

Müller, H. (2004). Antinomies of the Democratic Peace. *International Politics*, 41 (4), 494~520.

Neuneck G., & Mölling, C. (2001). Methoden, Kriterien und Konzepte für Präventive Rüstungskontrolle. *Wissenschaft und Frieden*, Dossier No. 38.

Pillsbury, M. (2000). China Debates the Future Security Environment. Washington DC: National Defense Univ. Press, 2000.

Raghuvanshi, V. (2005). India, Israel Partner To Develop Three New UAVs. *Space News*, 1 March 2005. Retrieved June 12, 2008, from: http://www. flightglobal.com/articles/2008/02/11/221444/israel-special-israel-broadens-uav-use-with-advanced-designs. html.

Sharkey, N. (2007). Automated Killers and the Computing Profession. *Computer*, 40 (11), 122~124.

Sharkey, N. (2008). Cassandra or False Prophet of Doom: AI Robots and War. *IEEE Intelligent Systems*, 23 (4), 14~17.

Sharkey, N. (2008a). Grounds for Discrimination: Autonomous Robot Weapons. *RUSI Defence Systems*, 11 (2), 86~89.

Sharkey, N. (2008b). The Ethical Frontiers of Robotics. *Science*, 32 (5909), 1800~1801.

Shultz, G. P., Perry, W. J., Kissinger, H. A., & Nunn, S. (2007). A World Free of Nuclear Weapons. *Wall Street Journal*, 4 January 2007.

Shultz, G. P., Perry, W. J., Kissinger, H. A., & Nunn, S. (2008). Toward a Nuclear-Free World. *Wall Street Journal*, 15 Jan. 2008.

Sparrow, R. (2007). Killer Robots. *Journal of Applied Philosophy*, 24 (1), 62~77.

United Nations (2008). Prevention of an arms race in outer space. UN General

Assembly Resolution, 63th session, A/RES/63/40, Agenda Item 88, 2 December 2008. Retrieved Dec. 16, 2008, from: http://www.un.org/ga/63/resolutions.shtml.

U.S. Government Printing Office (2008). Department of Defense. Retrieved Dec. 15, 2008, from: http://www.gpoaccess.gov/usbudget/fy09/pdf/budget/defense.pdf.

# 로봇 전투, 인간의 권리
# 그리고 윤리적 기계의 수사학

유타 베버(Jutta Weber)[1]

Centre for Gender Research, University Uppsala

요 약: 로봇으로 사람을 죽이는 것은 더 이상 미래의 이야기가 아니라, 21세기에 접어들면서 현실이 되었다. 미국과 이스라엘 군대는 무인 전투기를 이른바 자신들이 명하는 대테러전에서 사용하고 있고, 특히 테러리스트들이 점유하고 있는 레바논과 팔레스타인(예를 들

1) Visting professor, Centre for Gender Research, University Uppsala, Engelska parken / Humanistiskt centrum, Thunbergsvägen 3L, 751 26 Uppsala, Sweden, email: jutta.weber@uni-bremen.de.

면, 최근에 가자지구에서 벌인 이스라엘의 전쟁)에서 뿐만 아니라, 이라크, 파키스탄, 아프가니스탄에서 목표가 된 대상을 죽이는 임무에 활용하고 있다. 최근 몇 년간 무인 전투기의 공중 공격의 횟수가 급격히 증가하였고, 이에 따라 살해되는 시민의 숫자도 증가하였다. 그럼에도 불구하고, 미국 정부와 군대는 늦어도 2032년에 자동화 전투를 구상하고 있고, 점차 군사용 로봇을 민간 부문에서 사용하는 비율도 증가하고 있다. 이러한 전개들의 국면에서 보면, 과학, 기술 연구, 기술 전망으로부터 안전 기술뿐만 아니라 로봇 전투에 관한 담론들이 매우 시급하다. 중요한 질문은 다음과 같다. 광범위한 사회에서 로봇 전투와 안전장치들이 어떻게 적용되는가? 그리고 이런 점이 새로운 지구 무기 경쟁, 전투에 관한 국제법의 위반, 시민들이 인종차별주의적 그리고 성차별주의적 함축들에 빠질 수 있는 위험의 증가, 그리고 군대 및 경찰과 시민 사회 간의 모호한 영역들로 이끄는 것은 아닌가?

주제어: 군사용 로봇, 무인 전투기, 비대칭 전투, 안락의자 전투, 전쟁 수행에서의 정의, 인종차별주의, 성차별주의, 윤리, 윤리적 살인 기계의 수사학, 군축 협정

# 서론

이라크 전쟁과 아프가니스탄 전쟁은 로봇 전투뿐만 아니라, 미국 군사 로봇의 발달을 위한 시험대로 간주할 수 있다. 육상과 수상 전투 로봇들은 아직 개발 중이지만, 무인 전투기들은 이미 광범위하게 사용되고 있다. 예를 들면, 오늘날 원격조종되는 무인 전투기(UCAVs)는 이라크 전쟁과 아프가니스탄 전쟁에서 미군과 나토군에 의해 정기적으로 사용되었고, 그 수도 증가 배치되었다. 아마도 이 무인 전투기들의 사용으로 이 전쟁들에서 살해된 시민들의 수는 증가하고 있을 것이다(Fischer 2008).[2] 이와 동시에 군대에서 사람 없이 출발해서 착륙할 수 있으며 사람들을 모니터해서 죽일 수 있는 자율적인 무인 시스템들은 이스라엘뿐만 아니라, 미국, 독일, 프랑스, 그리고 다른 EU 국가들을 포함한 많은 국가에서 적극적으로 추진되고 있다(국방부의 사례 참조, 2007).

이러한 전개들은 국제법과 관련해서 군축 협정, 무력 분쟁의 법, 그리고 인권과 같은 중대한 문제를 일으킨다. 예를 들어 전문가들은 로봇 무기 시스템의 확산이 전쟁에 돌입하는 임계점의 저하뿐만 아니라 새로운 지구적 무기 경쟁도 이끌 수 있다고 지적한다(Sparrow, 2007 및 Altmann, 이 책의 6장 참조). 다른 이슈는 최근에 군대와 경찰에 배치된 새로운 기술로 이 두 당사자 간의 경계가 분명하지 않다는 점

---

2) 아프가니스탄, 이라크와 파키스탄의 각 지역에서 무인 전투기의 공격과 그에 따른 피해에 관한 사례들 참조.

이다(예를 들면, 국경 감시를 위한 무인 전투기). 군사/경비 로봇들의 양방향 사용은 근본적으로 법적, 정치적, 그리고 사회적 문제들을 일으킨다.

지금까지 이러한 전개에서 로봇 경비 기술뿐만 아니라 로봇 전투에 관한 담론들이 거의 없었다는 점이 매우 놀랍다. 우리는 (기술)윤리학 전망[3]뿐만 아니라 과학과 기술 연구에서도 광범위한 분야에서 로봇 전투와 경비 시설이 사회에 다음과 같이 어떻게 적용될 수 있는지에 관한 면밀한 검토가 필요하다. 예를 들면, 새로운 지구적 무기 경쟁을 야기하고, 전쟁에 관한 국제법을 위반하며, 시민들의 위험을 더 위협하는 경우(Boës, 2005, Rötzer 2007a, 2007b, Sparrow 2007), 그리고 군대, 경찰과 시민 부문의 경계들이 모호하게 되고, 또는 범죄에 대해 살인 로봇을 사용할 기회들이 발생하게 되는 경우(Miasnikov, 2004, 2007; Altmann, 2006)이다.

이번 연구는 최근에 미군, 나토군, 이스라엘군 그리고 유럽의 군대에 의한 무인 전투기 개발과 배치를 정리하고, 이들의 윤리적, 정치적, 그리고 사회 기술적 함축들을 검토할 것이다. 미래 전쟁의 시나리오들은 인권과 국제법 이슈와 관련해서 개괄될 것이다. '로봇 전쟁의 꿈'과 관련된 상상적인 신기술의 열광(Graham, 2007), 미래 자율적인 로봇 시스템에 관한 가능한 윤리의 수사학뿐만 아니라 '인간적인' 전투도 논의하면서, 제언하고자 한다.

---

3) 예를 들면, Cerqui et al., 2006, Schomberg, 2006 참조.

# 1. 무인 항공기-미래 로봇 무기의 전조

베트남 전쟁 이후 무인 항공기(UAVs)는 감시용으로 사용되고 있지만, 일부 국가들은 현재 전투용 무인 항공기를 개발해서 배치하고 있다. 특히 미군과 이스라엘군[4]은 이른바 '목표 살인' 임무를 위해 무인 전투기(UCAVs)를 사용하고 있다. 이들 대부분은 이라크, 파키스탄 그리고 아프가니스탄에서, 테러리스트가 장악하는 팔레스타인 또는 레바논 일부 지역에서 실행되었다. 특히 이라크, 파키스탄 그리고 아프가니스탄에서 무인 전투기의 공중 공격의 횟수는 상당히 증가하고 있다.[5] 그리고-'정밀 타격'의 수사학에도 불구하고-살해된 시민들의 숫자도 상당히 증가하고 있다. 최근에는 와지리스탄(Waziristan)의 남쪽과 북쪽 지대-아프가니스탄 경계에 가까운 파키스탄 북쪽 지역-의 많은 마을은 미군과 나토의 무인 전투기에 의해 파괴되었고, 결혼식에 폭탄이 투하되었으며, 학교와 다른 시민의 주택들도 파괴되었다.

2004년에서 2007년 사이, 이라크에서 연간 미군의 공중 공격의 횟수는 285회에서 1,119회로 증가하였고, 아프가니스탄에서는 6,495회에서 12,775회로 증가하였다. 이와 동시에 2003년에서 2007년 사이의 무인 전투기의 비행시간도 세 배로 증가했던 반면, 이 두 나라에서 감시 비행의 횟수는 단지 약간 증가의 수준에 그쳤다. 그러므로 무인

---

4) Khalifa, 2008.

5) 아래를 참조.

전투기에 의한 공중 공격은 최근에 급격히 증가했다(Codesman, 2008; Rötzer, 2008 참조). 그리고 이른바 '부수적 피해' 건수도 매우 많다.[6] BBC는 아프가니스탄에서 "정부의 승인에 따른 군사력에 의한 시민 사상자가 증가하고 있다.—올해 들어 지금까지 577명에 이른다. 작년 같은 기간에서는 477명이었다. 사상자의 3분의 2 이상이 공중 공격에서 비롯된 것이었고, UN은 피해에 관한 독립적인 판단을 요청하고 있다. 그래야만 생존자들과 가족들이 보상을 받을 수 있다."(BBC News, 2008). 모든 공중 공격이 무인 전투기에 의해 수행되는 것은 아니지만, 앞서 언급했던 것처럼, 무인 전투기 공격의 횟수가 증가하고 있고, 시민의 사망 건수도 증가하고 있다. 그래서 이 전개들 사이에 매우 밀접한 인과 관계가 있다고 할 수 있다(Boës, 2005; Rötzer, 2007a, 2007b; Sparrow, 2007).

---

6) 한 가지 예를 들어보자. 2007년 5월 24일 칸타하르(Kandahr)에서 타임즈의 안토니 로이드(Anthony Lloyd)는 2007년 5월 8일 밤 구르모(Gurmaw) 마을의 소각에 가까운 파괴에 관해 다음과 같이 보도했다. "5월 8일 밤, 랄라이(Lalai)씨의 마을, 상인(Sangin)의 북쪽 사르완 콸라(Sarwan Qala) 마을의 정착촌은 탈레반과 외국 군인들 간의 교전 이후 전투기에 의한 폭격을 당했다. 랄라이(Lalai)씨는 그의 집 잔해더미에서 부상을 당한 채 밖으로 나왔을 때, 자신의 할아버지, 할머니, 아내, 아버지, 세 명의 형제들과 네 명의 여동생이 폭격으로 사망했음을 알았다. 가장 나이가 어린 희생자는 8세였고, 가장 나이가 많은 희생자는 80세였다. 단지 랄라이(Lalai)씨의 어머니와 5살, 3살된 두 아들만이 살아남았다. 두 소년들도 부상을 당했다. 그러나 그의 가족을 휩쓸었던 군대는 영국군도 나토군도 아니었다. 이 공중 공격은 아프가니스탄 나토군의 명령을 포괄적으로 위임을 받아 자신의 규칙으로 임무를 수행하는 미국 특수 부대에 의해 수행되었다. 적어도 21명의 아프간 시민들이 구르모(Gurmaw)의 폭격으로 사망하였다."(Loyd, 2007) 뉴욕 타임즈의 기자인 갈(C. Gall)은 지역 주민들과 가졌던 전화 통화를 근거로 56명에서 80명의 시민들이 포함된 상당히 많은 사상자가 발생했다고 보도했다.

## 2. 로봇 전쟁과 무인 전투기

로봇 전투에 따라 살해된 시민 희생자의 증가에도 불구하고, 군대와 정치가들은 일반적으로 군사용 로봇, 특히 무인 전투기의 개발을 추진하고 있다. 오늘날 미군은 군사용 R&D(Research and Development)를 위해 전략 예산의 3분의 2를 지출하고 있다(Brzoska 2006, Altmann, 이 책의 6장). 또한, 전투용 로봇의 개발이 주요 관심 분야라는 점은 그리 놀라운 일이 아니다. 2001년 미국 의회는 군대가 다음과 같은 "원격조정 기술"을 보완해야 한다고 결정했다. "(1) 2010년까지 운용하는 정밀 공격 항공부대의 3분 1은 무인화되어야 하고, (2) 2015년까지 운용하는 지상 전투 수단의 3분의 1은 무인화 되어야 한다."(US Cogress 2000, 38) 이러한 결정의 산물은 역사상 가장 규모가 큰 기술 프로젝트였다. 127억 불에 이르는 미국의 미래 전투 시스템(Future Combat System, FCS) 기획으로써, 무인 항공 및 지상 수송수단, 무인 수송수단, 무인 센서, 새로운 군수품, 장치, 그리고 모든 미래 전투 시스템 요인들 간의 통신과 데이터 공유를 위한 네트워크를 포함한다(Marte, & Szabo, 2007). 이 프로그램은 대부분 2005년 공동 로봇 프로그램 마스터 플랜(Joint Robotics Program Master Plan)에 의해 대체되었다. 2007년 12월 미 국방부는 '무인 시스템 로드맵(Unmanned Systems Roadmap) 2007~2032'를 발표하였다. 이는 앞으로 25년 동안 로봇 시스템에 관한 개발의 틀을 제시하는 것이다. 2013년까지 (항공, 해상과 지상) 무인 시스템에 관한 조사, 개발, 공급과 배치에 21억 달러가 투입될 계획이다. 그러나 군사용 로봇 시스템 개발에 속도를 내는 것은 미군만이 아니다. 오늘날 세계의 50개국 이상이 무인 시스템 개발에 매진하고 있다(Warren 2007, Jane's 2007).

오늘날 대부분 배치된 무인 항공 수송수단들은 군사용 로봇이다. 이들 항공기는 원격 조정으로 운용되고, (부분적으로는) 자율적으로 운용된다. 이들-그리고 특히 미래의 자율적인 무인 전투기-은 군사용 항공기의 미래가 될 것으로 예측된다(Department of Defence 2007, Sparrow 2007). 지상 전투 무인 수송수단들은 아직 시스템적으로 배치되지 않은 단계로서 앞으로 연구와 개발이 여전히 더 필요하다.

무인 전투기는 세 가지 구성 요소가 있다. 센서 그리고 (부분적으로) 무기 시스템을 가진 항공기, 항공기를 원격으로 조정하는 지상 통제소, 그리고 전파 통신, 레이저 또는 위성 연결과 같은 통신 기반 시설이다. 알트만이 지적하는 것처럼, "비행 통제는 기내 절차에 따라 진행되지만, 일반적인 지시 그리고 특히 공격 결정은 종종 수백에서 수천 킬로미터 떨어진 곳으로부터 위성 연결을 통해 원격 조정으로 진행"(Altmann, 이 책의 6장)됨을 알 수 있다.

정보전의 지배적 논리에 따라, 무인 전투기가 전송하는 비디오 영상들은 지상 부대, 헬리콥터와 지상 수송수단들로 전송될 수 있다. 이미 생산된 가장 잘 알려진 무인 전투기들 가운데 일부는 미공군의 프레데테(MQ-1 Predator)와 리퍼(MQ-9 Reaper)이다. 1990년대 MQ-1 Predator(당시 RQ-1)와 같은 무인 항공기는 무엇보다 감시용으로 활용되었다. 2001년에는 미사일을 장착하게 되었다(예를 들면, 공대지〔air-to-ground〕 AGM-114 헬리콥터 또는 AIM-92-스팅어 공대공 미사일〔Stinger air-to-air missiles〕).

코소보(Kosovo)에서 나토군은 감시용 무인 항공 수송수단들을 포괄적으로 운용하였고, 정기적으로 이들을 배치하고 있으며, 또한 미군은 아프가니스탄 전쟁과 이라크 전쟁에서 이들을 전투용으로 활용하였다(Barry/Zimet 2001; Sparrow 2007).

2007년 5월 미군은 처음으로 무인 전투기 비행단을 창설하였다. 공군 432 비행단은 6개의 전략 비행대, 60대의 MQ-1 Predator와 6대의 MQ-9 Reaper를 정비할 수 있는 1개 정비대로 수성(守城)된다. 편당 1.7톤까지 거대한 폭탄을 탑재할 수 있다. MQ-9 Reaper는 무인 전투기 MQ-1 Predator의 업그레이드 버전으로서, 길이 11미터, 날개 길이는 20미터이다. 가능한 탑재 무게는 1,702kg이다. MQ-9 Reaper는 14시간 연속 비행 능력을 갖추고 있다. F-16은 2시간 비행 능력을 갖추고 있지만, 그 속도는 훨씬 빠르다. MQ-9의 최대 속도는 시속 400km이고, 실용 상승 한도(service ceiling)는 15,000미터이다. 이러한 대다수 무인 전투기들은 미국 본토 기지에서 비행한다-단지 이착륙만 미국에서 약 12,000km 떨어진 아프가니스탄 또는 이라크 기지에서 운용된다. 무인 전투기의 전술적 목적은-특히 특정 대상을 살해하는 임무 및 '정밀 타격'을 위해 그리고 이에 따른 감시와 전투의 능력을 조합하기 위해-단기간의 공격에 필요한 거대한 양의 정보를 수집하는 것이다. 하나의 Reaper 시스템(지상통제소와 4대의 비행기)의 비용은 약 6천9백만 달러에 이른다.

미 국방부의 '무인 시스템 로드맵'에 따르면, 최근의 전쟁들은 공학자들과 군사 전략가들에게뿐만 아니라 개발과 기금을 마련하는 데 있어서도 무기 기술을 위한 시험대로 환영받고 있다. "방어와 관련된 무인 시스템의 경우, 냉전 이후 미국이 수행해 왔던 지역적 갈등들이 전쟁 당사자들에게 무인 시스템 기술의 수행능력들을 소개하고 확대하는 계기가 되었다. 이처럼 갈등에 따른 필요는 그 시스템의 관심을 강화하고 새로운 갈등으로 나아가면서, 기술의 진보와 지속된 기금 마련을 보장하였다. 글로벌 호크(Global Hawk)는 보스니아(Bosnia)와 코소보(Kosovo)에서 'Predator'의 임무수행으로 아프가니스탄에서도 사용될 수 있었고, 돌이켜 보면, 그 시작은 페르시아 걸프 전쟁에서 'Pioneer'의 사용이었다."(Departmnet of Defence, 2007, 47)

## 3. 유럽의 하이테크 군사 로봇

영국 공군은 미국에 MQ-9 Reaper 3대를 주문했던 적이 있다 (Hanley, 2007). 2004년 이후 'Predator'는 이탈리아 공군에서도 운용되고 있고, 2006년 이후 영국 공군에서도 운용되고 있다. 2008년 8월 독일은 미국방부에 MQ-9 Reaper 5대를 신청하였다(DSCA 2008). 또한, 파키스탄 공군은 적어도 한 대의 'Predator'를 운용하고 있다 (Rötzer, 2007b).

영국, 이탈리아, 독일 그리고 일부 유럽국가들의 공군 또한 무인 항공기를 배치하고, 무인 전투기의 원형-기술 시범-을 개발한다.[7] 2006년 프랑스, 그리스, 이탈리아, 스웨덴, 스페인 그리고 스위스는 2011년에 완료를 목표로 일명 'Neron'이라는 무인 전투기를 개발하는데 착수했다(Johansen, 2007). 독일의 경우, 2006년에 개발된 무인 전투기 'Barracuda' 시연에서는 이 로봇이 지중해에 모습을 드러내자마자 소프트웨어 문제로 충돌해버렸다. 그 이후 이 프로젝트는 중단된 상태다. 2007년 12월 EADS사(European Aeronautic Defence an Space Company)는 독일 국방부가 착수했던 "네트워크 기반의 무인 전투기(Agile UAV in Network-Centric Environments)" 프로젝트의 일환으로서 'Barracuda II 프로젝트'를 발표했다. 이와 동시에 EADS는 '네트워크 기반 전투 네트워크'를 개발하기 위해 독일, 프랑스 그리고 스페인 정부와 6천만 달러 계약을 맺었다. 이 네트워크는 무리를 지어 협동하고, 자신들의 시스템들에 관한 정보를 학습하고 전송하는 독일, 프랑스 그리고 스페인의 무인 전투기의 새로운 연합 모듈을 위한 지상기동지휘소의 공통 플랫폼이라고 할 수 있다.

---

7) 초기 무인 전투기는 원격 조정에 의해 통제되었다. 항공기의 완전한 자율성은 이후에 개발되었다. 항공기가 원격 조정 모드에서 완전한 자율성으로 쉽게 전환될 수 있는 점은 아마도 현재의 경우에 해당한다.

## 4. 레바논과 팔레스타인에서
## 사람을 죽이는 전령의 신 헤르메스(Hermes)

무인 전투기 개발에서 두 번째로 규모가 큰 나라는 이스라엘이다. 2006년 이스라엘은 레바논과의 전쟁에서 무인 전투기 헤르메스(Hermes) 시리즈(Elbit Systems Ltd.)를 배치했다. 그러나 또한 서안 지구(the West Bank)와 가자 지구(Gaza strip)에도 감시, 표적 살인을 위한 무인 항공기를 배치했다. 2000년과 2006년 사이에 테러리스트로 식별된 300명의 사람이 제거되었다-129명의 시민도 함께 죽음을 당했다(Case 2008). 이스라엘 인권단체들은 이에 대해 이스라엘 정부를 대상으로 소송을 제기하였다. 이들의 주장은 다음과 같다. 이스라엘뿐만 아니라 국제법에 따르면, '표적 살인'은 무력의 불법적 사용이라는 것이다. 이러한 행위는 용의자를 체포하기보다는 대신에 죽이는 경찰들의 행위와 비교될 수 있다. "2006년 12월, 이스라엘 대법원은 기념비적인 판결을 내렸다. 법원이 이스라엘의 암살 프로그램을 전면 금지하는 것이 어려운 반면, 국제법이 테러 용의자를 표적으로 삼는 것을 제한하는 것은 효력이 있다. 오늘날 공격을 정당화하기 위해, 이스라엘은 그 용의자가 (테러 공격 계획과 같은) 적대적인 행위에 적극적으로 연루되어 있어서, 매우 위험하기 때문에 체포는 배제되어야 한다는 믿을 만한 정보를 갖고 있어야 한다. 법원은 또한 공격 후에 독자적인 조사를 요구한다."(Case, 2008) 미국 인권단체들은 소송을 하지 않았다. 왜냐하면, 이들 단체에 따르면, 미국 법원이 대통령의 국가 안보 정책에 감히 도전하는 경우가 매우 드물기 때문이다.

시민이 죽는 것은 이번 소송의 쟁점이 아니다. 이런 쟁점의 경우, 국제법 기준에 따르면, 전투원과 비전투원, 군인을 목표로 하는 것과 시민을 목표로 하는 것을 분명하게 구분하는 것이 필수적이고, 이른바 부수적 피해와 무력 간의 정비례 원칙이 존재해야 한다. 시민을 의도적으로 죽이는 것 또는 비례에 어긋난 부상 또는 시민의 살인은 전쟁 범죄로 간주된다. 군사적 목적과 부상자와 시민의 죽음 간의 정비례 원칙이 단지 모호하게 규정되는 것이 유감이다.

## 5. 새로운 전투 시나리오의 대가: 인종차별주의, 성차별주의 그리고 비용—효율에 관해

다음을 고려해 보자. 아프가니스탄, 파키스탄, 이라크 그리고 가자 지구에서 '대테러 전쟁'을 위한 군사력이 무인 전투기에 의존하는 비율이 점차 증가하고 있다(Mellenthin, 2009). 이 시스템은 군인들의 생명을 구하는 처방으로서 국가적 찬사를 받고 있다. 예를 들면, 린 외(Lin et al.)는 (이번 책에서 보이는 것처럼) 다음과 같이 기술하고 있다. "부모들이 국기를 휘두른 장식함 속에 집으로 돌아온 우리의 군인들을 마주하며 가슴 아파하는 대신에, 자율적인 로봇이 〔······〕 인간 군인들을 대신해서 위험한 임무들을 맡는 범위가 점차 확대될 수있다."

이러한 접근은 존재론적으로 문제가 있는 주장이다. 우리 군인의 생명을 구하는 것이 우선성을 갖는다는 점은 분명하다. 남반구의 다른 (낮은 기술 수준의) 국가들의 비전투원들과 관련해서, 이처럼 새로운 기술의 인도주의적 가치에 관한 관심은 거의 또는 전혀 보이지 않는다. 군대와 미디어가 공통으로 화려하게 꾸미는 '정밀 공중 타격'의 수사학에도 불구하고, 표적 살인을 위해 폭탄과 미사일을 사용하는 무인 전투기의 배치와 더불어 상당수의 시민 희생이 점차 증가하고 있다. 미군(또는 나토군)이 아프가니스탄 또는 이라크의 시민들−여성, 어린이, 고령자−보다 훨씬 더 높은 가치를 갖는다는 점은 분명히 인종차별주의 그리고 부분적으로는 성차별주의에 기초하고 있다. 그러한 공격이 또한 남성들과 소년들에게도 영향을 미치고, 미군도 여성 군인들이 있다는 사실에도 불구하고, 이러한 전투 정치의 성차별주의는 군사 정치의 구조적 결과와 국제 정치 관계에 자리 잡고 있다(Tickner, 2004). 넓게 본다면, 두 가지 모두 전쟁과 갈등이 여성에 관해 매우 심각한 영향을 미치는 서로 다른 상황에서 여성과 아이들을 고려해야 할 필요를 무시한다(More, 2007). 서양의 군대와 민간인을 포함한 비서양의 군대 생명에 관해 서로 다른 가치평가를 인종차별적으로 그리고 성차별적으로 함축하는 극소수의 논의들이 아직도 있다는 점이 놀라울 따름이다(Butler, 2008; Herold, 2008). 또한, 때로는 다가오는 미래 전쟁이 오직 로봇 전쟁이 될 것이라는 환상이 일어나기도 한다.

법적 그리고 기술−윤리적 한계들을 극복하려는 노력이 이미 진행 중이다. 예를 들어 미해군연구소(Naval Surface Warfare Center)의 캐닝(John Canning)은 상당수의 "무인 전투 시스템"을 고려할 때, 인간의 통제를 받지 않는 무장 자율화 시스템-그의 입장에서 본다면, 항상 '살인 임무자이면서도 비용 삭감자'이다-의 사용을 제안한다 (Canning, 2007, 110). 그는 자율적인 기계들은 오직 기계들을 목표로 삼아야 하고, 반면에 인간은 인간을 목표로 삼아 그에 따른 무장 자율 시스템의 사용에 관한 정치적 그리고 법적 영향을 극복하길 권고한다. 자율 시스템은 자율 모드와 원격 통제 모드 간의 전환으로 구성되어야 한다. "적군은 자신의 무기를 포기하고 살려고 하기를 선택하거나 무기를 계속 사용하면서, 죽기를 선택할 것이다."(Canning, 2007, 31) 그렇지만 이는 매우 비실제적인 제안으로 보인다. 자율적 무기들의 전투가 거의 오직 로봇 전쟁-기계들은 오직 기계들과 싸운다-이라는 인상을 지울 수 없다. 또한, 캐닝은 적군이 이 시스템을 해킹해서 사람들을 잘못 죽이는 경우를 대비해서, 자율적 무기들에 비디오 카메라를 장착하기를 제안한다. 이런 방식에서는 적대적인 힘이 유죄라는 직접적인 증거를 제시할 수 있을 것이다(Canning, 2007, 30). 나는 이처럼 고도의 위험이 시민과 관련해서 용인될 수 있다고 생각하지 않는다.

이런 맥락에서 거의 간과되고 있는 점은 군대 또한 군사용 로봇의 비용-효율의 원칙에 관심을 갖는다는 사실이다. 무인 전투기는 제트 폭격기보다 가격이 더 싸고, 폭격기 조종사의 훈련비용은 무인 전투기 조종사와 지상통제소 운영자의 훈련 비용보다 더 비싸다. 무인 전투기 또한 미래 시장의 핵심 기술로 간주된다. 미국은 이미 자신의 무인 전투기 MQ를 프랑스, 이탈리아 및 여러 국가에 판매했고,

여전히 판매하고 있다. 미국은 매년 무인 전투기 드론(drone)에 수십억 달러의 비용을 지출하고 있다. 예를 들면, 앞서 언급했던 (4대의 항공기로 편성된) M-Q 9 Reaper 시스템의 일부 비용은 대략 7천만 달러에 이른다. 전문가들은 2015년부터 무인 전투기 판매 가격이 매년 50억 달러에 이를 것으로 전망한다(Nikolei, 2005). 거대한 기술-윤리적 문제들과 관련해서 유럽은 이런 시장의 개발을 규제하고 가까운 미래에 군비 경쟁을 방지하기 위한 예방적 군축에 임해야 한다.

이와 동시에 새로운 전투 시나리오는 새로운 군사용 로봇기술의 모습을 담고 있다. 예를 들면, 무인 전투기는 기존의 제트 폭격기와는 다른 전술적 목적을 갖고 있다. 프레데터 또는 리퍼는 적에게 지속적인 위협을 주는 기능을 한다. 글로벌시큐러티(Globalsecurity)의 군사전략자문인 피케(John Pike)는 다음과 같이 말한다. "당신은 예고 없는 공격을 위해 머리 위를 선회하며 얻은 상당한 정보들을 갖는다. 이는 정말 훌륭한 생각인 것처럼 보인다."(Vanden Brook, 2007)

그리고 동시에 적군이 높은 기술 수준을 갖추지 않은 국가들이라면, 이들이 무인 전투기를 파괴하는 것은 상당히 어렵다. 이들은-비교적 비싼-지대공 미사일 또는 공대공 미사일의 위협을 받는다. 동시에 일부 학자는 무인 전투기가 적의 위치를 발견해서 공격을 하기 위해 유인 시스템으로부터 서명을 받도록 제안한다(Boës, 2005).

특히 자율적인 무인 전투기는 새로운 과학기술 전투 시나리오의 중요한 부분으로 간주된다. 공중, 해상 그리고 지상의 복합적 네트워크로 통합된 유인 시스템과 더불어, 전투의 새로운 기술들이 개발되는데, 이들은 "(……) 네트워크로 연결된 유인 및 무인의 공중, 지상, 그리고 해상 시스템들과 운항 및 전투에 요구되는 기술들을 함께 갖춘 전략적 그리고 전술적 전투 공간에 관한 비전으로 향한다. 무인 시스템은 따분하고, 더럽고, 위험한 임무들로부터 자유로운 전투원들에게 자율적 그리고 준자율적 능력들을 부여한다. 그래서 로봇이 그 임무들을 더 잘 수행할 것이고, 이 임무 수행에서는 인간 군인의 인내와 수행의 제약을 벗어난 완전히 새로운 기획 개념들이 활용될 수 있다. 아프가니스탄과 이라크에서 무인 전투기의 사용이 이러한 접근의 잠재적 변형을 설명하는 첫 번째 단계라고 할 수 있다"(Department of Defense, 2007, 34)고 말한다. 미공군은 자신들을 천하무적으로 만드는 고난도의 기술 변형을 꿈꾼다. 인공 지능과 학습 능력을 갖춘 자율적인 전투 로봇 시스템은-적어도 결국에는-인간 군인이 운용하는 어떤 시스템보다 더 정밀하게, 더 빠르게 조치를 취하고, 더 많은 데이터에 접근할 것으로 보인다.

## 6. 기술-우위(techno-Supremacy)의 오랜 꿈 & 비대칭 전투(Asymmetric warfare)의 생산

완벽한 로봇의 그리고 정보 전투 네트워크의 꿈은 핵무기를 통한 힘 우위의 오랜 꿈-지속적으로 위험하고 고비용의 군비 경쟁을 이끌었던 꿈-을 상기시킨다. 이와 동시에 전지전능한 로봇 전투의 꿈은 어쩌면 그것이 등장했던 그 순간에 약화된 것 같다. 오늘날 미군과 나토군의 이라크 전쟁과 아프가니스탄 전쟁 경험은－이전의 베트남 전쟁처럼－고난도 기술 우위가 자동적으로 전투에서의 우위를 이끌지 않는다는 점을 보여준다. 제1차 걸프 전－최초로 정보전의 패러다임에서 진행된 전쟁－이 고난도 기술의 새로운 접근으로 매우 성공적인 고난도 기술 전쟁이었던 반면, 아프가니스탄과 이라크 전쟁에서 정보와 사이버전쟁 시나리오는 그때처럼 동일하게 기능하지 못했고, 비대칭 전투(여기서는 도심에서의 대게릴라전을 의미한다)로 나아갔다. 이 비대칭 전투는 전통적인 '공수착륙' 전투보다 (특히 미군의) 희생이 더 컸다. 그리고 이는 미군과 나토군이 이길 수 없는 전쟁인 것으로 보인다. 기존의 경험들을 살펴보면, 서양의 많은 군대는 자신들의 군사적 전략을 재고하지 않고, '도심에서 군사 운용(military operations on urban terrain, MOUT)'을 위한 고난도 기술의 해결책에만 집중한다. 후자는 미로 같은 거리, 복합적인 기반시설을 갖춘 '동양의' 도시들에 고난도 기술의 원형감옥(high-tech panopticons)을 확립하려는 생각에서 비롯된다. 이와 같은 고난도 기술의 시나리오는 디지털 센서를 사용하는 예상 추적 시스템과 위험 정보수집 시스템, 즉, "지속적이고, 예상하는, '무장된 시야'(Gramham, 2006)"를 갖춘 감시를 포함한다. 자율적인 전투 로봇의 아이디어와 병행해서, 미군은 자율적 전자기반 정보수집, 즉 '목표'를 확인할 뿐만 아니라 자동적으로 그것을 제거하는 추적 및 목표 확인 시스템의 꿈을 추구하고 있다. 이와 같은 개발은 인류가 고난도 기술 '해결책'을 위해 시도하는 끊임없는 전쟁의 소용돌이를 보여주는 것이다. 이 논리에 따르면, 저난도 기술의 게릴라군이 '모든 것을 한눈에 볼 수 있고 자동화된' 전투에 대항하는 수단을 찾을 수 있지만(Boës, 2005), 새로운 전투의 방식이 이전의 전통적 방식의 전투보다 더 심하게 시민들을 위험에 빠뜨릴 것임은 분명하다. 이런 점에서 보면, 새로운 고난도 기술의 전쟁에는 다음과 같은 전쟁, 즉 시민의 생명뿐만 아니라 군인들의 생명도 구하는 '깔끔한', '정밀한 감독을 받는' 전쟁은 제외된다.

고난도 기술의 전투와 더불어 새로운 지구적 군비 경쟁을 시작하는 것도 하나의 문제가 된다. 또 다른 문제는 도심 전투에 따른 거대한 인도주의적 결과이다. 군축 전문가들, 정치학자들뿐만 아니라 많은 철학자도 자동화된 전투가 효과적인 억제와 그에 따른 전쟁의 회피 또는 단축을 이끌지 못할 것이라는 점은 상당히 설득력이 있다고 지적한다. 이와는 반대로, 자동화된 전투가 전투를 치르기 위한 한계점을 약화할 것이라고 보기도 한다(이번 책의 Altmann 부분 참조; Sparrow 2007). 또한, 로봇 무기 시스템이 유럽 재래식 무기 감축 조약(Conventional Forces in Europe Treaty, CFE)과 같은 일련의 군축 협정과 관련해서 고려되는지도 불분명하다(Botturi et al., 2008). (이 책에서) 알트만은 일련의 로봇 시스템이 다른 로봇 시스템들도 포함하는 메커니즘을 제공하기 때문에 조약 규정에 속하게 될 것이라고 지적한다. 결국, 문제는 다음과 같다. 로봇 시스템이 유럽 재래식 무기 감축 조약과 같은 무기에 제한을 두는 예방적 군축 기준의 적용을 받을 수 있는가?

## 7. 드론을 해킹하기

나는 로봇 전투의 정치적 그리고 윤리적 문제와 무인 전투기의 배치를 심층적으로 분석하기에 앞서, 무인 전투기를 활용하는 로봇 전투의 추가 문제, 즉, 무인 전투기 통신 구조를 해킹당할 커다란 위험이 있다는 점을 지적하고자 한다. 지금까지의 고성능 데이터 전송은 도청과 잡음에 취약하다. 적대적인 세력이 통신 설비를 해킹함으로써 로봇 시스템을 무력화할 수 있다는 점은 상당히 설득력이 있다. 통신 설비의 해킹이 바로 무인 전투기의 약점이다(Altmann, 2003 참조; ISIS, 2006; Sparrow, 2007). 만약, 예를 들면, 무인 전투기가 게릴라군에 넘어가면, 해킹을 당한 무인 전투기는 아군의 군인들 뿐만 아니라 시민들, 그리고 거의 모든 사람에게도 상당히 위험하다. 군대가 이런 커다란 위험을 인지하고 있기 때문에, 고난도 기술을 가진 두 국가 간의 로봇 전쟁이 자국의 인공위성을 보호하기 위한 우주전쟁으로 확대되거나 자율적 무기 시스템(autonomous weapon systems, AWS)이 통신 시스템의 영향을 덜 받는다는 이유로 가까운 미래에 배치될 것이라는 주장은 그럴듯하다. 후자는 국제법의 문제 그리고 책임의 문제와 관련해서, 그러나 또한 잘못된 결정이 더 이상 취소되거나 변경될 수 없는 상황에서 전투의 속도를 강화시키는 것(Sparrow, 2009a의 사례를 참조)과 관련해서도 상당한 논란이 제기되는 문제이다.

또 다른 문제는 무인 전투기가 매우 쉽게 복원될 수 있다는 점이다. 로봇 시스템의 모듈 방식뿐만 아니라 하드웨어와 소프트웨어의 유용성, 안정성과 낮은 가격이 단지 사소한 지식만으로도 감시용 드

론을 이론적으로 폭탄까지 탑재할 수 있게끔 조립할 수 있게 만드는
요인이 된다(ISIS Europe, 2006; Miasnikov, 2007).

## 8. 양방향 사용, 거리 그리고 온라인 전쟁

자율적 로봇 시스템은 쉽게 복사되고 재구성될 수 있다. 오늘날
로봇 시스템의 모듈 방식과 일반화로, 관련 부문들이 민간 산업분야
에 진출하는 데 있어 장애물은 거의 없다(Miasnikov, 2004, 2007; Boës,
2005, 6; ISIS, 2006). 그러므로 범죄자들도 로봇 무기 시스템을 쉽게 만
들고 사용할 수 있다.

이와 동시에 전투용으로 개발된 로봇이 시민 사회를 침해하는 일
이 증가하고 있다. 예를 들면, 미국국토안보부는 캘리포니아-멕시코
경계 지역을 관찰하기 위해 그리고 스위스 경찰은 스위스 국경 지대[8]
를 관찰하기 위해 이미 무인 전투기를 배치했다. 독일 회사인 라인메
탈 디펜스(Rheinmetall Defence)는 이미 자체적으로 홈랜드 시큐러
티(Homeland Security)라는 것을 가동하였고, 유럽 연합 국가들의
경계들을 '보호하는' 임무를 신청하고 있다. 지금까지 군사용 로봇이
양방향에서 이중적으로 사용하는 것이 프라이버시와 데이터 보호의
권리를 어떻게 위반할 수 있는지를 검토한 조사들은 매우 드물다.

지상 전투용으로 개발된 무장 로봇, 'SWORDS'를 만든 'Foster

---

8) EU의 국경담당 기관인 Frontex도 곧 이들을 활용할 계획이다.

-Miller'와 같은 로봇 제조사는 미국 경찰국이 전기총을 장착한 로봇을 갖추도록 적극 홍보하고 있다(Schachtman, 2007). 로봇이 비용을 절감시켜주는 것으로 여겨지면서, 민감한 경찰 업무에도 점차 사용될 가능성이 커지고 있다. 사회적 양상들과 문제들을 억누르는 일은 종종 눈으로 잘 보이지 않는다. 이미 전기총의 사용이 경찰과 시민 간의 대치 상황에서 폭력을 더 증가시킨다고 지적하는 연구가 많이 있다(LIT). 이런 점이 전기총을 장착한 원거리 운용 로봇(tele-operated robots)의 문제와 결부될 것이라는 점은 상당히 설득력이 있어 보인다. 상호 작용과 기술을 중재하는 것이 항상 폭력의 감소에 기여하는 것은 아니다.

관련 상대방과 거리를 두는 것에 있어서 문제가 되는 양상들은 전투와 관련해서 광범위하게 논란이 되고 있다. 대량 파괴 무기들은 종종 비행기, 미사일과 같은 기술의 산물에 의존한다. 이들은 먼 거리에서도 명령과 책임을 수행하는 것을 가능하게 만든다. 이런 점은 무인 전투기와 관련해서 볼 때, 매우 분명하게 보인다. 일련의 원격 조정 로봇 전투 시스템(예를 들면, 이라크에 배치된 MQ-1과 MQ-9-)은 약 7,000km 떨어진 네바다(Nevada)에서도 조정되고 있다. 이는 과도 현실의 특성을 갖는 조치로, 군인들이 자신들의 책임을 수행하는데 실제적인 도전이 될 수 있다. 로봇 드론에게 수천 킬로미터 떨어진 곳을 파괴하도록 명령하고 오직 비디오 화면을 통해서만 그 결과를 모니터링 하는 것은 컴퓨터 게임의 경험과 매우 비슷하다. 문제는 이와 같은 원격 조정 (또는 심지어 자율적인) 무기 시스템과 관련해서, 이러한 조치의 결과들이 신뢰할 수 있는 경험이 될 수 있는지에 달려있다. 기술 설계는 이런 문제를 인식해야 하고, 그 영향을 어떻게 피해야 하는지에 관해 고려해야 한다(Sparrow, 2009a).

## 9. 무인 시스템과 전쟁 수행에서 정의(Jus in Bello)

의무론적 전망 또는 결과론적 전망에서 논의하는 많은 윤리학자는 인간을 죽이는 것에 대한 책임이 다음과 같이 전쟁 수행에서 정의(jus in bello)에 대한 주요 조건이라는 점을 지적하고 있다. "만약 무기의 본질, 또는 전투의 다른 수단이 이것이 야기하는 사상자들에 대한 개별 책임을 규정하거나 묻는 것을 '전형적으로' 불가능하게 만든다면, 이는 '전쟁 수행에서 정의(jus in bello)'의 중요한 필요조건에 반대되는 것이다."(Sparrow, 2007) 만약 책임이 더 이상 근본적인 쟁점이 아니라면, 이는 가까운 미래에 자율적인 무기 시스템으로 수행될 전쟁들의 방식들에 영향을 미칠 수 있다.

군사 전문가들은 종종 도덕적 문제와 자율적 로봇에 관한 논의를 피하려고 자율 시스템은 오직 인간(군인) 운용자의 감독하에서만 배치될 것이라고 주장한다(Marsiske, 2007; Sparrow 2007). 반면에 미군은 다음과 같이 완전한 자율 시스템 개발을 상당히 진척시켰다: "DARPA(국방 고등 연구 기획청)는 로봇 시스템의 자율성과 견고함의 수준을 확대하고 있다. 이러한 진보를 통해 무인 시스템이 복잡한 환경에서도 점차 복잡한 임무들을 얼마나 잘 다룰 수 있는지를 검토한다(······). 자율성과 튼튼함은 더욱더 치열하게 결합하는 전투 시스템에서 전투 현장에 관한 우리의 지식을 개선하고, 우리의 목표물 접근 속도와 정확성을 강화하며, 생존능력을 증진시키며, 그리고 임무 수행을 더 유연하게 만드는 유인 시스템과 무인 시스템을 연결함으로써 개선된다."(Department of Defense, 2007, p. 34)

군사 운용자가 갖는 책임에 관한 주장과 강화된 자율 무기 시스템(Autonomous Weapon Systems, AWS)의 개발 사이에는 다음과 같이 내적인 긴장이 있다. 즉, 우리가 완전히 자율 시스템을 확립하고자 해야만 하는 이유 그리고 이 시스템을 원격 조정 시스템으로 사용하고자 해야만 하는 이유는 무엇인가? 자율 시스템을 확립하기 위한 주요 근거들 가운데 하나는 전투 현장에서 속도를 증가시킨다는 데 있다. 인간은 전투의 속도를 떨어뜨리고 있다. 반면에, 다음의 상황은 그럴듯하다. 적이 완전히 자율 시스템을 배치하는 순간부터, 아군도 자율 시스템을 사용할 것이다. 이런 경우, 전투는 인간의 통제를 벗어나 쉽게 끝날 수 있다. 그리고 또한 통신 기반시설이 적으로부터 공격을 당하는 경우를 피하려고 완전히 자율적인 무인 전투기를 사용하고자 하는 '유혹'이 있다.

자율 전투 시스템과 책임을 어떻게 보장할 것인지에 관해 다른 전제들도 있다. 프로그램 개발자, 기계 또는 지휘관이 책임져야 한다는 것이다. 자율 시스템이 예측할 수 없는 작동을 할 경우, 일부 전문가들은 프로그램 개발자 또는 생산자에게 그 책임이 있다고 주장한다. 그러나 만약 생산자가 자율 무기의 위험들에 관한 정확한 정보를 제공했다면, 생산자에게 기계의 잘못에 대한 책임을 물을 수는 없다(Nagenborg et al., 2008). 자율 시스템의 작동 결과로서 잘못된 표적 파괴의 예를 고려해 보자. 만약 어떤 시스템이 점차 자율적으로 작동하는 것이 증가하는 것으로 설정되었고, 그래서 자율적으로 작동하게 된다면, 프로그램 개발자에게 어떤 자율 시스템이 갖는 예측할 수 없는 작동의 부정적 결과에 대해 책임을 물을 수 없다. 만약 자율 무기 시스템이 국제적으로 금지되었지만, 프로그램 개발자가 그러한 기계들을 프로그램밍화하는데 참여한다면, 이럴 경우, 프로그램 개발자에게는—기계를 배치하고 있는 사람들을 제외한다면—오직 법적인 측면에서만 책임을 물을 수 있다.

다음과 같이 자율 무기 시스템에 관한 일련의 인지적 한계들을 고려해 볼 때, 자율적 기계가 책임을 갖는다는 점은 합리적인 것으로 보이지 않는다. 즉, 최첨단 대상 인식 기술의 한계, 복잡한 상황들에 대해 (올바른) 규칙들을 타당하게 채택할 수 있는 기계들은 불가능함 등을 고려해 보라(이 책의 Tamburrini 참조; Botturi et al., 2008).

군사 전문가들이 선호하는 접근은 책임이—장거리 무기의 경우처럼—지휘관에게 귀속된다는 것이다. 이는 문제에 대한 만족스러운 해결책도 아니고, 가능한 옳은 해결책도 아닌 것 같다. 왜냐하면, 자율 무기 시스템은—적어도 이론적으로—그 자체로 표적을 선택할 수 있는 능력을 갖추고 있고, 그럼에도 불구하고, 지휘관은 자신이 조정하지 않은 무기에 대한 책임을 져야 하기 때문이다(Sparrow, 2007, p. 71).

## 10. 기술력이 낮은 국가와의 버튼식 전쟁(push-button wars)

앞서 언급했던 것처럼, 자율 전투 시스템에 관해 가장 긴급한 관심사들 가운데 하나는 이 시스템이 매우 쉽게 전쟁으로 나아가게 할 수 있다는 점이다. 지금까지 민주주의 국가에서 전쟁을 시작하려면 국민의 근본적인 합의가 있어야만 했다. 적어도 불일치는 피해야 한다. 만약 전쟁이 우리 군인에 대한 위험 없이, 원격 통제소로부터 버튼을 누르는 것에 관한 문제로 인식된다면, 이런 점은 어떻게 변할 것인가? 그리고 만약 시민들 또는 투항하는 군인들을 죽이는 것에 대한 책임이 어느 누구에게도 없다면, 어떤 변화들이 발생하게 되어 사람들을 죽이게 되는가? 또한, 비인간적인 명령을 거부하는 것은 로봇 전쟁에서는 더 이상 발생하지 않을 것이다. 이런 점은 적어도 보다 더 인간적인 방식의 전투의 중대한 부분이다(또는 부분이었다). 예를 들어 우리는 인간 군인들이 종종 총을 적군에 겨누지 않고, 공중을 향해 발사한다는 점을 알고 있다. 그러나 로봇은 항상 로봇에게 프로그램화된 것을 행할 것이다. 한편으로는 무기 시스템의 자율성과 다른 한편으로는 군인들의 행위들에 대한 자신의 책임이 그 자체로 모순될 때, 로봇 전쟁은 (제노바 협정과 같은) 전쟁에 관한 국제법을 위험에 빠뜨릴 수 있다. 일반적으로 전쟁에서 로봇 무기의 도입은 "잠재적인 적, 군비 경쟁, 그리고 확산 사이의 군사적 상황의 불안정성"을 이끌 것이고, "전투에 관한 국제법을 위험에 빠뜨릴 것이다." (Altmann, 2006) 그리고 이와 동시에 진보된 그리고 수행 가능한 자율 살인 시스템이 어떤 방식으로든 배치될 것이다. 왜냐하면, 우리는 적이 이 시스템을 사용하는 것을 두려워하기 때문이다. 그러므로 자율 무기 시스템을 금지하는 것이 매우 필요하다. 금지는 새로운 것이 아니다. 대부분 유럽 국가들에서는 생명 및 화학 무기뿐만 아니라 대인 지뢰를 금지하고 있다. 만약 자율 시스템이 제네바 협정에 위배된다고 합의를 본다면, 이 시스템의 개발과 배치를 멈추어야 한다. 2002년 이후, 네덜란드 헤이그에는 국제형사재판소(International Criminal Court)가 제네바 협정과 같은 전투에 관한 국제법의 위반들을 기소하고 있다. 독일에는 주 검사가 전쟁 범죄 용의자를 고소할 수 있거나 전쟁에 관한 국제법의 측면에서 인류애에 반하는 범죄를 고소할 수 있는 법령이 있다.

## 11. 도덕적 기계의 수사학

법적으로 그리고 윤리적으로 중대한 군사용 로봇과 이 로봇의 금지와 관련된 문제의 측면에서 볼 때, 윤리학 및 특히 군사용 로봇에 관한 이른바 '윤리적' 소프트웨어에 관한 연구는 미육군연구실(U.S Army Research Office)과 미해군연구실(U.S Office of Naval Research)의 지원을 받고 있다(Arkin, 2007, 2008; Moshkina, & Arkin, 2008; 이번 책의 Lin et al. 참조). 조지아 과학기술 연구소(Georgia Institute of Technology)의 로봇공학자인 아킨은 이 분야의 저명한 학자들 가운데 한 명이다. 그의 접근은 로봇의 제작에 있어서 윤리적 행위를 위한 책임 있는 윤리를 주입하는 것이다. 그는 자신의 논문 'Governing

Letheal Behaviour: Embedding Ethics in a Hybrid/Deliberative/Reactive Robot Architecture'(2008)에서 미래 로봇이 인간보다 더 윤리적일 것으로 전망한다. 왜냐하면, 미래 로봇이 자기보존을 위한 감정이나 충동을 갖지 않는 방식에서 프로그램될 수 있기 때문이다. 그는 이러한 미래 로봇이 어떤 목표물이 정당한 것인지를 정하는데 더 나은 감각 기관을 가질 수 있다고 제안한다. 그는 로봇이 '시나리오 수행', 즉, 주입된 모든 것을 고정된 예상과 이미 제공된 사고 틀에 부합해서 해석하려는 경향에 대해 인간이 갖는 심리적 문제를 갖지 않는다고 주장한다. 말하자면, 그의 주장은 인간은 자기 결정의 토대를 반성할 수 있는 잠재력을 갖지만, 로봇은 자신의 프로그램에 질문할 수 없다는 사실로부터 나온 대담한 전망이다.

아킨에 따르면, 로봇은 또한 더 많은 자료에서 더 빠르게 정보를 계산한다. 그래서 로봇은 파괴적인 결정에 관한 추론을 하기 위해 더 많은 시간을 갖는다. 그는 로봇이 자신과 함께 작업하는 인간 수행팀의 결정을 감시할 수도 있다고 제시한다(Arkin, 2007, pp. 6~7). 그의 주장은 이른바 완벽한 윤리적 로봇이 아니라, 로봇이 '이라크 해방작전(Operation Iraqi Freedom)'을 수행하는 동안 전쟁에 관한 법률의 상당한 위반과 관련해서 인간보다 더 나은 임무를 수행할 수 있다는 점이다. 진보된 무기 기술의 측면에서 볼 때, 그리고 미군 자체의 윤리적, 간문화적 그리고 사회적 쟁점들에 대한 적절한 훈련 실패의 측면에서 볼 때, 자동 윤리(automatic ethics: 자동화된 윤리. 즉, 도덕적으로 고정된 윤리체계)가 오직 유일하게 가능한 해결책으로 제안된다.

이와 같은 환원주의적 그리고 신기술 우위의 논리는 기존에 알려진 사회-정치적 그리고 윤리적 문제와 기술의 대립을 '해결하는' 패턴을 따른다. 그러나 이러한 제안의 존재론적 토대뿐만 아니라 근본적인 인식론적 토대도 매우 드물게 논의되기도 한다. 그가 당연시 하고 확립하는 로봇에서 윤리의 공식화를 토대로 그의 미래 로봇의 모습을 다음과 같이 검토해보자.

(1) 적어도 로봇 시스템은 군인들과 마찬가지로 많은 정보를 갖는다. 로봇 시스템은 '정보'-이 용어가 (이해와 의미에 연관되어) 일상적인 측면에서 또는 이 수준들을 분명히 배제하는 기술적인 측면(Shannon/Weaver)에서 사용되는지-의 의미를 논의하지 않는다(Hayles 1999).

(2) 제시된 진보 시스템은 비윤리적 행위의 수행에 저항할 수 있을 뿐만 아니라 그 저항의 이유도 설명할 수 있는 능력을 갖추고 있다. 만약 지휘관이 그 저항을 무시한다면, 지휘관은 그 시스템의 조치에 대한 책임을 진다. 이러한 접근은 다음 세대에서는 현실화될 수 없는 고도로 지적인 시스템을 제안하는 것이거나 매우 환원주의적 차원에서 이와 같은 저항 업무의 메커니즘을 제시하는 것이다.

(3) 로봇 시스템에서 윤리의 공식화를 실현하고자 하는 아킨이 접근하는 중심 가정은 자율 무기 시스템이 군인, 투항하는 군인과 시민 사이를 구분할 수 있는 능력인데, 이 가정은 가까운

미래에 해결될 수 없다.

아킨이 분명하게 드러내지 않는 중심 주장은 모든 가능한 복잡한 상황이 올바르게 공식화될 수 있고 실시간으로 계산될 수 있다는 것이다. 이런 점은 인공 지능에 관한 오래된 주장이면서도 결코 실현되지 않는 주장이다. 그러나 실제 복잡한 세계에서 (하나의 시스템에서 많은 행위에 관한 병렬 계산) 규모 확대 문제뿐만 아니라 운항의 문제, 대상 인식의 문제는 아직 해결되지 않았고, 가까운 미래에 만족스러운 방식에서 해결되지 못할 것이다.

이러한 어려움의 측면에서 볼 때, 아킨의 '폐쇄 세계 가정'조차도 아무런 도움이 되지 않는다. 이 가정에서의 시스템은 결코 윤리적 처방에 의해 처리되지 않는 상황들에서 치명적인 결정이 허용되지 않는다는 것이다. 그러나 해결할 수 없는 문제는 다음과 같다. 그 시스템이 규칙을 일련의 상황에 적용하는 것이 올바른 것인지 그리고 특수한 상황에서 특정 규칙을 적용하는 이 시스템의 결정이 올바른 것인지를 우리는 어떻게 확신할 수 있는가?

또한, 아킨은 형식 증명의 문제를 회피하고 있다. 앞서 언급한 것들 가운데 치명적인 자율 시스템-이 시스템이 '윤리적' 소프트웨어를 갖는다고 하더라도-을 사용하자면, 우리는 소프트웨어에는 어떤 오류도 없다는 점을 확실히 해야 한다. 그러나 전투 로봇처럼 복잡한 시스템에 대한 소프트웨어의 형식 증명은-한다고 하더라도-합당한 시간에서 불가능하다. 그래서 어떻게 '윤리적' 전쟁로봇프로그램을 고려할 수 있겠는가?

우리는 이러한 접근을 분석하면서, 로봇 시스템에 관한 '윤리적' 소프트웨어의 개발이 무엇보다 인도주의적 문제들을 해결하려는 의도가 아니라, 결국 자동화된 전쟁에서 예측할 수 없는 잔혹한 행위들이 나타날 수밖에 없는 새로운, 현재 등장하는 그리고 상당한 문제가 되는 기술을 채택하도록 우리를 이끌려는 의도에서 비롯된 것이라는 인상을 받았다.

다른 로봇공학자들도 제안된 자율 무기 시스템의 막대한 위험을 이미 지적하고 있다. 영국의 로봇공학자인 샤키(Noel Sharkey)는 공적 영역에서 군사용 로봇 시스템이 해결할 수 없는 그리고 이 시스템의 근본적인 문제들을 논의하기 위해 컴퓨터 과학자들과 공학자들의 윤리적 의식에 호소하고 있다. 책임 있는 로봇공학자들에게는 이미 잘 알려진 AI의 구원 이야기를 영구적으로 보존할 수 있는지 뿐만 아니라 군사 기관 및 민간기금으로 운영되는 기관으로부터 거대한 자금이 투입된 제안들을 극복할 수 있는지가 관건이다. 샤키는 다음과 같이 언급하고 있다. "컴퓨터 전문가와 공학자는 후원 기관, 정책 입안자 그리고 최종 사용자에게 현재 인공 지능 기술의 한계를 확실히 확인시켜 줄 의무가 있다. '마치 인공 지능 기술이 이미 실현되어 있거나 곧 실현될 것처럼 인공 지능에 관한 당신의 의견 또는 미래 전망을 표현하고 싶어 하지 말라.' 기금을 받은 게임을 즐기는 것의 결과는 매우 심각하다. 궁극적으로 우리가 생사의 결정을 너무 우둔하게 해서 어리석은 것으로 명명되는 로봇에게 남겨둘 준비가 되어 있

는지를 반문해야 한다."(Sharkey 2007b, p. 123)

## 12. 결론

로봇 무기 시스템, 이것의 전 세계에 걸친 개발과 공급, 그뿐만 아니라 특히 '대테러전'에서 (일부 불법적인) 표적 살인을 위한 무인 전투기의 증강 배치와 더불어 발생하는 거대한 윤리적 그리고 사회-정치적 문제들을 고려해 본다면, 우리는 로봇 전쟁 기술에 관해 광범위한 국제적 그리고 공적 논의를 필요로 한다.

무인 전투기와 같은 군사용 로봇이 비대칭 전투의 확대와 수많은 시민에 대한 살인을 증가시킨다는 점은 매우 분명하다. 이와 동시에, 자율 무기 시스템은 기존의 전쟁법과 모순된다. 한편으로 이 시스템은 군인들과 이들을 둘러싸고 있는 시민들을 구분할 수 없다-또한 가까운 미래에서도 구분할 수 없다. 또 다른 한편으로 군인들이 자신들의 조치에 책임을 갖는 것이 불가능하다. 앞서 언급했던 것처럼, '대테러전'에서 시민의 목숨이 위험에 처해 있는 동안에도 군인의 목숨을 구해야 한다는 지배적인 태도는 또한 무언의 인종차별주의와 성차별주의에 따른 것이다. 즉, 미군과 나토군의 생명이 아프가니스탄, 파키스탄 또는 이라크의 여성들, 아이들과 고령자들의 생명보다 더 고귀하다는 것이다. 여기서는 시민들이 구조적으로 서로 다른 상황에 놓여 있다는 점이 무시되고 있고, 국제적 안전과 전쟁의 쟁점에서 타당한 결정이 배제되고 있다.

우리는 군의 제반 상황에서 자동 로봇 무기-"모든 빛, 속도, 정보 수집, 정보 기술, 그리고 공유 물자-"(Blackmore, 2005, p. 7)를 갖춘 채, 글로벌 정보망(Global Information Grid, GIG)과 합동전장환경(Joint Battlespace Environment)에 기초한 완벽하고 정당한 정보전의 혁명이라는 꿈을 해체할 필요가 있다. 그러한 꿈은 인간 없이 자동적으로, 피를 흘리지 않는 전투라는 규정하기 힘든 관념을 제안한다. 무인 전투기 전쟁에 관한 컴퓨터 게임 전망은 그 자체로 거리 효과를 갖는다. 이 효과는 아프가니스탄에서 운용되는 드론이 네바다(Nevada)로부터 원격조종된다는 사실에서 발생한다. 그런데 우리는 이 컴퓨터 게임 전망에 문제를 제기할 필요가 있다. 이와 같은 무인 전투기의 개발이 결국 전쟁에서 시민들에게 상당한 위협이 되고, 위험하고 잠재적으로 끝이 없는 첨단 기술의 군비경쟁의 소용돌이와 군사 균형의 불안정화로 나아갈 가능성이 매우 크다.

나아가 로봇 전쟁에 관한 비판은 전쟁법과 드론 해킹과 같은 기술적 문제에 대한 모순 또는 범죄자들의 로봇 재조립과 남용뿐만 아니라 시민 사회에 로봇 애플리케이션의 만연에도 초점을 맞출 필요가 있다. 국경 감시, 뿐만 아니라 축구 게임 또는 무인 항공기를 통한 증명 또는 전자총을 장착한 미래 경찰 로봇의 배치도 사회의 군국화, 즉 선험적으로 당신 자신의 사람들을 위험 요인으로서 간주하는 것, 사회-정치적 상호작용과 민주주의적 절차 대신에 감시와 모니터링을 확립하는 것의 사례들이다.

이와 동시에 미래 로봇 시스템의 능력에 관한 공통적인 찬양에 대응하기 위해 각각의 인공 지능 로봇 무기 시스템이 갖는 한계를 반복해서 기억에 되새겨야 한다. 살인 시스템을 위한 윤리적 소프트웨어의 제안을 근본적인 문제로 삼아야 한다. 그리고 만약 냉소적인 선전이 아니라면, 정정당당하고 보다 더 인간적인 전쟁과 로봇 및 다른 첨단 기술 간의 상상의 대결구도는 공상에 머물러야 한다.

마지막으로 윤리적인 살인 기계의 꿈은 서양의 첨단 기술 전쟁을 비판하는 서양의 일부 소수의 목소리를 침묵시키는 것을 의미한다. 이 꿈은 우리에게 지속적으로 (첨단 기술) 전쟁의 공포를 노출시키려는 사람들을 침묵시키는 것을 의미한다. '윤리적인' 첨단 기술 전쟁의 꿈이 유감스러운 부수적 피해에 관한 서양 미디어의 공통적인 서술, 즉 보다 정확하게 기능하는 기계들이 곧 해결할 수 있을 것이라는 서술을 옹호하는 동안에도, 우리는 아프가니스탄, 파키스탄, 팔레스타인 또는 이라크의 민간인들이 서양의 첨단 기술에 의해 여전히 그리고 매우 효과적으로 살인을 당하고 있다는 점을 인식할 필요가 있다.

## 감사의 글

이번 연구의 초기 작업에서 유익한 논평으로 도움을 주었던 알트만(Jürgen Altmann), 크라마래(Cheris Kramarae), 미어(Angela Meyer), 그리고 나겐보르그(Michael Nagenborg)에게 감사드린다.

# 부록

2001년에서 2008년 사이 아프가니스탄, 이라크와 파키스탄에서 미군은 일부 표적 살인 임무를 수행하였다.

국제전략문제연구소(Center for Strategic & International Studies, Washington DC, USA)에 따르면, 무인 전투기뿐만 아니라 제트 폭격기에 의한 정밀 타격에 대한 근접 항공 지원(close air support, CAS)은 지속적으로 증가하였다. 예를 들어 이라크 해방작전에서 공중 공격의 횟수는 2004년 285회에서 2005년 404회로 증가하였다. 연합군의 공중 공격은 2006년 229회에서 2007년 1,119회에 이르렀다. 아프가니스탄에서 그 횟수는 2004년 86회, 2005년 176회, 2006년 1,770회, 2007년 2,926회로 증가하였다(Cordesman, 2008). 상대적으로 정찰 임무 출격의 횟수가 일정했을 때, 무인 전투기가 수행하는 공중 공격이 점점 더 증가했다고 추측할 수 있다. 이는 아마도 이라크와 아프가니스탄 전쟁에서 살해된 민간인의 증가와도 관련이 깊을 것이다.

브룩(T. Vanden Brook)(2008)은 유에스에이 투데이(USA Today)에 다음과 같이 기고하였다. "반란군의 활동을 감시하는 데 있어 완전 동영상 비디오 이미지의 95%를 지휘관에게 제공하는 무인 항공기의 사용이 최근에 급증하고 있다. 2005년 무인 항공기는 100,000 시간을 비행하였고, 대부분은 이라크와 아프가니스탄의 전투 현장에서 아군을 지원하였다. 2008년 비행시간은 거의 400,000 시간으로 증가하였다."(Vanden Brook, 2008)

이와 같은 표적 살인 임무에 관한 정보가 여전히 (서양의) 미디어에 등장하는 것은 매우 드물다. 나는 조사 기간에 문헌에서 발견했던 일련의 미국 무인 항공기의 공격 문서들을 확인하였다. 하지만 이를 체계적인 조사로 진행하지는 못했다.

Source: Dradio.de, english.algazeera.net, Guardian, Junge Welt, Los Angeles Times, Spiegel, Süddeutsche, Telepolis, Times of India, Washington Post, Die Welt

『아프가니스탄』

2001년 11월, 알카에다(Al Qaeda)의 고위급 군사 지휘관인 모하메드 아테프(Mohammed Atef)가 'Predator'의 공격으로 죽었다.

2002년 2월 7일, 무장한 'Predator'가 SUV 호송대를 공격해서, 알카에다 지도자로 의심되는 용의자를 사살했다.

2002년 3월 4일, CIA(미국 중앙정보부)가 운용하는 'Predator'가 알카에다의 기관총 진지로 'Hellfire' 미사일을 발사하였다.

2002년 2월 4일, 아프가니탄 파키타(Pakita)의 자와 킬리(Zhawar Kili) 근처, 'Predator'가 3명의 남성들을 향해 'Hellfire' 미사일을 발사했다. 당시 CIA의 운용자는 이 가운데 1m96의 신장의 '키다리(Tall Man)'란 별명을 가진 남성을 오사마 빈 라덴(Ossama bin Laden)으로 오인하였다. 희생자들은 폭발된 미사일 잔해들에서 고철을 수집하고 팔아 식량을 구입하는 가난한 민간인들이었다.

2002년 5월 6일, 무인 전투기 'Predator'는 아프간 군지도자 굴

부딘 헤크마티야르(Gulbuddin Hekmatyar)를 암살하기 위해 쿠나르(Kunar) 지역에서 이동하던 그의 차량을 향해 'Lockheed' 미사일을 발사했다. 당시 그는 그곳에 없었지만, 적어도 10명의 민간인이 죽었다.

2008년 8월 22일, "(신단드〔Shindand〕 지역에서 7공수특전단 소속의) 미국 특수부대는 탈레반 지도자 물라 세디그(Mullah Siddiq)를 체포하기 위해 마을에 야간 급습을 하면서 접근했을 때, 공격을 받았다고 한다. 이 특수부대는 근접 항공 지원을 요청하였고, 지상과 공중(미 공군 특수 작전 운용기 AC-130, 아파치족〔Apache〕 공격용 헬리콥터와 무인 전투기 'Predator'가 지원했다)에서 마을에 대해 강한 폭격이 이루어졌다. 미군의 폭탄들은 몇 달 전 사망한 지역 지도자를 추모하기 위해 아지자바드(Azizabad)에 모여 있던 수많은 사람 사이에 떨어졌다. (중략) 아프가니스탄 독립 인권위원회(Afghan Independent Human right commission, AIHRC)에 따르면, 그 사건의 조사자들은 현장 조사결과, 59명의 아이, 19명의 여성, 13명의 남성, 총 91명이 목숨을 잃은 것으로 결론 내렸다. AIHRC의 위원장인 나데리(Ahmad Nader Nadery)는 이 가운데 76명의 희생자들이 한 가문의 식구들이었다고 말했다. 이 가문의 티모르 샤(Timor Shah)의 형인 레자(Reza)는 그 폭격에서 목숨을 잃었다. 나데리는 그 추모식이 티모르 샤라는 아프가니스탄 경찰이 함께한 가운데, 몇 달 전 개인 분쟁으로 사망한 민병대 부대장(deputy militia commander)을 기리는 것이었다는 사실을 마을 관계자들로부터 확인하였다(Herold, 2008b).

『파키스탄』

2005년 5월 13일, CIA가 운용하는 무인 전투기 MQ-1 Predator 가 'Hellfire' 미사일을 예멘(Yemen) 출신의 알카에다 폭발 전문가를 향해 발사함으로써 이 전문가는 목숨을 잃었다.

2005년 12월 3일, 미국의 무인 전투기 'Predator'가 알카에다 지도 자 한 명과 4명의 대원들이 자는 동안 이들을 공격해서 사살하였다.

2006년 1월 13일, 일련의 미국 무인 전투기 'Predator'들이 알카에다의 지도자 서열 2위인 아이만 자와히리(Ayman Zawahiri)가 머무는 것으로 알려진 파키스탄의 다마도라(Damadola) 마을을 향해 공중 공격을 진행했다. 10여 기의 미사일을 발사했고, 5명의 여성과 5명의 아이를 포함해서 총 18명에서 22명에 이르는 민간인들이 목숨을 잃었다. 파키스탄 당국에 따르면, 서열 2위의 지도자는 그 자리에 없었지만, 다른 3명의 주요 지도자들이 목숨을 잃었다.

2006년 10월 30일, 알카에다의 지도자 서열 2위인 아이만 자와히리를 다시 체포하기 위해 무인 전투기 'Predator'들과 'Hellfire' 미사일을 앞세운 바자르 공습(Barjaur airstrike)이 진행되었다. 이 폭격으로 지역 종교 학교가 직접적인 피해를 입었다. 80명에서 86명에 이르는 민간인들이 죽었다. 찾고 있었던 알케에다 지도자는 현장에 없었다.

2008년 8월 20일, 어떤 무인 전투기로부터 발사된 것으로 보이는 미사일들이 아프가니스탄 국경 지역 근처, 와지리스탄(Waziristan) 남부 지역 사리 눌(Sari Nur)의 부족장의 집을 파괴하였다. 이로 인해

6명이 죽었고 3명이 부상을 당하였다.

2008년 8월 30일, 코르사이(Korsai)라는 와지리스탄 남부 지역에 있는 한 가옥에 대해 무인 전투기 또는 폭격기에 의한 것으로 보이는 미사일 공격이 있었다. 지역 언론에 따르면, 4명이 목숨을 잃었고, 2명이 부상을 당했다. 사망자들 가운데 2명은 아랍계 캐나다인으로 알려졌다.

2008년 9월 4일, 무인 전투기 'Predator'가 와지리스탄 북부 지역 아차르 켈(Achar Khel) 마을의 한 가옥에 대해 미사일 공격을 하였다. 6명이 목숨을 잃었는데, 모두 알카에다 대원들인 것으로 알려졌다.

2008년 9월 5일, 무인 전투기가 와지리스탄 북부 지역 가웩(Garwek) 마을의 두 가옥에 대해 미사일 공격을 하였다. 지역 언론들에 따르면, 7명의 남성, 3명의 어린이, 그리고 2명의 여성이 목숨을 잃었다.

2008년 9월 8일, 2대의 무인 전투기 'Predator'들이 와지리스탄 북부 지역 미란 샤(Miran shah) 근처에 있는 어떤 작은 마을을 향해 7개의 미사일을 발사하였다. 이로 인해, 25명이 사망하였는데, 대부분이 여성들과 아이들이었다. 미국 당국은 이들이 아프가니스탄 탈레반의 주요 지휘자인 잘라루딘 하카니(Jalaluddin Haqqani)의 가족들이었다고 주장했다.

2008년 9월 12일, 미란 샤 근처 지역에서 또 다른 무인 전투기의 공격이 있었다. 지역 언론에 따르면, 톨켈(Tolkhel)의 작은 마을에서 14명이 목숨을 잃었고 12명이 부상을 당했다. 파키스탄 탈레반 전투원들과 이들의 가족들이 거주하고 있었던 이전의 학교 건물이 공격 목표였다고 한다.

2008년 9월 17일, 와지리스탄 남부 지역의 바하르 샤나(Baghar Schina)에 대해 4개의 미사일을 장착한 무인 전투기의 공중 폭격이 있었다. 지역 언론에 따르면, 7명의 사람이 목숨을 잃었고, 적어도 3명 이상이 부상을 당했다. 미국 정부는 탈레반 병기창이 목표물이었다고 주장했다. 이 공격은 마이클 멀린(Michael Mullen) 미합동참모본부장이 이슬라마바드(Islamabad)에서 미국은 파키스탄의 주권을 존중한다고 단언한 지 불과 몇 시간 후에 발생했다.

2008년 9월 30일, 와지리스탄 북부 지역 미르 알리(Mir Ali) 근처의 한 가옥에 대해 무인 전투기에 의한 한 발의 미사일 공격이 있었다. 지역 언론에 따르면, 6명이 사망하였다. 공격 이유는 일부 부족 전투원들이 며칠 동안 해당 지역을 순회 비행하고 있었던 무인 전투기들을 향해 실탄을 발사한 것으로 추정되었기 때문이다.

2008년 10월 1일, 공식적인 발표에 따르면, 와지리스탄 북부 지역에서 미국의 무인 전투기의 미사일 공격으로 최소한 6명이 사망한 것으로 보인다. 지역 언론에 따르면, 대략 자정 즈음에 미르 알리 도시 근처 쿠샤리 토리켈(Khushali Torikel) 지역의 한 가옥을 향해 2개의 미사일이 발사되었다. 파키스탄 정보국은 미사일이 그 지역의 탈레반 지도자의 집을 타격했다고 말했다.

2008년 10월 3일, 무인 전투기가 와지리스탄 북부 지역 무함마드 켈(Mohammed Khel)의 집을 공격하였다. 병원에서 사망했던 심각한 부상자들을 모두 포함해서 총 24명이 목숨을 잃었다.

2008년 10월 9일, 2대의 무인 전투기들이 와지리스탄 북부 지역 군다이(Ghundai) 마을에 있는 한 가옥을 공격하였다. 지역 언론에 따르면, 9명이 사망하였는데, 그중 5명이 민간인이었다. 친정부 성향의 부족 민병대와 관련이 있는 한 남성의 집이 공격을 받았다.

2008년 10월 11일, 무인 전투기가 와지리스탄 북부 지역 미란 샤 근처의 한 가옥을 공격하였다. 5명이 사망하였고, 2명이 부상을 당했다. 공식적인 발표에 따르면, 그 가옥은 탈레반 소속 대원의 소유였다.

2008년 10월 16일, 1대의 무인 전투기가 와지리스탄 남부 지역 샘(Sam) 마을 한 가옥을 향해 2개의 미사일을 발사하였다. 이 지역은 파키스탄 친탈레반 운동의 수장인 바이툴라 메수드(Baitullah Mehsud)의 근거지로 알려졌었다. 최소한 4명이 사망하였다.

2008년 10월 27일, (페샤와르[Peshawar]/이슬라마바드[Islamabad] 종합) 1대의 무인 전투기가 파키스탄 샤카이(Schakai)라는 와지리스탄 남부 지역에서 2채의 가옥들에 대한 공격으로 인해 약 20여 명이 사망하였다.

2008년 12월 29일, 정보국과 지역민들에 따르면, 월요일 미국의 무인 전투기들이 아프가니스탄 국경 지대의 파키스탄 와지리스탄 지역을 향해 최소한 2대의 미사일을 발사했고, 7명이 사망하였다.

2008년 9월~12월, "로이터 통신에 따르면, 올해 미군은 파키스탄에서 거의 30차례 공중 공격을 수행했고, 이 가운데 절반 이상을 9월

초 이후에 수행하였다. 파키스탄 정보국으로부터 입수한 기록에 따르면, 이 공격으로 외국인 용병, 지역 공무원 및 주민들을 포함해서 220명 이상이 사망하였다."(Wazir, 2008)

2009년 1월 23일, 미국의 새로운 대통령 버락 오바마(Barack Obama)의 재임 기간 동안에도 폭격은 계속되고 있다. 와지리스탄 북부 지역 미르 알리에 위치한 한 채의 건물에 대해 한 차례의 공중 폭격이 있었고, 와지리스탄 남부 지역 와나(Wana)에 있는 한 가옥에 대해서도 또 다른 공중 폭격이 있었다. 이대 총 21구의 시신이 발견되었다. 파키스탄의 매체에 따르면, 와나에서 공격을 당한 가옥의 소유주는 친정부 성향의 부족장이었다. 그는 3명의 아들들과 5살 된 손자를 포함해서 많은 가족과 함께 사망했다.

『이라크』

2002년 12월 23일, 이라크의 비행금지구역에서 정찰임무를 수행하던 1대의 'Predator'가 이라크 소속 미그 25 전투기(MiG-25) 한 대를 향해 미사일을 발사하였지만, 격추당했다. 이는 역사상 최초로 유인 전투기(aircraft)와 무인 전투기가 벌인 교전이었다. 'Predator'들은 여러 개의 AIM-90 스팅어 공대공 미사일들을 장착하였고, 이라크 전투기들을 '유인(bait)'하기 위해 활용되었다. 이번 교전에서 'Predator'는 제 기능으로 활용되지 못했지만, 대신에 장착된 스팅어 미사일 가운데 한 발을 발사하였다. 미그기의 미사일이 스팅어 미사일의 열추적기(heat-seeker) 추적을 방해함으로써, 스팅어 미사일 공격은 실패하였다. 하지만 미그기의 미사일은 'Predator'를 놓치지 않았다.

2005년 7월–2006년 6월, 제15 항공정찰대대(the 15th Reconnais-sance Squadron)가 59개의 미사일을 발사했고, 18,490개의 목표물을 조사하였으며, 4대의 호송기들의 보호를 받았으며, 22,833시간 이상의 비행시간 동안 2,073회 출격을 하였다. 이러한 공격으로 사망한 민간인들 숫자는 알려지지 않고 있다.

미군은 이라크와 아프가니스탄에서 무인 전투기의 운용을 위해 더 많은 군인을 훈련시킬 것이다. 미공군의 고위급 관리는 2011년까지 50기의 무인 항공기가 이라크와 아프가니스탄을 감시할 것이라고 언급하였다. 이 순간에도 미공군은 미사일과 폭탄을 장착한 무인 전투기를 원격조종할 1,100명의 조종사를 훈련시키기 위해 새로운 프로그램을 점검하고 있다.

# 참고문헌

Air Force Link (2007). U.S. Air Force Fact Sheet: MQ−9 Reaper Uninhabited Aerial Vehicle. Retrieved August, 31, 2007, from: www.af.mil/Factsheets/factsheet.asp? fsID−6405.

Altmann, J. (2003). Roboter für den Krieg? *Wissenschaft und Frieden*, Vol. 3, No. 21, pp. 18~22.

Altmann, J. (2006). Trends in Cognitive Science and Information Technology. In: Pullinger, S. (ed.) (2006): *Annex to study: EU research and innovation policy and the future of the Common Foreign Security Policy*, pp. 78~80. Retrieved April 11, 2009, from: http://www.isis−europe.org/pdf/reports−11.pdf.

Altmann, J. (2009). Preventive Arms Control for Uninhabited Military Vehicles. In: Capurro, R., & Nagenborg, M. (eds.) (2009). *Ethics and Robotics*. Berlin: AKA.

Arkin, R. (2007). Governing Lethal Behaviour: Embedding Ethics in a Hybrid/Deliberative/Reactive Robot Architecture. *GVU Technical Reports*, No. GIT−GVU−07−11, Georgia Institute of Technology, 2007. Retrieved February 1, 2008, from: http://www.cc.gatech.edu/ai/robot−lab/online−publications/formalizationv35.pdf.

Arkin, R. (2008). On the Ethical Quandaries of a Practicing Roboticist: A first −hank Look. Retrieved February 1, 2008 from: http://www.cc.gatech.edu/ai/robot−lab/online−publications/ArkinEthicalv2.pdf.

Asaro, P. M. (2008). How Just Could a Robot War Be? In: P. Brey, A. Briggle, & K. Waelbers (Eds.) *Current Issues in Computing And Philosophy*, Amsterdam, Netherlands: IOS Publishers.

*BBC News* (2008). Afghan civilian casualties soar. BBC News, September 16, 2008. Retrieved April 10, 2009, from: http://news.bbc.co.uk/2/hi/south-asia/7618906.stm.

Baryy, C. L., & Zimet, E. (2001). UCAVs-Technological, Policy, and Operational Challenges. *Defense Horizons*, No. 3 (October 2001). Retrieved April 11, 2009, from: http://www.ndu.edu/inss/DefHor/DH3/HD-03.pdf.

Blackmore, T. (2005). *War X. Human Extensions in Battlespace*. University of Toronto Press, Toronto.

Boës, H. (2005). An der Schwelle zum automatischen Krieg. Telepolis, Octover 10, 2005. Retrieved August 28, 2007, from: http://www.heise.de/tp/r4/artikel/21/21121/1.html.

Botturi, L., Capurro, R., Datteri, E., Donnarumma, F., Gasson, M., Gill, S., Giordani, A., Laschi, C., Lucivero, F., Salvini, P., Santoro, M., Tamburrini, G., Warwick, K., & Weber, J. (2008): *Emerging Technoethics of Human Interaction with Communication, Bionic and Robotic Systems. Deliverable D5: Techno-Ethical Case-Studies in Robotics, Bionics, and related AI Agent Technologies*. Edited by R. Capurro, G. Tamburrini & J. Weber. Retrieved May 19, 2009, from: http://ethicbots.na.infn.it/restricted/doc/D5.pdf.

Brzoska, M. (2006). Trends in Global Military and Civilian Research and Development and their Changing Interface. *Proceedings of the International Seminar on Defence Finance and Economics*, New Delhi, 13-15 November 2006, pp. 289~302.

Burgess, L. (2007). Reactivated wing is first combat unit with UAVs. *Stars and Stripes*, Mideast edition, Thursday, May 3, 2007. Retrieved April 11,

209, from: http://www.stripes.com/article.asp?article=45553.

Butler, J. (2008). Commencement Address 2008. Retrieved January 12, 2009, from: http://grinnell.edu/Offices/ce/commencement/2008/butler/.

Canning, J. S. (2006). Concept of Operations for Armed Autonomous Systems. The Difference between 'Winning the War' and 'Winning the Peace'. Retrieved September 3, 2007, from: http://www.dtic.mil/ ndia/2006disruptive-tech/canning.pdf.

Capurro, R., Christaller, T., Datteri, E., Giordani, A., Laschi, C., Mock, M., Nagenborg, M., Operto, F., Salvini, P., Tamburrini, G., Veruggio, G., & Weber, J. (2008). *Ethically Motivated Recommendations for EU Policies and Regulations concerning Robotics and its Convergence with Bionic and Software Agent Technologies*. Deliverable 6 of the EU- Project ETHICBOTS. Emerging Technoethics of Human Interaction with Communication, Bionic and Robotics Systems (SAS 6-017759), April 2008. (unpublished report)

Case, D. (2008). The U.S. Military's Assassination Problem. *MotherJones*, March/April 2008. Retrieved January 1, 2009, from: http://www. motherjones.com/commentary/columns/2008/03/the-us-militarys- assassination-problem.html.

Cerqui, D., Weber, J., & Weber, K. (eds.) (2006). Ethics in Robotics. *International Review of Information Ethics, Vol. 6 (12/2006)*. Retrieved February 1, 2008, from: http://www.i-r-i-e.net/inhalt/006/006-full.pdf.

Christaller, T., Decker, M., & Gilsbach, J.-M. (2001). *Robotik. Perspektiven für menschliches Handeln in der zukünftigen Gesellschaft*. Berlin: Springer.

Cordeschi, R., Tamburrini, G. (2006). Intelligent Machines and Warfare.

Historical Debates and Epistemologically Motivated Concerns. In:

Magnani, L., & Dossena, R. (eds.). *Computing, Philosophy and Cognition.* Proceedings of the European Computing and Philosophy Conference (ECAP 2004), LONDON: College Publications, pp. 1~20.

Cordesman, A. C. (2008). Air Combat Trends in the Afghan and Iraq Wars. *Center for Strategic & International Studies (CSIS)*, March 2008. Retrieved December 29, 2008, from: http://www.csis.org/media/csis/pubs/080318-afgh-iraqairbrief.pdf.

Defense Security Cooperation Agency (DSCA) (2008). Germany-(5) MQ-9 Unmanned Aerial Vehicle Aircraft(News Release). Retrieved April 10, 2009 from: http://www.dsca.osd.mil/PressReleases/36-b/2008/Germany-08-59.pdf.

Department of Defense (2007). *Unmanned Systems Roadmap* 2007-2032, Washington DC: US Department of Defense.

Fischer, H. (2008). Iraqui Civilian Death Estimates. *CRS report for Congress*, August 2008. Retrieved January 2, 2009, from: http://www.fas.org/sgp/crs/mideast/RS22537.pdf.

General Atomics (2007). MQ-9 Reaper Hunter/Killer UAV. *Defense Update.* Retrieved August 31, 2007, from: http://www.defense-update.com/products/p/predatorB.htm.

Graham, S. (2006). Interrupting the Algorithmic Gaze? Urban Warfare and US Military Technology. Retrieved March 3, 2008, from: http://geography.dur.ac.uk/information/staff/personal/graham/graham-documents/DOC%206.pdf.

Graham, S. (2007). RobowarTM Dreams. Global South Urbanisation and the US Military's 'Revolution in Military Affairs'. Crisis States Research

Centre, Working Paper 20, 2007. Retrieved January 1, 2009, from: http://se1.isn.ch/serviceengine/FileContent?serviceID=ISN&fileid=2C4BA881-8DAD-622F-뮤7B-F4DA40512848&Ing=en.

Hanley, C. J. (2007): Robot Air Attack Squadron Bound for Iraq. The Washington Post, July 15, 2007. Retrieved April 10, 2009, from: http://www.washingtonpost.com/wp-dyn/content/article/2007/07/15/AR2007071500561.html.

Hayles, N. K. (1999). *How We Became Posthuman: Virtual Bodies in Cybernetics, Literature, and Informatics.* Chicago & London: University of Chicago Press.

Herold, M. W. (2008a). In memory of 91 innocent Afghans massacred by US troops in Azizabad. Killed in a 6-hour air and ground assault by U.S and Afghan commando forces. *RAWA News,* August 31, 2008. Retrieved April 11, 2009, from: http://www.rawa.org/temp/runews/2008/08/31/in-memory-of-91-innocent-afghans-massacred-by-us-troops-in-azizabad.html.

Herold, M. W. (2008b). The Matrix of Death: (Im)Precision of U.S. Bombing and the (Under)Valuation of an Afghan Life. *RAWA News,* October 6, 2008. Retrieved December 30, 2008, from: http://www.rawa.org/temp/runews/2008/10/06/the-imprecision-ofus-bombing-and-the-under-valuation-of-an-afghan-life.html.

ISIS Europe (2006). EU research and innovation policy and the future of the Common Foreign Security Policy. A Report Commissioned by the Science and Technology Foresight Unit of DG Research, European Commission (October 2006), ed. by Stephen Pullinger. Retrieved April 10, 2009 from: http://www.isis-europe.org/pdf/reports-12.pdf.

Jane's (2007). *Jane's Unmanned Vehicles and Aerial Targets*. Coulsdon: Jane's.

Junge Welt (2008). 1100 neus Spezialisten für US−Drohnen. *Junge Welt*, October 24, 2008. Retrieved April 10, 2009, from: http://www.jungewelt. de/2008/10−24/009.php.

Khalifa, O. (2008): Israel's all−seeing eyes. *Aljazeera.net*, July 19, 2008. Retrieved April 10, 2009, from: http://english.aljazeera.net/news/middleea st/2006/11/200852514557165656.html.

Lin, P., Bekey, G., & Abney, K. (2009). Robots in War: Issues of Risk and Ethics. In: Capurro, R., & Nagenborg, M. (eds.) (2009). *Ethics and Robotics*. Berlin: AKA.

Loyd, A. (2007). Afghans blame Nato, the invited peacekeeper, for civilian deaths. *Times online*, May 24 2007. Retrieved April 10, 2009 from: http:// www.timesonline.co.uk/tol/news/world/asia/article1832241.ece.

Marsiske, H.−A. (2007). An der langen Leine. Roboter in Sicherheitsdienst. *c't−magazin für computertechnik*, 9, 82~85.

Marte, A., & Szabo, E. (2007). Fact Sheet on the Army's Future Combat Systems. *Center for Defense Information*, August 7, 2007. Retrieved April 10, 2009, from: http://www.cdi.org/friendlyversion/printversion. cfm?documentID=4058.

Meilinger, P. S. (2001). Precision Aerospace Power, Discrimination, and the Future of War. *Aerospace Power Journal* 15:3, 12~20.

Mellenthin, K. (2008). Terror gegen Verbündete. Wie Washington die Souveränität eines Partnerlandes respektiert: Die USA bombardieren regelmä$\beta$ig den Nordwesten Pakistans. *Junge Welt*, 18.10.2008. Retrieved April 10, 2009, from: http://www.jungewelt.de/2008/10−18/008.php.

Mellenthin, K. (2009). Yes he can. *Junge Welt*, 26.10.09. Retrieved April 10,

2009, from: http://www.jungewelt.de/2009/01−26/055.php.

Meyer, J. (2006). CIA Expands Use of Drones in Terror War. *Los Angeles Times*, January 29, 2006.

Miasnikov, E. (2007). Terrorists Develop Uninhabited Aerial Vehicles − On ,,Mirsad 1"Flight Over Israel, Center for Arms Control, Energy and Environmental Studies at MIPT. Retrieved August 31, 2007, from: http://www.armscontrol.ru/UAV/mirsad1.htm.

Miasnikov, E. (2004). Threat of Terrorist Uninhabited Aerial Vehicles: Technical Aspects, Center for Arms Control, Energy and Environmental Studies at MIPT, June 2004. Retrieved August 31, 2007, from: http://www.armscontrol.ru/UAV/report.htm.

Moshkina, L., & Arkin, R. (200): Lethality and Autonomous Systems: Survey Design and Results. GVU Technical Reports, No. GIT−GVU− 07−16, Georgia Institute of Technology, 2008. Retrieved April 10, 2009, from: http://www.cc.gatech.edu/ai/robot−lab/online−publications/MoshkinaArkinTechReport2008.pdf.

Nagenborg, M., Capurro, R., Weber, J., & Pingel, C. (2008). Ethical Regulations on Robotics in Europe. *AI & Society*, Vol. 22, No. 3, 349~366.

Nikolei, H.−H. (2005). Milliardenmarkt Drohnen. *n−tv.de*, June 16, 2005. Retrieved January 5, 2008, from: www.n−tv.de/544984.html.

Rall, T. (2006). U.S. Drone Planes Have a Nearly Perfect Record of Failure. *Common Dreams Newscenter*. Retrieved January 5, 2008, from: http://www.commondreams.org/view06/0118−32.htm.

Rötzer, F. (2007a). Einsatzregeln für Kampfroboter. *telepolis*, April 26, 2007. Retrieved January 5, 2008, from: http://www.heise.de/tp/r4/artikel/25/25117/1.html.

Rötzer, F. (2007b). Schwärme von Kampfdrohnen sollen Aufständische bekämpfen. *telepolis*, July 17, 2007. Retrieved January 5, 2008, from: http://www.heise.de/tp/r4/artikel/25/25722/1.html.

Rötzer, F. (2008). Der Luftkrieg im Irak und in Afghanistan. *telepolis*, January 31, 2008. Retrieved January 5, 2008, from: http://www.heise.de/tp/r4/artikel/27/27180/1.html.

Schomberg, R. von (2006). EUR 22429 – From the Ethics of Technology towards an Ethics of Knowledge Policy and Knowledge Assessment. A working document from the European Commission Services. Luxembourg: Office for Official Publications of the European Communities 2006.

Shachtman, N. (2007). Armed Robots Pushed to Police. Wired, August 16, 2007. Retrieved April 10, 2009, from: http://blog.wired.com/defense/2007/08/armed – robots – so.html.

Sharkey, N. (2007a). Robot wars are a reality. Armies want to give the power of life and death to machines without reason or conscience. *The Guardian*, August 18, 2007, Retrieved April 10, 2009, from: http://www.guardian.co.uk/armstrade/story/0,,2151357,00.html.

Sharkey, N. (2007b). Automated Killers and the Computing Profession. *Computer*. November, Vol. 40:11, pp. 122~124.

Sparrow, R. (2007). Killer Robots. *Journal of Applied Philosophy*, Vol. 24, No. 1, 62~77.

Sparrow, R. (2009a). Building a Better WarBot. Ethical Issues in the Design of Unmanned Systems for Military Applications. In: *Science and Engineering Ethics (forthcoming)*.

Sparrow, R. (2009b). Predators or Plowshares? Time to consider arms control of robotic weapons. In: *IEEE Technology and Society* (forthcoming).

Tamburrini, G. (2009). Robot Ethics:A View from the Philosophy of Science. In: Capurro, R., & Nagenborg, M. (eds.) (2009). *Ethics and Robotics*. Berlin: AKA.

Tickner, J. A. (2004). Feminist Responses to International Security Studies. *Peace Review*, Vol. 16, No. 1, March, 43~48.

US Congress (2000). National Defence Authorization, Fiscal Year 2001. Public Law 106−398−Oct 30, 2000. Retrieved April 10, 2009 from: http://armedservices.house.gov/comdocs/billsandreports/106thcongress/hr5408law.pdf.

Vanden Brook, T. (2007). Faster, deadlier pilotless plane bound for Afghanistan. *USA Today*, August 27, 2007. Retrieved April 10, 2009, from: http://www.usatoday.com/news/washington/2007−08−27−reaper−afghanistan−N.htm.

Warren, P. (2007). Robot Wars. *Mail & Guardian online*, January 9, 2007. Retrieved April 10, 2009, from: http://www.mg.co.za/article/2007−01−09−robot−wars.

Wazir, H. (2008). Drone Attack. Seven die in Pakistan after U.S. drone attack. *Welt online−English News*, December 22, 2008. Retrieved April 11, 2009, from: http://www.welt.de/english−news/article2916816/Seven−die−in−Pakistan−after−U−S−drone−attack.html.

Weber, J. (2006). From Science and Technology to Feminist Technoscience. In: Davis, K., Evans, M., & Lorber, J. (eds.), *Handbook of Gender and Women's Studies*. London: Sage, pp. 397−414. Retrieved April 10, 2009, from: http://www.uni−bielefeld.de/ZIF/FG/2006Application/PDF/Weber−essay.pdf.

Weber, J. (2008). Human−Robot Interaction. In: Kelsey, S., & St. Amant, K.

(ed.). *Handbook of Research on Computer—Mediated Communication*. Hershey, PA: Idea Group Publisher, pp. 855~863.

ETHICS AND ROBOTICS

# 선의지를 가진 로봇을 향하여

토요아키 니시다(Toyoaki Nishida)[1]

Graduate School of Informatics, Kyoto University

요 약: 로봇과 관련한 다양한 윤리적 양상들은 책임과 같은 사회
문화적 쟁점에서 실천적 쟁점에 이르기까지 광범위하게 논의되고 있
다. 대부분의 담론은 윤리적 근거를 토대로 인간의 자율성과 존엄성
을 보호하기 위해 자율적 로봇의 배치를 제약하는 방향으로 전개되
고 있다. 이번 연구에서 나는 자율적 로봇을 개발하는 것을 대안으로
하는 접근을 논의함으로써, 윤리 원칙들을 향상시키기 위한 수단을
제시하고자 한다. 이는 인간이 윤리적 결정을 내릴 수 없는 로봇과는

---

1) 연락처: Sakyo-ku, Kyoto 606-8501, Japan, nishida@i.kyoto-u.ac.jp

다른 방식에서 윤리적 목적을 추구함에 있어 불완전하다는 관찰에서 비롯된 것이다. 나는 윤리적으로 지능 로봇의 사용이 인간, 특히 약자의 자율성과 존엄성을 보호하는 것이라고 주장하면서, 자율적인 지능 로봇, 사이보그, 그리고 안드로이드의 개발에서 경고뿐만 아니라 기술적 도전들을 보여주고자 한다.

주제어: 로봇윤리(robot ethics), 윤리 원칙, 윤리적 지능형 로봇

## 서론

기계 윤리 또는 윤리적 로봇에 관한 관심의 표현들이 증가하고 있다. 이러한 논의는 "인간의 생체공학 시스템, 인공 지능 시스템, 그리고 로봇 시스템과 기술과의 상호작용의 윤리"(Gill & Tamburrini, 2008), "인간 사용자들에 대한 기계의 행위, 그리고 아마도 다른 기계들 자체가 윤리적으로 받아들일 수 있는지"(Anderson & Anderson, 2007), 또는 기계 지능이 인간 지능을 능가하고 "독자성"이 밝혀지면 인간애(humanity)를 재발명하는 것인지(IEEE Spectrum, 2008)와 같은 광범위한 스펙트럼을 가진 견해에서 비롯된 것이다. 이들의 근저에 있는 관점에 따라 이 논의들을 세 가지 범주로 분류할 수 있다.

첫 번째 논의의 범주는 사회-윤리적 양상들과 인간애와 관련한 쟁점들을 포괄한다. 이 맥락에서는 로봇기술이 인간 사회를 더 악화시킬 수 있는지(Mowshowitz, 2008)와 같은 사회학적 질문들이 제기

된다. 쿨리(Cooley, 2007)는 사람들이 판단보다는 오히려 계산에 대체로 의존하게 된다고 경고한다. 그는 판단의 결여로 인해 모르핀을 올바른 사용량의 100배 이상으로 치명적으로 투약하는 것과 같은 심각한 실패에 처할 수 있다고 경고한다. 마우러(Maurer, 2007)는 기술에 대한 과도한 의존은 전반적으로 개별적 수준에서 사고와 상상을 위한 동기들을 제거할 것이고, "텅 빈 뇌"를 야기할 수 있다고 주장한다. 길(Gill, 2008)은 책임의 간격, 지식의 간격, 그리고 사실과 실재에서 간격의 분열을 일으키는 우리의 도덕적 파기를 고려한다. 라차트(LaChat, 1986)는 어떤 인격적인 인공 지능의 생산이 비도덕적인지와 같은 신학적 질문들을 제기한다. 데커(Decker, 2008)는 윤리적 대체 가능성을 표명한다. 그는 로봇이 수단의 차원에 반대되는 것으로서 목적의 차원에서 작용하고 윤리적 결정을 내릴 때, 특별한 윤리적 배려를 취해야 한다고 주장한다. 그는 로봇이 인간과 협동에서 수단으로서 사용되는 경우를 상세히 논한다. 그는 오히려 비록 로봇의 사용이 비용을 감소시킨다고 하더라도, 인간이 돌봄을 제공해야만 한다고 제시하면서, 돌봄에서 인간을 대체하기 위해 로봇을 사용하는 것을 거부하는 부정적 결론을 내린다. 이러한 결론은 인간애에 관한 칸트의 공식에 토대를 둔 것이다. 데커는 책임질 수 있는 방식에서 인간이 배려를 제공해야 한다고 강조한다.

두 번째 논의의 범주는 로봇의 실천적 그리고 실용적 양상들과 관련이 있다. 이는 만약 로봇이 오작동을 일으키거나 피해를 일으킬 때, 법적 책무와 책임을 포함한다(Decker, 2008; Nagenborg, Capurro,

Weber, & Pingel, 2008), 비록 기계 학습(machine learning)이 새로운 환경에 로봇을 적응시키는 데 있어서 효과적이라고 하더라도, 그것은 반대로 한 가지 어려움을 일으킬 것이다. 왜냐하면, 학습 로봇의 행위가 일반적으로 예측할 수 있는 것이 아니기 때문이다. 산토로 등(Santoro, Marino & Tamburrini, 2008)은 학습 로봇이 일으킨 피해를 누가 책임질 것인지를 질문하면서, 책임 귀속 문제(responsibility ascription problem)를 표명한다. 이들은 민감성과 특수성(sensitivity and specificity)[2]의 관념이 학습 로봇이 제공하는 서비스를 점검하는 데 사용될 수 있다고 주장한다. 프라이버시 이슈는 실천적 그리고 실용적 견해에서 논의될 수 있다. 커루 등(Carew, Stapleton & Byrne, 2008)은 시스템 공학에서 프라이버시 개념의 평가를 논의한다.

세 번째 논의의 범주는 로봇의 소유와 사용의 윤리와 관련이 있다. 일상에서, 개별 여가에서, 업무 등에서 로봇을 사용하는 사람들은 로봇 소유자와 사용자이다. 다른 인공물들, 특히 사용에 있어서 소유주에게 가장 큰 배려와 책임이 요구되는 소형 화기들처럼(예를 들면, National Shooting Sports Foundation, 2008년 10월 19일) 이미 사회에 잠재적 위험이 된다는 점이 알려진 인공물들과는 달리, 로봇 소유자와 사용자는 소유로부터 등장할 수 있는 잠재적 위험, 힘 그리고 우위에 대해 별로 크게 인식하지 않는 것으로 나타난다. 로봇 소유자와 사용자는 비록 종종 암묵적으로 로봇을 소유하고 사용함으로써 강화

---

2) 민감성은 모든 관심의 사례를 효과적으로 감지하는 능력과 관련된다. 특수성은 하나의 특정 관심사를 올바르게 감지하는 능력과 관련된다.

된다고 하더라도, 그들의 힘이 대단하다는 점을 인식해야 한다. 예를 들어 지능 휠체어 사용자는 만약 자신이 지능 휠체어의 장비를 갖춘 ICT 장치들을 사용할 때, 그 사용자는 능력들을 감지하고 기록할 뿐만 아니라 신체적 무게와 양도 얻는다는 점에서 물리적으로도 그리고 정보상으로도 모두 강화될 수 있다. 인간이 착용할 수 있고 인간에게 이식된 컴퓨터는 인간의 지각과 인식의 힘을 상당히 강화시킬 수 있다. 마치 로봇 정장(Suzuki, MIto, Kawamoto, Hasegawa, & Sankai, 2007)이 인간의 신체적 힘을 상당히 강화시키는 것과 같다. 이러한 생체공학적 결합은 결국 사이보그를 창조할 것이다. 로봇이 사회에서 적절하게 동화되기 위해서는 윤리가 고려되어야 한다.

대부분 이러한 논의들은 윤리적 근거를 토대로 인간의 자율성과 존엄성을 보호하기 위해 자율적 로봇의 배치를 제한하는 방향에서 전개되고 있다. 위의 세 가지 견해들은 다른 공학 분야의 생산물에도 공통적이다. 로봇은 결코 인류에 근본적으로 부정적인 영향을 미치지 않도록 생산되어야 한다. 생산자의 법적 책무는 다른 생산물들뿐만 아니라 로봇에게도 적용된다. 만약 소형 화기나 비디오 게임의 경우처럼, 해로운 사용 또는 남용의 영향이 심각하다면, 윤리적 이슈들이 등장할 수 있다. 소비자들에게는 윤리적 방식에서 로봇을 사용하도록 요구된다.

인간과 로봇의 닮음(심지어 안드로이드의 경우 외모와 특히 행동에서도 서로 닮음)의 관점에서 그리고 정신적 영역에 관한 직접적인 영향의 견해로부터 로봇에 관한 특이성을 제기할 수 있다. 그래서 유대-기독교 또는 히브리의 입장(LaChat, 1986)은 누군가 인간을 복제하려고 한다는 점에서, 로봇에 배타적으로 적용될 수 있다. 이러한 신학적 논의와는 별개로, 인간을 닮은 로봇이 우리의 의사소통 본질에 중대한 영향을 미칠 수 있다는 점(Gill, 2008) 그리고 두뇌 기계 인터페이스가 개별 정체성을 변화시킬 수 있거나 개별 자율성을 협박할 수 있다는 점(Lucivero, & Tamburrini, 2008)은 분명하다.

이번 연구에서 나는 자율적 로봇을 개발하기 위해 윤리 원칙의 수단을 제공할 수 있는 대안적 접근을 논의할 것이다. 이러한 접근은 인간이 윤리적 결정을 내릴 수 없는 로봇과는 다른 방식에서 윤리적 목적을 추구함에 있어 불완전하다는 관찰에서 비롯된다. 나는 윤리적인 지능 로봇을 사용하는 것이 인간, 특히 약자의 자율성과 존엄성을 보호한다고 주장하고, 자율적인 지능 로봇, 사이보그 그리고 안드로이드의 개발에서 경고뿐만 아니라 기술적 도전들을 보여줄 것이다. 비록 내가 일본 문화를 대표하지는 않지만, 아래의 논의들은 일본 문화의 일부 측면들을 반영할 수 있다. 최첨단 로봇과 관련해서 윤리적 논의들을 검토하는 것에서 시작해 보자.

## 1. 자율적 지능형 로봇

자율적 지능형 로봇은 거의 인간의 간섭을 받지 않고서도 임무들을 수행할 수 있다. 이러한 범주에서 로봇은 인공 지능을 로봇공학에 결합하는 것부터 지능 문제를 해결할 수 있는 물리적 행위자를 생산하는 것에 이르기까지 등장한다. 자율적 지능형 로봇이 시간이 흐르면서 자신들의 임무 또는 서비스의 추구에서 윤리적 결정을 내려야만 할 수도 있다는 점은 매우 그럴듯하다. 자율적 지능형 로봇의 책임과 관련해서 한 가지 질문을 제기할 수 있다(Nagenborg, M. et al., 2008). 만약 이 로봇이 피해를 일으킨다면, 누가 책임을 져야 하는가?(Santoro et al., 2008) 대체로 개발자 또는 소유자가 그 피해에 대해 책임을 져야 하는 것으로 고려된다. 때로는 사용자가 그 남용에 대해 비난을 받을 수 있다. 심지어 피해의 희생자도 로봇의 메시지를 무시한 것에 대해 당연히 비판을 받는다.

인공물이 단순하다는 점에서, 위험을 상대적으로 예측하기 쉽고, 인공물을 사용하기 위해 충분한 주의를 기울일 것이다. 청소 로봇을 예로 들어보자. 우리는 청소 로봇이 먼지를 가치 있는 것과 구별할 수 있다고 확신하지 않기 때문에, 우리는 청소 로봇을 사용하는데 상당한 주의를 기울인다.

로봇이 점점 자율적이고 지적이게 되면 될수록, 이 로봇이 할 수 있는 것을 예측하는 것과 의도하지 않은 일들이 발생하는 것을 예방하는 것은 점점 더 어려워질 것이다. 비록 공학자들이 IEEE의 윤리 강령(IEEE Code of Ethics)과 같은 전문직 윤리에 따라 최선을 다할 수 있지만, 인공물들은 인간의 이해를 넘어서 매우 복잡하게 될 수 있다. 비록 자율적인 지능 행위자의 나쁜 행위가 원칙적으로 개발자 또는 소유자에게 귀속되는 것이지만, 개발자의 책임 부인에 따라 사용자는 생산물로부터 이익을 도출하기 위해 일정한 위험을 감수해야 할 수 있다.

로봇이 점차 지능화될 때, 결정을 내리는 것과 단순한 과업의 추구 간의 영역은 점점 더 모호해진다. 우리가 편리성과 윤리판단 간의 중대한 상쇄를 고려해야 한다는 점은 매우 그럴듯하다. 하지만 사용자가 위험을 감수해야 하거나 편리성을 포기해야 하는 것은 윤리적으로 올바르게 보이지 않는다. 왜냐하면, 위험은 종종 어떤 범위의 제한이 없어서, 사용자는 편리성을 위한 상쇄로서 발생할 수 있는 잠재적 재앙들을 항상 올바르게 인식할 수 있는 것이 아니기 때문이다.

여기에 일련의 윤리적 관심사들이 있다. 첫째, 개발자는 로봇이 인간애를 헤치지 않도록 개발해야 한다. 로봇이 인류를 지배하는/파괴하는 시나리오는 실현되기는 어려울 것 같다. 대신에 인간이 타인들을 지배하고/파괴하기 위해 로봇을 사용하기가 더 쉬울 것 같다. 전투 로봇 무기(Hannold, 2003)는 사용에서 제약을 받아야 하는데, 오직 폭력을 멈추기 위해 사용되어야 하고, 인간을 해치기 위해 사용되어서는 안 된다. 둘째, 개발자들은 로봇이 지각의 또는 지적인 능력에서 그 우위에 따른 이익을 취하지 않도록 로봇을 설계해야 한다. 이 원칙은 로봇이 사용자 개인의 내면적 정신 상태를 읽을 수 있는 고성능 감지 기술을 갖출 때 이해될 수 있다. 왜냐하면, 판매원은 소비자를 속이기 위해 이러한 고성능 감지 기술을 남용할 수 있기 때문이다. 예를 들어 판매자가 우위를 확보하기 위해 소비자가 감추고 있는 정서를 감지하기 위해 소비자의 음성 감지 기술을 활용할 수 있다(Stapleton, 2008). 프라이버시도 이와 유사하게 보호되어야 한다. 왜냐하면, 강력한 로봇의 감지 메커니즘에 의해 쉽게 드러날 수 있기 때문이다(Carew, Stapleton, & Byrne, 2008).

여기서 의사소통 기술은 로봇으로 하여금 무엇을 했는지 그리고 무엇을 할 것인지를 계획해서 모든 시민이 그 행위를 이해할 수 있도록 고려할 수 있게 함으로써 윤리적 문제들을 개선하는 데 기여할 수 있다. 일련의 서비스와 개별 로봇에 대한 핵심 능력은 자연 언어로 사용자와 상호작용하는 것이다. 로봇에게 자연 소통 기술을 부여하기 위해, 우리는 로봇의 발언을 물리적 세계로 국한시키고, 언어와 비언어 소통 수단을 결합함으로써 로봇과 효과적으로 소통하는 능력을 확립할 필요가 있다. 소통의 신뢰성과 질을 강화하는 동안, 그 실현의 비용이 절감하는 데 있어서 기술적 문제들이 여전히 남아 있다.


## 2. 사이보그 또는 인공 기관을 가진 인간

두뇌 기계 인터페이스(Brain-Machine Interfaces, BMIs)와 두뇌 컴퓨터 인터페이스(brain-computer interface, BCIs)는 인공 기관, 즉 감각 기관 또는 전동 장치를 두뇌에 직접 연결함으로써 인간을 강화시킨다(Millán, Renkens, Mourino & Gerstner, 2004; Hochberg et al., 2006). 비록 두뇌 기계 인터페이스와 두뇌 컴퓨터 인터페이스가 상실된 또는 피해를 입은 지각 기술 또는 전동 기능을 복구하기 위해 효과적인 수단을 제공할 수 있지만, 이 두 인터페이스의 사용은 오직 개별적인 정체성 또는 지속성에 영향을 주지 않을 때에만 허용될 수 있다고 주장한다. 신체적 그리고 정신적 통합성, 존엄성, 그리고 자율성에 대한 한 사람의 권리를 보호하기 위해 두뇌 컴퓨터 인터페이스에 관한 윤리적 관찰이 필요하다(Lucivero, & Tamburrini, 2008).

사이보그는 자율적인 지능 로봇과는 대조적으로, 그 자신이 하는 모든 것에 대해 책임이 있는 것으로 간주한다. 인간은 불완전한 도덕 행위자이기 때문에(Anderson, 2008), 사이보그는 일련의 상황에서는 자율적인 지능 행위자보다 더 위험할 수 있다. 비록 인공물이 의도되지 않은 방식에서 행동할 수는 없다고 하더라도, 불법적 또는 사악한 목적으로 활용된다면 재앙의 결과를 낳을 수 있다. 아이러니하게도 인공물이 인간의 의도에 충실하면 충실할수록 사악한 마음이 이를 활용하여 점점 더 재앙의 괴물이 되기가 쉽다. 니시다 부부(Nishida & Nishida, 2007)는 이를 부적절한 사용 문제라고 명한다. 가장 최악의 사례는 일련의 사람을 보호할 수도 있으면서도 동시에 다른 사람들을 해칠 수도 있는 두뇌 기계 인터페이스(BMI)에 의해 강화된 군인들이다. 이보다 좀 덜한 사례는 사람들이 특수 감지 장치를 사용하는 상황이다. 이런 점은 타인의 프라이버시 침해로 쉽게 나아갈 수 있다. 인공 지능 기술로 누군가는 상당히 복합적인 인공물을 만들어 낼 수 있기 때문에, 이 인공물은 우리의 이해 수준을 넘어서 아무런 예고 없이 인간 사회를 해칠 수도 있다.

루치베로와 탬불리니(Lucivero & Tamburrini, 2008)가 제시하는 것처럼, 사이보그의 활동은 엄격한 도덕적 관찰하에 있어야 한다. 의사소통이 해결책의 단서가 될 수 있다. 한편, 인공 기관들이 인지와 전동 기술들의 회복을 목적으로 사용자에 의해 활용될 때, 의사소통 기술들은 인공 기관이 상실된 기술에 매우 근접해서 작동하도록 활용되어야 한다. 그래야만 의사소통은 방해를 받지 않을 수 있다. 다른 한편으로 의사소통 기술이 사용자 이전의 능력들을 강화해야 한다면, 사용자가 강화된 능력으로부터 어떤 이익을 취하지 않도록 소통 파트너에게 분명히 전달되어야 한다.

## 3. 안드로이드와 제미노이드

안드로이드(android)는 "외모와 행위가 인간과 별 차이가 없도록 하는 것을 궁극적 목적으로 기획된 인공 시스템"이다(MacDorman & Ishiguro, 2006).

안드로이드는 인간애(humanity)에 관해 강력한 환상을 유발할 수 있다. 때로는 이러한 영향이 너무 강해서, 인간 마음에 부정적인 결과를 일으킬 수 있다. 모리(Mori, 1970)는 이런 점을 예측하면서 "인간을 닮은 로봇에 대한 불안감(uncanny valley)"이라고 명명했다. 비록 이 예측이 정확한 것인지에 관해서는, 특히 인간을 닮은 정도가 일정한 한계를 넘어서 로봇에 대한 두려움이 사라지지 않을 것인지에 관해서는 상당한 논란이 있었지만, 불안감은 직관적으로 실재하고 나타난다.

맥도맨과 이시구로(MacDorman & Ishiguro, 2006)는 기대 위반, 진화론적 미학, 로신(Rosin)의 역겨움에 관한 이론 또는 공포 관리의 측면에서 인간을 닮은 로봇에 대한 불안감을 설명하고자 하였다. 나는 인간을 닮은 로봇에 대한 불안감이 부분적으로 미디어 변수의 남용에서 비롯된 것(Reeves, & Nass, 1996)이라고 의심한다. 이는 사람들이 무의식적 수준에서 실제 존재를 중간적 형태와 결합하는 경향이 있다고 보는 것이다. 비록 매체 변수가 더욱 더 단순한 매체를 통해 큰 피해를 일으키는 것은 아니지만, 이 변수는 정확히 인간을 흉내 내는 매체를 통해 인간을 닮은 불안감을 유발할 수 있다.

이러한 로봇에 대한 불안감이 로봇의 불충분한 소통 능력에서 비롯된 것으로 생각하는 것은 설득력이 있을 수 있다. 일부 연구자들은 제미노이드(Geminoid)[3], 즉 인공적인 쌍둥이 또는 실제 사람의 복사물로서 작용하는 로봇을 만들고 있다. 제미노이드는 컴퓨터 네트워크를 통해 연결된 실제 존재하는 사람의 외모와 행위를 흉내 낸다.

하지만 인간을 닮은 로봇에 대한 불안감을 해결하지 못할 수도 있다. 왜냐하면 제미노이드가 우리의 외모를 많이 닮으면 닮을수록, 분명한 의식적 각성을 유발하지 않고서도 우리의 종-인식 메커니즘이 우리의 인지 승인 메커니즘에 미치는 영향이 점점 더 강해지기 때문이다. 우리는 데니트(Dennett, 1987)가 소개했던 태도에서 네 번째 태도, 즉 신체적 태도, 기획 태도, 그리고 의도적 태도와 같은 동종의 친밀감으로 말할 수 있는 것에 관해 진지하게 생각해 볼 수 있다. 동

---

3) 제미노이드(Geminoid)에서 'Gemin'의 어원은 라틴어 'geminus'인데 '쌍둥이의(twin)', '두 부분으로 된(double)'을 의미하고, 접미사 '-oid'는 '유사성(similarity)' 또는 쌍둥이의 한 부분이 된다는 점을 지시한다(Nishio S., Ishiguro, H. and Hagita, N., 2007).

종의 친밀감은 동종의 존재로서 주체를 바라보는 태도를 일으킬 수 있다. 동종의 친밀감은 그 주체가 동일한 생리학적 메커니즘을 갖고 있을 뿐만 아니라 생존의 본능을 분담한다는 이유로 옹호될 수 있다. 나는 어떤 창조물의 생리학적 시스템이 동종의 존재를 인식하기 위해 구현된 메커니즘을 갖는다는 점이 의심스럽다. 만약 그 주체가 동종이라고 판단된다면, 다양한 종류의 긍정적 태도들이 자동적으로 발생할 것이다. 다른 한편에서는, 만약 무엇인가가 동종이 아닌 거짓이라고 판단된다면, 모든 종류의 적대적인 태도들은 우리 스스로를 보호하려고 할 것이다. 왜냐하면, 거짓의 종들은 통상 창조물들에게 위험하기 때문이다. 제미노이드가 우리와 비슷하면서도 그러나 다르기 때문에, 인간은 우리 앞에 서 있는 주체가 거짓이기 때문에 특별한 주의를 기울여야 한다는 내적 경고로부터 고통을 겪을 수 있다.

안드로이드 과학(android science)은 안드로이드와 제미노이드를 인간 행위자보다 더 정확하게 통제할 수 있는 실험 장치로써 활용하려고 한다(MacDorman, & Ishiguro, 2006). 인간을 닮은 소통 행위가 소통 파트너의 인지에 미치는 영향에 대해 우리가 유용한 통찰을 얻을 수 있을 것이라는 점은 가능할 것 같다.

하지만 안드로이드와 제미노이드는 그 동기와 배경이 무엇이든지 간에, 강력한 윤리적 관찰을 받아야 한다. 왜냐하면, 이들은 어떤 방식으로든 사람들에게 중대한 영향을 미칠 수 있기 때문이다. 과학적 조사에는 어떤 예외도 없어야 한다. 인지와 사회 심리학에서 과학 실험을 수행할 때와 마찬가지로, 피해로부터 인간을 보호하기 위해 특별한 관심을 기울여야 한다.

앞서 언급했던 것처럼, 안드로이드 로봇이 인간에 미치는 영향은 비안드로이드 로봇이 인간에 미치는 영향보다 훨씬 더 많은 함의를 갖는다. 나아가 인간은 인간을 복제해서는 안 된다는 신념에서 나타나는 관심처럼, 종교적 관심사가 일부 사람들에게 제기될 수 있다(Metzler, 2007). 다른 사람들에게는 휴머노이드 로봇이 의식적 차원에서 중대한 감성적 반응을 일으킬 수 있다(Miura et al., 2008).

또한, 로봇의 권리에 관해 생각보다 더 많은 주의를 기울여야 할 필요가 있다. 비록 오늘날 안드로이드가 중대한 지능을 결여하고 있다는 이유로 1차적인 도덕 행위자로서 간주될 수 없지만, 사용자는 안드로이드에게 한 사람에 관한 보다 강력한 정신적 이미지를 부여할 수 있다. 어떤 물리적 대상을 파괴하는 것 또는 이 대상에게 피해를 가하는 것은 때로는 그 대상에 주의를 기울이는 사람들을 다치게 한다. 비록 안드로이드가 실제 인간과는 그렇게 상당히 비슷하지 않지만, 나는 우리가 안드로이드를 보호할 필요성을 안드로이드 자체를 위한 목적이 아니라, 안드로이드 소유자가 안드로이드에 귀속시킬 수 있는 정신적 이미지들의 측면에서 제기하는 것은 아닌지 의심스럽다.

## 4. 위기에 처한 윤리적 원칙

윤리적 원칙들의 목적은 인간의 자율성과 존엄성을 보호하기 위한 것이다. 칸트(Kant)의 인간애에 관한 공식(Kant, 1788)은 오직 목적을 달성하기 위한 수단으로써 사용되는 인간에 관한 윤리적 불인정을 함축한다(Decker, 2008). 이러한 윤리적 원칙은 약자가 전적으로 강자에 의해 수단으로 사용되는 것을 방지하는 관념을 수반하는 것으로 이해될 수 있다.

윤리적 원칙들이 인간 행위에 관한 도덕 규칙을 수반하는 것으로 해석되어야만 이 원칙들이 효과를 발휘할 수 있다. 이러한 해석은 인간이 그 행동에 대한 배타적 권리와 책임을 갖는다는 점을 근거로 한다. 하지만 이러한 접근은 몇 가지 어려움을 일으킬 것이다. 비윤리적인 사람들은 윤리적 원칙들을 단순히 무시한다. 윤리적 원칙들을 따르고자 하는 사람들조차도, 때로는 어떤 행동이 일부 원칙들을 위반할 수 있는가에 대해 분명하지 않다. 또한, 인간은 실수할 수 있다. 그래서 인간은 윤리적 행위의 추구를 더 어렵게 만드는 모순과 딜레마로부터 결코 자유로울 수 없다.

실제로 인간은, 의도적이든 비의도적이든, 종종 비윤리적으로 행동할 수 있다. 나아가 강자는 약자에 대한 자신의 지배의 결과를 잘 인식하지 못할 수 있다. 예를 들면, 병원에서 의사들은 환자의 고통을 인식하지 못해서 환자를 마치 사물인 양 다룬다는 지적이 종종 따른다. 학교에서 교사들은 주제를 이해하지 못하는 학생들을 잘 인식하지 못할 수 있다. 집에서 부모들은 자녀들의 좌절을 인식하지 못할 수 있다. 그리고 돌봄을 제공하는 상황에서 돌보는 사람은 연장자의 자유의 결여를 잘 인식하지 못하는, 말 그대로 아주 조금만 인식할 수도 있다.

약자와 강자에 대한 새로운 기준의 도입이 새로운 기술과 더불어 제기될 때, 우리는 약자가 누구인지 그리고 약자가 아닌 사람이 누구인지를 구별하기 위한 선험적 지식을 소유할 수 없다. 그래서 우리를 둘러싼 환경이 점점 더 복잡하게 될 때, 윤리적 원칙들은 이전보다 더 견고하게 적용된다. 윤리적 원칙들이 실제 삶에 적용되지 않을 때 위기는 발생할 수밖에 없다.

이런 상황에서 기존의 기술들을 통합함으로써 윤리적 지성을 증진시키는 데 깊은 관심을 기울여야 한다는 주장은 설득력이 있다. 비록 로봇을 종종 인간애를 위협할 수 있는 것으로 간주하기도 하지만, 많은 노인이 바로 인간에 의해 학대를 당하고 있는 많은 사례에 주목해야 한다. 이러한 사건 중의 일부는 범죄로 다루어졌던 반면, 나머지 사건들은 윤리적이고 존경을 받아야 하는 대우가 보장되지 않는 문제로서 간주된다. 또한 "돌봄"을 "서비스"로 대체함으로써 이 도식이 일반 서비스 분야로 적용될 경우를 논의하는 것도 흥미롭다. 일반적으로 기계들이 서비스를 제공하는 사람들을 대체할 수 있는 지는 분명하지 않다. 실제로 기계들이 서비스를 제공하는 현대 사회의 많은 사례, 예를 들어 뮤직 박스, 자동판매기, 산업용 로봇, 자동 운전, 초밥 로봇, 회전 초밥 기계 등이 있다고 하더라도 말이다.

자연 언어 처리 기술은 윤리적 연구를 위해 대규모의 사례들을 수집하고 분석하는 데 활용될 수 있다. 추론과 의사결정 기술은 윤리적 의사결정을 분석하고, 이를 모델로 삼아 의사결정을 내리도록 유도하는 데 활용될 수 있다. 지능 상호작용 기술은 행위와 인지 차원에서 윤리적 인식을 조사하기 위한 강력한 수단을 제공할 수도 있다. 로봇기술은 사람들이 윤리적으로 행동하도록 도움이 되고, 이러한 이슈들을 연구하는 데 있어서 위의 모든 기술을 통합하기 위해 활용될 수도 있다. 세부적인 논의에 앞서, 나는 다음 장에서 문화적 이슈를 검토하고자 한다. 비록 내가 일본인을 대표하지도 않고, 나의 주장이 일련의 포괄적인 통계들을 반영하지는 않더라도 말이다.


## 5. 문화적 의존성

대체로 일본인들의 로봇에 대한 태도와 관련해서 종종 문학이나 저널에서는 문화적 의존성(cultural dependency)이 없다고 주장하는데, 이는 상당히 의심스러운 주장이다. 일본의 젊은 세대들은 경쟁적으로 고성능 장치들을 구현하고 협동 학습의 기회를 강화하는 로봇 콘테스트들에 열광하고 이를 즐긴다. 이들은 가격 하락과 생산 효율 증진의 중요한 수단으로서 산업용 로봇과 초밥 로봇(sushi robots)을 중시하는 것으로 보인다. 그래서 다른 문화들에서도 나타나는 것처럼, 마지못해 인간을 복제하려고 하는 것 같다.

이런 점은 인간을 닮은 로봇에 대한 불안감에 관한 담론(Mori, 1970; MacDormn, & Ishiguro, 21006)에서 잘 드러난다. 비록 일본인들이 휴머노이드 로봇 개발을 상당히 강조하더라도, 추측하건대 실제로 일본인들은 인간을 닮은 신체, 개별적인 마음 그리고 일상에서 포괄적으로 사용하는 '로봇' 권리를 갖는 인간다운 인공적인 인간(full-fledged artificial humans)을 만들기 위한 노력을 하지 않고 있다. 비록 상당히 많은 사람이 로봇과 우정을 느낀다고 하더라도, 이는 로봇에게도 영혼이 존재한다는 믿음보다는 오히려 다른 문화들에서도 엿볼 수 있는 의인화의 은유(personification metaphor)에서 비롯된 것 같다. 오히려 휴머노이드 로봇을 제작하는 것은 과학적이고 공학적인 도전, 즉, 궁극적인 목적으로써 인간 복제의 목표를 제시하고 추구하기 위한 의도라기보다는 유연한 운동과 정교한 통신 기능을 발명하려는 노력으로 간주한다.

상당히 많은 일본인은 다른 문화에서처럼 공상과학의 맥락에서 로봇에게 선의지(good will)를 제공함으로써 인간애(humanities)를 논의하고자 한다. 일본인들이 비유기적 개체(non-organic entities)에 자신들의 파트너 또는 친구의 역할을 부여하는 것은 큰 무리가 아니다. 마치 영화 「캐스트 어웨이(Cast Away)」(2000)에서 척 놀란(Chuck Noland; 톰 행크스의 배역)이 친구의 역할을 부여했던 배구공 윌슨(Willson)과 같다. 일본은 선의지를 가진 로봇을 영화의 선한 인물로서 활용하는 오랜 전통을 갖고 있다. 이런 점은 다른 나라에서도 마찬가지이다.

얼핏 보기에 진보된 로봇 개발에 투자하는 높은 열정과 대중 매체에서의 인기 간의 차이들은 문화적 그리고 종교적 배경에서 비롯된 것이라기보다는 오히려 고령화된 사회로 접어들면서 젊은 노동자들의 부족을 극복하기 위한 사회적 요구에서 비롯된 것일 수 있다. 만약 일본인들이 로봇에 대해 보다 더 적극적인 태도를 취하면서도 덜 윤리적인 태도를 갖는다면, 이런 태도는 인공적인 인간으로서 로봇을 고려하는 개념화와 물신론 및 다신론의 일본 역사의 배경에 관한 공유된 믿음 간의 분명한 차이에서 비롯된다고 할 수 있다.

## 6. 윤리적 원칙을 강화하기 위한 수단으로서 로봇

이제부터 나는 사용자가 윤리적 원칙을 쉽게 준수하도록 하기 위해 자율적 지능로봇(autonomous intelligent robots)을 사용하는 것을 논의하고자 한다. 이는 서비스 제공자와 수혜자 간의 소통을 자율적 지능로봇이 중재하고, 그래서 서비스 수혜자의 윤리적 의식(ethical awareness)이 제공자에게 되새김 될 것이라는 관념이다. 나는 강력한 윤리적 지능, 실제로 윤리적 판단을 내릴 수 있거나 사람들의 행위를 윤리적 규범들에 따르도록 강제할 수 있는 로봇을 제안하는 것이 아니다. 이 대신에 윤리적 정보 또는 인식을 제공할 수 있는 약한 윤리적 지능(weak ethical intelligence)을 만들 것을 신중하게 제안해 보고자 한다. 약한 윤리적 지능은 완벽하거나 완전한 것이 아니라 스스로 찾아가는(heuristic) 지능형 정보 검색 시스템(intelligent information retrieval system)과 상당히 유사하다.

예를 들면 이러한 약한 윤리적 지능은 학교에서 학생들을 대신해서 문제들을 환기시킬 수 있다. 이는 교사들에게 학생들이 오해하는 것이 정확히 무엇인지, 어떻게 정확히 오해하고 있는지, 학생들이 학습 환경에서 어떤 종류의 시설로 고통받고 있는지를 정확히 알려줄 것이다.

안드로이드는 서비스 수혜자의 윤리적 경험들에 관한 생생한 전달자로서 활용될 것이다. 심로이드(Simroid)로 명명된 의료 실습용 휴머노이드 로봇이 대표적인 사례이다(ABC News, 2007). 심로이드는 치과의사 수련과정에서 치의대생들이 잘못 처치했을 때, 고통을 설명할 수 있다. 비록 고통이 실제 사람의 행위를 가장함으로써 기계적으로 만들어진 것이지만, 그리고 단지 고통스러운 표현들만을 보는 것이지만, 인간의 중립적인 메커니즘, 아마도 거울 시스템(mirror system)은 인간으로 하여금 고통을 느끼게 할 수 있다.

따라서 나는 로봇을 윤리적 행위를 증진시키기 위한 보조물로써 사용하길 제안한다. 로봇의 역할은 양면적이다. 첫째, 나는 사람들이 어려움을 어떻게 헤쳐 나가는지를 로봇이 대신함으로써 동료들이 그 상황을 이해할 수 있다고 본다. 이는 강자가 약자의 어려움을 무시할 때, 약자를 보호하는 데 효과적이다. 심지어 규범적인 맥락에서 로봇은 누군가 비윤리적 활동을 할 때마다 관심을 기울여야 한다. 둘째, 나는 로봇이 문제가 무엇인지, 이 문제를 예방하기 위해서는 어떤 행동들을 취해야 하는지를 설명할 수 있다고 본다. 사례 기반 추론(case-based reasoning)과 같은 약한 인공지능(weak AI) 기술은 적절한 사례를 검색하고 이를 현재 상황에 적합하게 하는데 사용될 수 있다.

이제 전형적인 시나리오들을 살펴보자. 의사-환자 시나리오에서 볼 때, 의료 처방과 관련된 지식과 권위의 측면에서 의사는 강자이고 환자는 약자이다. 의사는 환자의 활동에 관한 정보가 필요로 할 뿐만 아니라 더 나은 의료 서비스를 제공하기 위해 약한 윤리적 지능을 지닌 로봇을 도입하는 데 관심을 기울일 수 있다. 환자는 시간과 공간적 제약을 덜 받으면서 의료 서비스를 받는 자유를 누릴 수 있지만, 의사는 환자의 상황에 관해 더 나은 정보를 얻을 수 있다.

교사-학생 시나리오에서 볼 때, 주제와 관련한 지식과 경험의 측면에서 교사는 강자이고 학생은 약자이다. 교사는 학생이 그 주제를 얼마나 많이 이해하는지에 관한 피드백을 얻을 뿐만 아니라 상호작용 지도 서비스를 제공하기 위해 약한 윤리적 지능을 지닌 로봇을 도입하는 데 관심을 기울일 수 있다. 학생은 배움에서 자유를 얻을 수 있지만, 교사는 학생의 상황에 관해 더 나은 인식을 얻을 수 있다.

부모-자녀 시나리오에서 볼 때, 경험, 물리적 힘, 그리고 재정 능력의 측면에서 부모는 강자이고 자녀는 약자이다. 부모는 자신의 자녀가 부모로 인해 얼마나 많은 좌절로 고통을 겪는지에 관한 피드백을 얻을 뿐만 아니라, 더 좋은 부양을 제공하기 위해 약한 윤리적 지능을 지닌 로봇을 도입하는 데 관심을 기울일 수 있다. 자녀는 부모의 상당한 간섭을 받지 않은 채 활동에 매진할 수 있는 자유를 얻을 수 있는 반면, 부모는 자신의 가족에 관해 더 나은 이해를 얻을 수 있다.

돌보는 사람과 고령자 시나리오에서 볼 때, 신체적 그리고 인지적 능력의 측면에서 돌보는 사람은 강자이고 고령자는 약자이다. 돌보는 사람(care giver)은 고령자가 일상에서 얼마나 많은 좌절과 어려움을 겪고 있는지에 관한 피드백을 얻을 뿐만 아니라 더 나은 보살핌을 제공하기 위해 약한 윤리적 지능을 갖는 로봇을 도입하는 데 관심을 기울일 수 있다. 고령자는 스스로 다양한 활동에 매진할 수 있는 반면, 돌보는 사람은 고령자에 관해 더 나은 이해를 얻을 수 있다.

## 7. 서로 다른 수준에서의 도덕적 존재

철학, 사회학, 심리학 등을 포괄한 모든 양상에 관한 간학문적 담론(interdisciplinary discussions)이 필요하다. 그뿐만 아니라 기술적 도전을 제시하는 것은 실용적으로 이해될 수 있다. 왜냐하면, 이 도전은 과학 공동체가 윤리적 쟁점들에 더 많은 관심을 기울이도록 이끌기 때문이다.

토렌스(Torrance, 2008)의 논의에 따르면, 로봇 행위자는 유기적 구현(organic embodiment)을 결여하고 있기 때문에, 결코 일차적 원리를 가진 도덕적 존재로서 간주할 수 없을 것이다. 하지만 우리는 이차적 원리를 갖는 도덕적 존재로서 간주할 수 있고, 생각과 소통에서 도덕적인 범주들을 표현할 수 있는 "[인간과 로봇의] 변종(para-human)"을 만들 수 있다. 결국, 우리는 선의지를 가진 로봇을 만들 수 있는가? 우리는 우리 앞에 있는 로봇이 윤리적이라는 점을 어떻게 확신할 수 있는가? 로봇이 "선의지"를 갖기 위해서는 몇 가지 요구들이 충족되어야 한다. 첫째, 로봇은 원활한 소통을 할 필요가 있다. 왜냐하면, 현재 로봇은 스스로 정교한 도덕적 결정을 내릴 수 없기 때문이다. 그래서 로봇은 권유하고, 감시하고, 그들의 의도에 영향을 미치는 사람들과 상호작용할 필요가 있다. 바로 이런 점에서 로봇은 언어적이든 또는 비언어적이든 자신이 선의지를 갖고 있다는 점을 사람들이 확신하게 할 필요가 있다. 둘째, 로봇은 사람들과 다른 사회적 또는 생물학적 행위자들을 두려워해서는 안 된다. 셋째, 로봇은 사람들의 정서적 상태를 인식할 수 있어야 하고 더 나은 소통을 위해 정서적 반응을 만들어야 한다. 넷째, 비록 로봇이 선한 것과 나쁜 것, 또는 윤리적인 것과 비윤리적인 것을 구별할 필요가 없다고 하더라도, 로봇은 윤리적 결정을 내리기 위한 유용한 정보를 제공할 수 있어야 한다.

이러한 요구 조건들을 충족하는 문제는 인간과 로봇이 무엇을 공유하느냐에 달려 있다고 할 수 있다. 가장 근본적인 수준은 물리적 그리고 정보의 수준이다. 환경윤리학의 견해에서 본다면, 공유된 환경은 오직 제한된 자원을 갖는다는 점 그리고 개별적인 이익의 무제한적 추구는 공동의 비극으로 귀결될 수 있다는 점을 아는 것이 중요하다(Hardin, G., 1968). 로봇은 규제와 윤리적 규범이 프로그램에 반영되어 사용자로 하여금 그 규제와 규범을 위반하지 않게 하는 선에서, 또는 사용자의 행위가 적어도 후대의 입장에서 기록될 수 있게 하는 선에서 적극적인 역할을 담당할 수 있다. 다시 말해, 로봇은 사람을 연결하는 매체(medium)로 간주될 수 있다.

이런 수준에서 대부분의 문제는 사회-윤리적 그리고 기술적 고려들을 결합함으로써 실용적으로 그리고 실제로 다뤄질 수 있다. 로봇에게 신뢰할만한 소통을 결합하는 것은 로봇의 지적 우월성(intellectual superiority)을 보상하기 위한 핵심 쟁점이 될 수 있다. 비록 로봇이 완벽할 수 없지만, 최선의 노력을 다한 후, 보험을 통해 책임(liability and responsibility) 쟁점을 해결할 수 있다. 로봇이 수행을 더 잘하면 잘할수록, 지불해야 할 보험료는 점점 줄어든다.

두 번째 수준은 지각(perception)과 인지(cognition)이다. 이 수준은, 말하자면, 윤리적 의사 결정이 토대로 작용하여 우리 인식론의 기초를 형성한다. 원칙상으로 보면, 행위자는 이 공간을 분담하기 위해 구현 대상의 구조와 속성들을 분담할 필요가 있다. 왜냐하면, 지각과 인지는 그 대상이 가진 것을 학습함으로써 형성되기 때문이다. 동일한 구현 대상이 없다면, 서로 다른 행위자들은 주어진 상황들에서 야기되는 정서들을 추론할 수 없게 될 것이고, 행위의 정서를 서로 소통하는데 어려움을 겪을 수 있다. 비록 행위자들이 감각-해석-운동 메커니즘을 운용함으로써 정서들을 가장할 수 있지만, 이것이 그들이 지각과 인지 그 자체를 분담하고 있는지에 관한 증거는 될 수 없다.

세 번째 수준은 가치와 관련된다. 비록 이 쟁점에 관한 포괄적인 논의가 이번 글의 범위를 넘어서지만, 나는 적어도 가치 체계가 부분적으로 로봇의 종을 기원으로 하는 것인지 의심스럽고, 결과적으로 로봇과 이 공간을 분담하기는 매우 어렵다고 본다. 비록 우리가 가치의 공간을 토대로 하는 윤리적 결정을 내리기 위해서, 가치에 관한 우리의 공간을 로봇에게 프로그램화시키고자 하더라도, 이는 올바르게 작동할 수 없다. 왜냐하면, 많은 상황은 무한하고, 우리는 미리 이 모든 상황을 예측할 수 없기 때문이다.

각 수준에서 도덕적 존재는 그 자체의 경험들에 관한 결정들을 확립하고, 그 수준에 따라 윤리적 원칙들에 토대를 둔 그 결정들을 설명할 수 있어야 한다.

첫 번째 수준에 관한 도덕적 존재를 확립하는 것은 인공지능 또는 인지 기술에서 기존의 방식들을 활용하는 데 있어서 실현 가능성이 크다. 온톨로지 공학(ontology engineering)은 이 수준에서 개념들을 정의하는 데 도움을 줄 수 있다. 지식 기반 방식(knowledge-based methods)에서 상당히 추상적인 명령(abstract codes)을 기록함으로써 로봇을 통제할 수도 있다. 기계 학습 방식(machine learning methods)은 프로그래밍에 도움을 제공할 수 있거나, 로봇의 위험에 관해 분담된 이해 속에서 기존의 환경에 적응하게 한다. 반투명 거울 접근(half-mirror approach)(Nishida, & Nishida, 2007)은 인간과 로봇 간의 장기적 관계를 확립하기 위해 기계 학습(machine learning)의 토대를 훼손하는 잠재적 위험들을 예방하는 데 사용될 수 있다(Lucivero, & Tamburrini, 2008). 이는 인간 관리자로 하여금 로봇이 주어진 상황에서 무엇을 해야 하는지를 지도하기 위한 "합성(superimposition)"으로서 인간과 로봇 간의 상호작용에 관여하게 할 수 있을 것이다. 이러한 합성은 로봇으로 하여금 관리자로부터 배우게 할 수 있는 훈련 과정(training set)에서 축적될 것이다.

이와는 대조적으로, 두 번째 수준에 관한 도덕적 존재를 확립하는 것은 실현 가능성이 그리 크지 않다. 세 번째 수준에서 도덕적 존재의 실현 가능성은 거의 불가능할 수도 있다. 두 번째 수준에서 도덕적 존재는 오직 가상으로 구현된 대상에 관한 지각과 인지에서만 확립될 수 있다. 비록 행위자들이 표면적으로 유사하게 보일 수 있지만, 그 이면은 매우 다르다. 비록 결과적으로 발생하는 윤리적 결정이 제한적일 수 있지만, 규제 및 윤리적 규범(Nagenborg et al., 2008), 그리고 윤리적 원칙(Rosenberg, 2008)에 복종하는 로봇을 시행하는 것은 이익이 되면서도 동시에 도전적 과제가 될 수 있다. 또 다른 도전은 가상 지각과 인지에 토대를 둔 언어학적 표현을 확립하기 위한 메커니즘을 시행하는 것이다.

여기서 한 가지 흥미로운 문제는 자율적인 윤리 행위자를 실현하기 위해 우리가 궁극적으로 약한 윤리적 지능을 넘어서 진보할 것인지에 관한 것이다. 캘버리(Calverley, 2008)는 법적 독립성을 갖는 비생물학적 기계(non-biological machines)가 가능하다고 주장한다. 발라흐(Wallach, 2008), 알렌(Allen) & 스미트(Smit, 2008) 그리고 휘트비(Whitby, 2008)는 인공적인 도덕 행위자를 구현하기 위해 쟁점들을 논의하면서 그 답을 구하고 있다.

## 8. 결론

만약 현실 삶의 실제가 어려움에 처한다면, 윤리적 원칙들도 위기에 봉착할 것이다. 여기서는 윤리 원칙들을 강화하기 위한 수단으로서의 자율적 로봇을 전개할 수 있는 접근에 초점을 맞추었다. 인간은 윤리적 결정을 내릴 수 없는 로봇과는 다른 방식으로 윤리적 목적을 추구함에 있어서 불완전하기 때문에, 나는 인간의, 특히 약자의 자율성과 존엄성을 보호하기 위해 지능형 로봇을 윤리적으로 사용해야 한다고 보았다. 그리고 자율적인 지능로봇, 사이보그, 그리고 안드로이드의 개발에서 경고뿐만 아니라 기술적 도전들을 드러내고자 했다. 일부 논의들은 문화적 의존성을 토대로 제시되기도 했다.

# 참고문헌

Anderson, S. L. (2008). Asimov's "three laws of robotics"and machine metaethics. *AI & Society*, 22(4), 477~493.

Anderson, S. L., & Anderson, M. (2007). The Consequences for human beings of creating ethical robots, Proceedings AAAI Workshop on Human Implications of Human−Robot Interaction, Technical Report WS−07−07, AAAI, 1~4.

American Counseling Association (2005, Oct 20). ACA code of ethics. Retrieved January 2, 2009, from: http://www.counseling.org/Files/FD.ashx?guid=ab7c1272−71c4−46cf−848c−f98489937dda

Calverley, D. J. (2008). Imagining a non−biological machine as a legal person. *AI & Society*, 22(4), 523~537.

Carew, P. J., Stapleton, L., & Byrne, G. J. (2008). Implications of an ethic of privacy for human−centred systems engineering. *AI & Society*, 22(3), 385~403.

Cooley, M. (2007). From Judgment to calculation. *AI & Society* 21(4), 395~409.

Davies, M. Y. A. (2007). Taking robots personally: a personalist critique, Proceedings AAAI Workshop on Human Implications of Human−Robot Interaction, Technical Report WS−07−07, AAAI, 5~8.

Decker, M. (2008). Caregiving robots and ethical reflection: the perspective of interdisciplinary technology assessment, *AI & Society*, 22(3), 315~330.

Dennett, D. (1987). *The Intentional Stance*, Cambridge et. al.: MIT Press.

Gill, S. P. (2008). Socio−ethics of interaction with intelligent interactive technologies. *AI & Society*, 22(3), 283~300.

Gill, S. P., & Tamburrini, G. (2008). Guest editorial, *AI & Society*, 22(3), 265~270.

Hannold, C. (2003). *Combat Robot Weapons* [Computer—Software]. New York/London: McGraw—Hil/TAB Electronics.

Hardin, G. (1968). The Tragedy of the Commons, *Science*, 162(3859), 1243~1248.

Hochberg, L. R. et al (2006). Neuronal ensemble control of prosthetic devices by a human with tetraplegia. *Nature*, 442, 164~171.

Horgan, J. (2008). Waiting for the rapture, *IEEE Spectrum*, 45(6), 32~35.

ABC News(2007). Humanoids could teach Japanese dentists to feel people's pain. (2007). ABC News Online. Retrieved November 28, 2007, from: http://www.abc.net.au/news/stories/2007/11/28/2104451.htm.

IEEE (2008). IEEE Code of Ethics. Retrieved October, 20, 2008, from: http://www.ieee.org/portal/pages/iportals/aboutus/ethics/code.html.

IEEE Spectrum (2008). The singularity: a special report. Retrieved January 2, 2009, from: http://spectrum.ieee.org/singularity.

Kant, I. (1788). *Critique of Practical Reason* (1788). Translated by Mary Gregor. Cambridge: Cambridge University Press, 1997.

LaChat, M. R. (1986). Artificial intelligence and ethics: an exercise in the moral imagination, *AI Magazine*, 7(2), 70~79.

Lucivero, F., & Tamburrini, G. (2008). Ethical monitoring of brain—machine interfaces: a note on personal identity and autonomy. *AI & Society*, 22(3), 449~460.

MacDorman, K. F., & Ishiguro, H. (2006). The uncanny advantage of using androids in social and cognitive science research. *Interaction Studies*, 7(3), 297~337.

McCauley, L. (2007). The Frankenstein complex and Asimov's three laws. Proceedings AAAI Workshop on Human Implications of Human-Robot Interaction, Technical Report WS-07-07, AAAI, 9~14.

Maurer, M. (2007). *Some ideas on ICT as it influences the future.* Paper presented at NEC Technology Forum, Tokyo.

Metzler, T. (2007). Viewing assignment of moral status to service robots from the theological ethics of Paul Tillice: some hard questions. Proceedings AAAI Workshop on Human Implications of Human-Robot Interaction, Technical Report WS-07-07, AAAI, 15~20.

Millán, J. D. R., Renkens, F., Mouriño, J., & Gerstner, W. (2004). Brain-actuated interaction. *Artificial Intelligence*, 159, 241~259.

Miura, N., et al (2008). An advantage of bipedal humanoid robot on the empathy generation: A neuroimaging study. IEEE/RSJ International Conference on Intelligent Robots and Systems, 2008 (IROS 2008), 2465~2470.

Mori, M. (1970). Bukimi no tani [the uncanny valley]. *Energy*, 7, 33~35.

Mowshowitz, A. (2008). Technology as excuse for questionable ethics. *AI & Society*, 22(3), 271~282.

Nagenborg, M., Capurro. R., Weber, J., & Pingel, C. (2008). Ethical regulations on robotics in Europe. *AI & Society*, 22(3), 349~366.

National Shooting Sports Foundation (2008). Firearms responsibility in the home. Retrieved October, 19, 2008, from: http://www.nssf.org/lit/FRH.pdf.

Nishida, T. (2008). Artifact-Mediated Society and Social Intelligence Design. In: Bramer, M. (Ed.), *IFIP 'State of the Art in Artificial Intelligence'* (in preparation).

Nishida, T., & Nishida, R. (2007). Socializing artifacts as a half mirror of the mind. *AI & Society* 21(4), 549~566.

Nishio S., Ishiguro, H., & Hagita, N. (2007). Geminoid: Teleoperated Android of an Existing Person. In: Pina Filho, A. C. de (ed.). Humanoid Robots: New Developments, Vienna: I—Tech, 343~352.

Reeves, B., & Nass, C. (1996). *The Media Equation*, Cambridge: Cambridge University Press.

Rosenberg, R. S. (2008). The social impact of intelligent artefacts. *AI & Society*, 22(3), 367~383.

Santoro, M., Marino, D., & Tamburrini, G. (2008). Leaning robots interacting with humans: from epistemic risk to responsibility. *AI & Society*, 22(3), 301~314.

Stapleton, L. (2008). Ethical decision making in technology development: a case study of participation in a large—scale information systems development project. *AI & Society*, 22(3), 405~429.

Suzuki, K., Mito, G., Kawamoto, H., Hasegawa, Y., Sankai, Y. (2007). Intention—based walking support for paraplegia patients with Robot Suit HAL. *Advanced Robots*, 21(12), 1441~1469.

Torrance, S. (2008). Ethics and consciousness in artificial agents. *AI & Society*, 22(4), 495~521.

Wallach, W. (2008). Implementing moral decision making faculties in computers and robots. *AI & Society*, 22(4), 463~476.

Wallach, W., Allen, C., & Smit, I. (2008). Machine morality: bottom—up and top—down approaches for modelling human moral faculties. *AI & Society*, 22(4), 565~582.

Whitby, B. (2008). Computing machinery and morality. *AI & Society*, 22(4),

551~563.

Zemeckis, R. (Director)(2000). Cast away [Motion Picture]. Fox Home Entertainment.

9장

# 윤리학과 로봇공학

라파엘 카푸로(Rafael Capurro)[1)]

Hochschule der Medien, Stuttgart

요 약: 이번 연구는 다음의 문제들을 다룬다: 우리는 윤리학자들로서 어떤 견해에서 말해야 하는가? 그리고 누구를 위해 말해야 하는가? 어떤 종류의 로봇과 인공적 행위자들을 위한 윤리학 일반을 전개하는 것이 가능하고 바람직한가? 윤리적 고려들과 관련해서 우리는 로봇의 유형과 응용 분야의 차별화가 필요한가? 로봇은 누구를 위해 그리고 누구에 의해 개발되어야 하는가? 누가 로봇과 로봇공학

1) Redtenbacherstrasse 9, 76133 Karlsruhe, Germany. Voice: 0049-721-98 22 9 22; mail: rafael@capurro.de; web: http://www.capurro.de/home-eng.html.

장치들을 구현하는 기준을 확립하는가? 이 장치들은 보다 심층적인 평등, 이질적인 다양성에 관한 더 간절한 평가, 그리고 가치 있는 세계에 대한 더 강력한 책임에 기여하는가? 이번 연구는 우선 이러한 질문들에 대한 인식론적, 존재론적, 그리고 정신분석학적 함의들을 다룰 것이다. 두 번째로는 인간-기계 관계에 관한 주요 윤리적 양상들을 제시할 것이다. 로봇은 우리의 노예라기보다는 오히려 인간의 상호작용을 위한 도구로서 간주될 것이다. 이런 점은 프라이버시와 신뢰에 관한 문제들을 나타낼 뿐만 아니라 우리가 간문화적으로 제시되어야 하는 산업, 서비스 그리고 엔터테인먼트에서 스스로 규정하는 방식에 도전한다.

주제어: 로봇, 윤리학, 행위, 인공적 행위자, 인간-기계 관계, 모방 욕구

## 서론

우리는-윤리학자로서-어떤 견해에서 말해야 하는가? 그리고 누구를 위해서 말해야 하는가? 결과는 무엇이고, (연이은 기술-윤리학에서) 생체공학 및 로봇공학 시스템과 인간 상호작용 윤리의 (잠재적) 응용 분야는 무엇인가? 이것의 중요한 부분은 기술 설계와 생산의 윤리가 되어야 한다. 기술-윤리학은 강력하고 논쟁적인 민주주의적 실제, 그리고 기술-과학의 대상물을 창조하는 시민 활동을 뒷받침

해야 한다. 여기서 중심 질문은 이어지는 논의에서 공학자들과 기술 설계자들도 해당하는데, 간학문적 과정을 어떻게 기획해야 하는지에 관한 것이다.

두 번째 질문은 로봇과 행위자에 대해 어떤 종류의 윤리학 일반을 전개시키는 것이 가능한지 또는 어떻게 하면 가능한지(그리고 바람직한지 또는 어떻게 하면 바람직한지)에 관한 것이다. 윤리적 고려들과 관련해서 로봇 및 인위적인 행위자의 유형들과 응용 분야 간의 차별화가 필요한 경우는 무엇인가? 사회-기술적 수준에서는 로봇을 "인간이 움직일 수 있는 능력을 확장하는 감각운동 기계"로 설명한다. "이 기계는 메카트로닉 구성요소, 센서 그리고 컴퓨터 기반 제어 및 조종 기능으로 구성된다. 로봇은 높은 수준의 자유와 행위의 다양성 때문에, 다른 기계들보다 더 큰 복합성을 가진다."(Christaller et al., 2001, Transl. Jutta Webber) 여기서 다루고자 하는 문제는 고전적 기계와 시스템, 고전에서 변형된 기계와 자율적인 시스템 사이에 어떤 질적 차이가 있는지에 관한 것이다.

세 번째 질문은 또한 "로봇으로 인해 누가 이익을 얻는가?(cui bono?)"일 것이다. 로봇은 누구를 위해 그리고 누구에 의해 개발되는가? 아이보(AIBO), 피노(Pino), 파로(Paro), 키스멧(Kismet)과 같은 로봇과 로봇공학 장치가 구현하는 기준들을 누가 지정하는가? 이러한 로봇은 보다 심층적인 평등, 이질적인 다양성에 관해 보다 더 날카로운 평가를 내리며, 그리고 살기에 적합한 세계를 위해 보다 강한 책임에 헌신하는가?

나아가 사회-문화적 맥락에서 로봇과 행위자에 관한 논쟁의 고찰이 필요하다. 가상 행위자와 로봇의 생산과 활용에서 어떤 종류의 사회적 갈등과 권력관계가 얽혀있는가? 과학, 기술, 산업 그리고 정치학의 융합이 어떻게 진행되는가? 로봇공학과 행위자에 관한 군사적 관심은 어떤가?

마지막으로 중요한 기술 윤리학의 중심 과제는 생명 윤리학의 담론에서 교훈을 얻는 것이다. 다음의 예를 들어보자. 우리는 행위자와 로봇의 고의성에 관한 추상적 담론들을 회피하는 것이 행위자와 로봇의 미래 개발과 활용을 증진하는 데 도움이 되는지를 고찰해야 한다.

실제로 거대한 로봇의 활용은 자동차와 비행기 (그리고 이전 시대의 배)가 그랬던 것과 비슷한 방식으로 사회를 변화시킬 것이다. 이러한 로봇의 활용은 이미 사회를 변화시키고 있다-유럽에서 실업 증가의 주요 요인으로 노동 현장의 산업용 로봇을 생각해 보라. 이처럼 사회적 변화들에 관한 그리고 결과적으로 우리 자신에 관한 견해(들)에 관한 광범위한 입장은 근본적인 것으로 우리의 (도덕적) 가치들을 포함하고 있다. 이것이 인간에게 무엇을 의미하는지에 관한 재규정이 있을 수 있다. 예를 들어 로봇의 거대한 사용은 인간 중심주의적인 유럽 인권 헌장(EU Charter of Human Rights)의 전망에 도전할 수 있다.

우리가 로봇과 함께 삶을 영위하고자 하는 이유는 무엇인가? 우리는 무엇을 위해 로봇과 함께 삶을 영위하는가? 로봇이 매우 유용할 수 있고, 실제로 필수적일 수 있다는 단순한 수준에서 출발하여 이러한 질문에 대답할 때에는, 예를 들어 오늘날의 산업 생산에서, 또는 인간에게 매우 중요한 위협 또는 위험이 되는 상황들을 다룰 때에는 서로 다른 수준의 고찰이 전개된다. 그러나 이러한 연구를 검토하기에 앞서 지라드(René Girard)가 말하는 "모방 욕구"에 관한 전망을 검토하고자 한다(Girard, 1972).

## 1. 인식론적, 존재론적 그리고 정신분석학적 함축

인간과 로봇 간의 관계는 한 사람이 자신이 무엇인지에 대해 로봇을 부러워하거나 그가 자신이 갖지 못하는 로봇을 소유하고 있는 다른 사람을 부러워하는 선망 관계로서 인식될 수 있다. 무엇보다 선망(envy)은 로봇이 모방되는 모델로서 간주된다는 점에서는 긍정적일 수 있고, 라이벌 구도에서 관계가 퇴보된다는 점에서는 부정적일 수 있다. 이 부정적 가능성은 로봇과 인간이 경쟁하는 것으로 가정하는 많은 공상과학 영화와 소설들에서 등장하는 사례이다. 이때 로봇은 종종 도덕감은 부족하지만, 그래서 인간보다는 가치가 낮은 정서를 구현하는 안드로이드로서 표현된다.[2] 모방 갈등은 근본적으로 '로봇'이 욕구하는 것을 모방할 수 있는 것만 모방할 수 있다는 사실

---

2) 물론 HAL의 "2001: A Space Odyssey"(Kubrick, 1968) 또는 Stanislaw Lem의 소설 "Golem XIV"(Lem, 1981)의 공상과학의 경우처럼, 안드로이드로 표현되지 않는 기계들의 대표적인 사례들도 있다.

에 의해서만 발생하는 것이 아니다. 그러나 역설적으로 로봇의 욕구들은 우리 자신의 욕구들이다. 왜냐하면, 우리가 로봇을 만든 창조자들이기 때문이다. 로봇에 관한 긍정적 그리고 부정적 견해는 예컨대, 인공 장치를 인간 신체에 주입함으로써 인간의 능력을 증진시킨다는 인간의 자기 이해를 배경으로 한다. 인간이 로봇을 서로 다른 임무로 사용할 때, 이렇게 로봇이 사용되는 점은 "모방 욕구"가 (미래 로봇을 구분하는) 정의(justice)의 문제로 설명되거나 새로운 종류의 선망으로 설명되는 상황을 만들어낸다. 이때에는 선망의 대상이 로봇을 사용하거나 소유하는 다른 사람을 제외하면, 로봇 그 자체가 된다. 따라서 로봇과 관련된 근본적인 윤리적 딜레마는 로봇의 선한 또는 나쁜 사용에 관한 문제가 아니다. 즉 그것은 선망, 라이벌 구도 그리고 본보기와 같은 전략뿐만 아니라 일상적인 도구로써 로봇을 사용하여 모방 활력을 갖고자 하는 우리 자신의 욕구에 대한 질문이다. 이러한 로봇의 일상적 사용은 근본적으로 사회적 정의의 문제로써 간주되기도 한다.

로봇은 인간 욕구의 가면으로 간주될 수 있다. 우리의 '모방 욕구'는 로봇이 시장에서 얻는 교환 가치에 영향을 미칠 수 있다(그러나 얼마나?). 로봇과 함께하는 우리의 사랑스러운 일상사는 무관심에서부터 이상화를 거쳐 라이벌 구도와 폭력에 이르기까지 모든 인간 열정의 범위를 이중으로 구속하는 관계로 들어서게 된다. 비록 오늘날 최첨단의 로봇공학과 관련해서 여전히 지능과 예측할 수 없는 행위를 결여하는 로봇이라는 점에서 이런 모습이 사실이 아니더라도 말이다. 모든 종류의 로봇의 발명, 생산, 그리고 사용을 가능하게 만드는 메커니즘을 발견하기 위해 경제적 차원을 넘어서는 것이 윤리적 성찰의 과제이다. 이러한 메커니즘은 개인의 영역과 사회의 영역에 관한 인간의 모방 열정에 토대를 둔다. 신화적 측면에서 볼 때, 로봇은 우리의 세속적이고 기술적인 사회에 의해 인류의 인간성으로서 표방되는 것, 즉 가장 고상하고 지구적인 표현인 인권 선언(Universal Declaration of Human Rights)에 대한 희생양으로 경험된다. 이러한 신화적 전망에서 로봇은 우리 스스로가 갖고 있는 나쁜 양심과 선한 양심이 된다.

로봇은 우리에게 우리 자신에 관한 도덕적 담론의 가능성을 제시하지만, 동시에 실제 인간과 관련된 권리들의 위반에 대해 묵과할 수 없는 상황으로부터 우리의 관심을 멀어지게 한다. 다시 말해, 로봇에 관한 윤리적 성찰은 특히 인간의 존엄성, 자율성 또는 심지어 데이터 보호와 관련된 모방 욕구의 위험을 고려해 이러한 위험을 조심해야 한다. 윤리적 성찰은 인간과 로봇 간의 이중적 구속 관계를 반영해야 한다. 만약 로봇이 우리의 모방 욕구를 반영한다면, 우리 자신을 포함한 모든 것이 목적에 대한 수단으로 간주되어야 한다는 견해에서 실현될 것으로 보인다. 이럴 경우 우리는 개별적이고 사회적인 전략들을 전개시켜 우리가 매진하는 것이 결국 위험한 것으로 판명되는 실현 불가능한 대상의 정체를 밝혀야 한다. 우리 자신의 욕구 외에 인간 존엄성의 개념 또한 인간의 특징 가운데 하나이다. 이 개념은 기술적 그리고/또는 종교적 전제와는 별개인 자아 초월성의 특징이다. 인간 존엄성은 모방 욕구의 역학을 동시에 규제함으로써 우리로 하여금 이데올로기적 또는 근본주의적 봉쇄를 피할 수 있게끔 한다.

로봇의 개념은 모호하다. 최초로 이 개념을 사용했던 차페크 (Karel Čapek)에 따르면(Čapek 1920), 로봇은 특히 산업 생산의 분야에서 자율적으로, 즉 지속적인 인간의 지도 없이도, 서로 다른 임무를 수행할 수 있는 인간을 닮은 인공적 장치, 안드로이드이다. 인간화된 로봇이면서도 다른 생물을 모방하는 인공 장치는 오랜 전통을 갖고 있다. 오늘날 산업용 로봇에는 인간을 별로 닮지 않은 것이 종종 있다. 기술 중심(technoid)의 인공 장치와 자연 중심(naturoid)의 인공 장치에는 일종의 긴장이 있다(Negrotti, 1995, 1999, 2002). 인공성 (artificiality) 개념 자체는 본질적으로 인간이 모방하여 생산하는 것과 관련된다. 자연적 생산물과 유사하지만, 일치하지 않는 것을 창조하는 것을 인위적으로 규정하는 것은 자연의 것 또는 "원형의 것(the orginal)"(Negrotti)과 관련해서 어떤 차이가 있어야 한다는 것을 말한다. 대부분 로봇은 물리적 행위자로 인식된다. 정보 기술의 등장과 함께, 소프트웨어 로봇(softbots) 또는 소프트웨어 행위자가 개발되면서 물리적 세계에 영향을 미치고 있고 그래서 어떤 명확한 경계를 설정하는 것이 어렵다. 이런 점은 또한 인간과 로봇 간의 이종 교배, 예를 들어 사이보그의 경우에서도 나타난다. 실제로 개인뿐만 아니라 전체 사회도 사이보그화의 과정과 관계가 있다.

로봇이란 무엇인가? 로봇은 인간 꿈의 산물이다(Brun,1992;

Capurro, 1995). 로봇공학의 모든 관념은 감춰진 우리 욕구의 대상을 수반한다. 그래서 로봇은 사티로스(satyr)의 가면을 쓴 신들의 이미지(그리스어로는 agalma)와 유사하다. 라깡(Jacques Lacan)은 "향연(Symposium)"에서 소크라테스(Socrates)와 엘키비아데스(Alcibiades) 간의 사랑에 관한 플라톤(Plato)의 이야기(Symp. p 222)를 설명하면서 다음과 같이 정신분석학적 해석을 언급한다(Lacan, 1991). 그와 같은 "작은 대상"은 인간 욕구가 획득할 수 없고 불가능한 목표이다. 플라톤은 "티마이오스(Timaeus)"에서 세계를 만드는 조물주의 작업을 신성함의 닮음으로 기술하고 있다. 이러한 닮음은 유쾌함의 작업이고, 그래서 복사물을 원형(paradeigma)에 더 비슷하게 만들려는 장려책이다(Tim. 37c).

정리하자면, 우리의 가치 또는 우리 욕구의 목적은 우리의 모든 기술적 장치에서 그리고 특히 우리 인간의 정체성을 모방하는 산물에서 구현된다. 그러므로 우리가 이런 장치와 산물을 통해 어떤 가치들을 실현하고자 노력하고 있는지, 뿐만 아니라 우리가 이런 노력을 하는 이유도 고려해야 한다. 로봇은 우리에게 그리고 우리가 되길 원하고자 하는 타인들에게 보이는 분담된 문화적 가치의 거울이다. 우리는 동물들 또는 신들과 비교해서 우리 스스로를 재규정하는 것과 유사한 방식으로 로봇과 비교해서 우리 스스로를 재규정한다. 이러한 재규정은 향후 경제적, 윤리적, 그리고 문화적 함의에 지대한 영향을 미친다.

그러나 이와 같은 정신분석적 담론의 "우리"는 누구인가? 로봇 개발과 설계에서 수반되는 공학 문화(engineering culture)는 어떤가? 젠더 접근에서 보면, "우리"는 기술 생산의 남성성 문화(masculine culture)의 주장을 갖는다. 그렇다면 모든 사람이 로봇에 대해 이와 같은 이중구속의 관계, 즉 딜레마를 갖는가? 그리고 문화적 차이들은 어떤가?

## 2. 인간-기계 관계에 관한 윤리적 양상

우리는 기술적 환경에서 어떻게 살 것인가? 사회에 대한 로봇의 영향은 무엇인가? 우리는 (사용자로서) 로봇을 어떻게 다루는가? 오늘날 인간과 기계 간의 인터페이스 모델을 만드는 데 있어서 어떤 방법들과 수단들이 사용되고 있는가?

우리는 사회 규범의 정서와 고정관념의 모방에 대해 무엇을 생각하는가? 행위자와 로봇 간의 문제를 기술하는 데 있어 어떤 종류의 어휘 또는 수사학이 사용되고 있는가-그리고 이 가운데 우리는 어떤 것을 사용하고자 하는가? 인공지능과 로봇공학에서 볼 때, 우리는 종종 인간을 닮은 행위자를 옹호하기 위해 어휘를 대충 활용하는 것을 발견할 수 있다. 이러한 어휘들은 종종 행위자의 의도성과 자율성을 함의하고 있다. 예를 들어 이런 점은 어떤 연구자가 인공 행위자의 학습, 경험, 정서, 의사결정 등에 관해 말할 때 드러난다. 우리는 과학에서 그리고 우리의 사회적 실제에서 이런 문제를 어떻게 다룰 것인가?

로봇은 공학자들과 컴퓨터 과학자들이 이미 만든 생산물이 아니라, 다음의 문제들을 수반하면서 등장하고 있는 장치이자 기술이다:

오늘날 정보통신기술 장치가 컴퓨터 과학자와 공학자에 의해서만 전개되고 있는 사실의 결과는 무엇인가?
로봇과 관련해서 주인—노예 관계의 의미는 무엇인가?
서로 다른 상황에서 파트너로서 로봇의 의미는 무엇인가?

사회적 로봇에 관한 최근의 연구는 타인들을 인지할 수 있고, 제스처와 말의 표현을 해석할 수 있으며, 그래서 정서를 인지하고 표현하여 사회적 학습의 능력을 갖춘 상호작용 시스템의 개발에 초점을 맞추고 있다. 이러한 사회적 로봇공학과 관련된 핵심 문제는 "이와 같은 과학기술을 확립하는 것이 어떻게 우리 자아 이해를 형성하는지, 그리고 사회에 어떻게 영향을 미치는지"에 있다(Breazeal, 2002. 5).

이러한 개발의 함의들을 이해하기 위해, 사회적인 것, 사회성, 인성 그리고 인간 양식의 상호작용과 같은 사회 로봇공학(social robotics)의 중심 개념을 분석하는 것이 중요하다. 주요 문제는 다음과 같다. 사회 로봇공학이 행위로 번역하는 사회성의 개념은 무엇인가? 사회적 행위방식이 소프트웨어 실행 과정에서 어떻게 개념화되고, 형성되며 또는 구체화되는가? 그리고 우리가 인공물 속에 형성하고 실행하길 원하는 사회적 행위방식들의 종류는 무엇인가?

대체로 안드로이드를 개발하기보다는 일정한 인간의 행위방식들을 모델로 하는 로봇을 개발하는 경향이 있다(Arnall, 2003). 상대적

자율성은 물리적 로봇뿐만 아니라 소프트웨어 로봇의 목적이다. 로봇공학에서 자율성 개념의 의미는 무엇인가? 로봇공학의 담론과 철학의 담론 사이에는 어떤 관련성과 차이가 있는가? 그 개념은 자율성, 사회성, 정서 그리고 지성과 같은 전통적인 의미의 변화들을 어떻게 이끄는가?

EU 인권헌장(EU Charter of Fundamental Rights)의 1조, 3조, 6조, 8조, 25조, 26조와 관련해서 다음의 문제들이 제기된다:

(1) 인간-로봇 혼합팀이 수행한 행위에서 비롯된 처음부터 의도되지 않은 결과들에 대해 누가 책임이 있는가?
(2) 인공지능 행위자를 통한 개별 데이터에 관한 모니터와 처리를 어떻게 규제할 수 있는가?
(3) 생체공학적 이식은 신체적 그리고 지적 능력들을 복구하기보다는 오히려 증진시키는 데 사용될 수 있는가?

이 세 가지 질문들은 오직 인간에게 즉각적으로 미치는 영향의 가능성을 제기한 것이다. 그 이유는 다음과 같다.

책임(responsibility)은 전통적으로 오직 (개인들을 포함하는) 행위자에게 귀속되기 때문이다.

프라이버시에 대한 인권은 자율적으로 삶을 영위할 수 있는 능력을 보호하기 때문이고, 증진은 단 한 사람의 이익으로 향하기 때문이다.

그러나 로봇-인간 상호작용의 중요성은 한 개인의 수준을 넘어서고, 사회 또는 공동체가 어떻게 로봇과 통합될 수 있는지 또는 어떻게 통합되어야 할 것인지에 관한 문제를 제기한다. 아마도 오직 사회 또는 공동체의 일부 구성원만이 일련의 로봇, 예컨대, 부유한 사람을 위한 엔터테인먼트 로봇, 노인 또는 환자를 위한 서비스 로봇과 상호작용을 할 것이다. 또한, 이와 같은 로봇과의 상호작용은 새로운 형태의 공동체를 확립할 수 있다. 이처럼 특정한 상호작용의 형식들이 발생하는 공동체와 사회에 미치는 특수한 상호작용의 영향도 고려해야 하지만, 이와 동시에 일정한 맥락에서 일련의 로봇과 상호작용을 하기 쉬운 개인 집단에도 긴밀한 관심을 기울여야 한다.

이러한 인간-로봇 상호작용의 세 가지 형식들은 인권과 존엄성을 전개시킬 뿐만 아니라 위반의 양상도 포함할 수 있다. 우리는 어떤 형식과 이와 동일한 기술이 긍정적 결과와 부정적 결과를 모두 가질 수 있다는 점을 제외할 필요는 없다. 감시 시설은 프라버시의 측면에서 볼 때, 해로운 것으로 간주될 수 있다.

## 3. 결론

일련의 인간-로봇 통합 형식들은 잠재적인 이익 또는 피해를 일으킬 수 있다. 특히 개인적 전망과 한 사회 또는 공동체의 전망 사이에 긴장이 있다면, 우리가 어떻게 제기되는 갈등을 중재하고 해결해야 할 것인가? 일련의 향상은 한 개인에게 이익으로 간주될 수 있지만, 예를 들어 오직 엘리트만이 스스로를 사이보그로 전환시킬 수도 있는지 또는-최악의 경우엔-실업자가 어떤 일을 수행할 수 있도록 무엇인가를 강제로 이식할 수 있는지와 같은 새로운 문제들을 제기할 수 있다.

현재 로봇이 사람으로 간주되어야 하는지에 관한 쟁점을 제기할 필요는 없다. 현재 윤리적 문제들은 기술윤리에 관한 윤리적 탐구에서 제기되는 근본적 쟁점으로서 인간의 책임을 제기한다. 이는 다음과 같은 문제들을 포함한다.

⑴ 책임은 누구에게 부여되어야 하고, 어떻게 부여되어야 하는지, 그리고 만약 인간-로봇 통합이 책임을 위반하거나 거부한다면, 그 결과는 무엇인가?

⑵ 로봇이 사람들의 정보를 수집하고 활용하는 시설을 설계하고 유지하는 책임은 누구에게 있는가?

⑶ 급격히 전개되는 인간-로봇 통합의 가능성이 책임의 개념에 어떻게 영향을 미치는가? 이 문제는 다음의 문제들을 포함한다.

① 한 인간이 증진되고 있다는 사실이 특수한 종류의 책임으로 이끄는가?
② 증진을 위해 사용되는 기술을 제공하는데 책임이 있는 사람들이 갖는 결과들은 무엇인가?

책임의 문제를 제기할 때, 우리는 책임에 관한 서로 다른 수준들이 있다는 점을 고려해야 한다. 심지어 개인에게 속하는 책임에 대해서도, 개인은 개별적 안녕에 대해, 사회적 환경(친구, 가족, 공동체)에 대해, 자신이 사는 사회 또는 국가에 대해 책임을 갖는 시민으로서 또는 인간으로서 특수한(전문적인 또는 사적인) 역할과 관련된 것에 대한 책임을 가진다고 할 수 있다. 나아가 이런 점은 로봇과 관련해서 책임이 제거될 수 있는 것인지 그리고 어떻게 제거될 수 있는지, 그리고 제도들이 도덕적 책임을 가질 수 있는지에 관한 문제들을 포함한다.

로봇-노예제도가 허용되거나 장려되는 사회들의 모방 욕구의 기획-은 우리의 노예가 아니라 인간 상호작용을 위한 도구에 더 가깝다. 이런 점은 프라이버시와 신뢰에 관한 문제들을 제기하지만 (Arnall, 2003, 59), 또한 우리가 산업, 서비스와 엔터테인먼트에서 규정하는 방식에도 문제를 제기한다. 이런 점은 유럽에서 그리고 다른 문화에서 로봇에 대한 서로 다른 문화적 접근들과 관련된 것으로, 전 세계에 영향을 미칠 수도 있다. 서로 다른 문화들은 자율성과 인간 존엄성에 관해 서로 다른 견해들을 갖고 있다.

## 4. 감사의 글

탬불리니(Guglielmo Tamburrini, University of Naples), 나겐보르그(Michael Nagenborg, University of Tübingen)과 베버(Jutta Webber, University Uppsala)에게 감사드린다. EU의 '윤리-로봇(ETHICBOTS)' 기획에서 윤리학과 로봇공학 간의 관계에 관한 담론을 지속할 수 있었던 것은 모두 이들 덕분이었다. 또한, 이 논문에 대해 비판적 검토를 해 준 뷰캐넌(Elizabeth Buchanan, University of Wisconsin Milwaukee, VUSA)에게도 고마움을 전한다.

# 참고문헌

Arnall, A. H. (2003). *Future Technologies, Today's Choices. Nanotechnology, Artificial Intelligence and Robotics: A technical, political and institutional map of emerging technologies. A report for the Greenpeace Environmental Trust.* Retrieved May 10, 2009, from: http://www.greenpeace.org.uk/MultimediaFiles/Live/FulReport/5886.pdf.

Breazeal, C. (2002). *Designing Sociable Robots.* Cambridge, MA: The MIT Press.

Brun, J. (1992), *Le rêve et la machine: Technique et Existence.* Paris: La Table Ronde.

Čapek, R. (1920). *R.U.R.* (Rossumovi Univerzální Roboti). Prague: Aventinum.

Capurro R. (1995). *Leben im Informationszeitalter.* Berlin: Akademie Verlag.

Christaller, T., Decker, M., Gilsbach, J.–M., Hirzinger, G., Lauterbach, K., Schweighofer, E., Schweitzer, G., & Sturma, D. (2001). *Robotik. Perspektiven für menschliches Handeln in der zukünftigen Gesellschaft.* Berlin et al.: Springer Verlag.

Girard, R. (1972). *La violence et le sacré.* Paris: Grasset.

Kubrick, S. (Director) (1998). 2001: *A Space Odyssey* [Motion Picture]. Metro–Goldwyn–Mayer(MGM).

Lacan, J. (1991). *Le séminaire. Livre VIII. Le transfert.* Paris: Seuil.

Lem, S. (1981). Golem XIV. Crocow: WL.

Negrotti, M. (1995). *Artificialia. La dimensione artificiale della natura umana.* Bologna: CLUEB.

Negrotti, M. (1999). *The Theory of the Artificial.* Exeter: intellect.

Negrotti, M. (2002). Naturoids. *On the Nature of the Artificial*. New Jersey: World Scientific.

Plato(1973). *Opera*. Ed. I. Burnet. Oxford University Press.

ETHICS AND ROBOTICS

# 로봇윤리
## -로봇의 윤리적 문제들-

**초판 1쇄 발행일** 2013년 10월 17일

**편저자** 라파엘 카푸로·미카엘 나겐보르그
**옮긴이** 변순용·송선영
**펴낸이** 박영희
**편집** 배정옥·유태선
**디자인** 김미령·박희경
**인쇄·제본** 태광인쇄
**펴낸곳** 도서출판 어문학사
　　　　서울특별시 도봉구 쌍문동 523-21 나너울 카운터 1층
　　　　대표전화: 02-998-0094/편집부1: 02-998-2267, 편집부2: 02-998-2269
　　　　홈페이지: www.amhbook.com
　　　　트위터: @with_amhbook
　　　　블로그: 네이버 http://blog.naver.com/amhbook
　　　　　　　　다음 http://blog.daum.net/amhbook
　　　　e-mail: am@amhbook.com
　　　　등록: 2004년 4월 6일 제7-276호

**ISBN** 978-89-6184-312-6 93190
**정가** 20,000원

이 도서의 국립중앙도서관 출판시도서목록(CIP)은 e-CIP홈페이지(http://www.nl.go.kr/ecip)와
국가자료공동목록시스템(http://www.nl.go.kr/kolisnet)에서 이용하실 수 있습니다.
(CIP제어번호: CIP2013019384)